Direito da Saúde
ESTUDOS EM HOMENAGEM AO
PROF. DOUTOR GUILHERME DE OLIVEIRA

Direito da Saúde

ESTUDOS EM HOMENAGEM AO PROF. DOUTOR GUILHERME DE OLIVEIRA

VOLUME IV
GENÉTICA E PROCRIAÇÃO MÉDICA ASSISTIDA

2016

Coordenadores
**João Loureiro
André Dias Pereira
Carla Barbosa**

DIREITO DA SAÚDE
ESTUDOS EM HOMENAGEM AO
PROF. DOUTOR GUILHERME DE OLIVEIRA
VOLUME IV – GENÉTICA E PROCRIAÇÃO MÉDICA ASSISTIDA

COORDENADORES
João Loureiro
André Dias Pereira
Carla Barbosa

EDITOR
EDIÇÕES ALMEDINA, S.A.
Rua Fernandes Tomás, nºs 76-80
3000-167 Coimbra
Tel.: 239 851 904 · Fax: 239 851 901
www.almedina.net · editora@almedina.net

DESIGN DE CAPA
FBA.

PRÉ-IMPRESSÃO
EDIÇÕES ALMEDINA, SA

IMPRESSÃO E ACABAMENTO
ARTIPOL - ARTES TIPOGRÁFICAS, LDA.
Setembro, 2016

DEPÓSITO LEGAL
410899/16

Apesar do cuidado e rigor colocados na elaboração da presente obra, devem os diplomas legais dela constantes ser sempre objeto de confirmação com as publicações oficiais.
Toda a reprodução desta obra, por fotocópia ou outro qualquer processo, sem prévia autorização escrita do Editor, é ilícita e passível de procedimento judicial contra o infrator.

 GRUPOALMEDINA

BIBLIOTECA NACIONAL DE PORTUGAL – CATALOGAÇÃO NA PUBLICAÇÃO
DIREITO DA SAÚDE
Direito da saúde : estudos em homenagem ao Prof.
Doutor Guilherme de Oliveira / coord. João Loureiro,
André Dias Pereira, Carla Barbosa
V. 4: Genética e PMA. - p. - ISBN 978-972-40-6596-0
I - LOUREIRO, João
II – PEREIRA, André Dias
III – BARBOSA, Carla
CDU   34

VOLUME IV
GENÉTICA E PMA

A genética e as patentes

J. P. Remédio Marques[*]

I. INTRODUÇÃO

A *dimensão social e cultural* (e, logo, *ética*) da denominada *propriedade intelectual* – importante dimensão não económica, em contraste com a *dimensão económica* dos direitos de propriedade industrial, aí onde avulta o *direito de patente* e o seu impacto no desenvolvimento empresarial – tem vindo a agregar um crescente interesse por parte da doutrina jurídica, dos tribunais e, sobretudo, por banda do público em geral. Isto não obstante a percepção *utilitária* e *funcionalista* que normalmente subjaz a este exclusivo industrial, em flagrante contraste com a percepção que se tem dos bens e realidades protegidas pelo *direito de autor*. Vale dizer: a *criatividade* subjacente aos bens culturais tuteláveis pelo *direito autoral* – que dispensa a existência de um sistema de registo constitutivo –, diferentemente da criatividade subjacente à *manipulação das forças da natureza* (*et, pour cause,*

---

[*] Professor da Faculdade de Direito de Coimbra.
Este escrito é dedicado ao Professor que, para além de ter sido o meu orientador de tese de mestrado (1993) e de doutoramento (2006), sugeriu que eu estudasse a propriedade intelectual respeitante às matérias biológicas e seus genomas, nos idos anos de 1994/1995, me motivou e convenceu da necessidade de efectuar essa problematização na ciência jurídica portuguesa, na sequência da elaboração da sua monografia para as provas de agregação "Implicações jurídicas do conhecimento do genoma", publicada na *Revista de Legislação e Jurisprudência*, anos 128º-129º, nºs 3860-3865 (Março/Agosto de 1996) = *Revista de Derecho y Genoma Humano*, nºs 6-7, 1997.

DIREITO DA SAÚDE

dos *genomas*) e do enfoque utilitarista que delas emerge como necessário a satisfazer necessidades humanas materializadas em produtos ou processos, permite-nos compreender a menor *ressonância ético-jurídica* deste último subsistema da propriedade intelectual – precisamente o do *direito de patente* e das *realidades genéticas patenteáveis* – junto dos consumidores dos produtos e processos que são objecto desta proteção por direito de patente. Talvez esta ausência de um debate público consistente seja a consequência do carácter técnico e utilitário das realidades que traduzem o *corpus mechanicum* das *invenções*. Não obstante as polémicas nacionais e supranacionais ao derredor dos constrangimentos no acesso aos cuidados de saúde postulados pelo regime das patentes sobre fármacos e as críticas dos concretos regimes de patenteabilidade de *elementos destacados do corpo humano* (incluindo *genes*), de animais não humanos e na conformação do acesso aos materiais de reprodução ou de propagação vegetal – em particular, as *sementes* –, estes exclusivos industriais não têm feito parte da *vida cultural* dos cidadãos e das organizações representativas dos seus interesses nestes domínios do agir humano.

O *aspecto cultural* do regime do *direito de patente* (no caso, biotecnológica) e do regime jurídico *direito de obtentor de variedade vegetal* não está, por via de regra, na agenda das discussões, diferentemente do que acontece com os quentes e acessos debates e controvérsias em torno, por um lado, da apropriação, sob o regime jurídico do *direito de marca*, de produtos há muito utilizados e comercializados pelas populações locais em certas regiões do planeta e, por outro, da (livre) utilização dos *conhecimentos tradicionais* detidos pelas populações autóctones acerca localização e manipulação dos recursos genéticos, vegetais e animais preexistentes *in natura*[1].

II. AS APORIAS E AS TUTELAS JURÍDICAS SOBREPOSTAS

Creio, porém, que a questão da proteção por patente de certas realidades biológicas, *maxime*, as *sequências genéticas* – incluindo as sequências genéticas dos *seres humanos* – e a *proteção das informações* farmacológicas,

---

[1] A proteção destes *conhecimentos tradicionais* e as vias de combater a denominada *biopirataria* dos recursos genéticos assumiram um inusitado e desconhecido protagonismo legislativo em Portugal com a publicação do Decreto-Lei nº 118/2002, de 20 de Abril, que estabelece o regime jurídico do registo, conservação, salvaguarda legal e transferência do material vegetal autóctone com interesse para a actividade agrária, agro-florestal e paisagística.

A GENÉTICA E AS PATENTES

pré-clínicas e clínicas comunicadas pelas empresas de medicamentos de referência, por ocasião da submissão de pedidos de aprovação de medicamentos genéricos ou similares recoloca o *direito de patente*, o regime jurídico das *obtenções vegetais* e o exclusivo emergente da proteção daqueles dados num novo entroncamento, qual seja: a fruição económica deste tipo de exclusivos industriais comerciais e a análise económica dos mercados criados pela presença das realidades biológicas assim protegidas, por um lado, e o *sentido cultural e social do uso* e do consumo dos produtos e processos protegidos por estes exclusivos, por outro. Não raras vezes, a mesma realidade biológica (*maxime*, vegetal) constitui o magma onde podem confluir dois exclusivos industriais, cujos âmbitos de proteção podem seriamente conflituar, *maxime*, se os titulares forem pessoas ou entidades diferentes: o direito de *patente* biotecnológica e o regime das obtenções vegetais (*id est*, o direito de obtentor de variedades vegetais).

Busca-se, na verdade, uma imprescindível *narrativa interdisciplinar* da pesquisa biotecnológica e dos seus resultados. Na verdade, devemos sempre recordar a indesejável polarização entre as "Ciências da Natureza" (p. ex., a biologia, a química, a física) e as ditas "Ciências Sociais", aqui onde avulta o *Direito*. O perigo a evitar é o seguinte: a recíproca ignorância e o elitismo (e, não raras vezes, a recíproca iliteracia sobre os temas do outro quadrante) entre os "cientistas sociais" e os corifeus das "ciências naturais".

A proteção pelo Direito (*scilicet*, a proteção pelo subsistema da propriedade industrial) de alguns resultados da inovação tecnológica decorrente da manipulação das forças da Natureza (que incide, no caso, sobre as matérias biológicas *geneticamente manipuladas*) é vista como a recompensa de uma atividade económica, e, por via disso, uma *atividade utilitarista*; atividade que pouco ou nada tem em comum com os *produtos culturais* protegidos pelo direito autoral e pelos direitos conexos. A *narrativa utilitarista* baseada na inovação tecnológica, que pretende *mimetizar* as realidades biológicas preexistentes na Natureza, contrasta com a criatividade humana traduzida nas obras literárias, artísticas e científicas[2].

---

[2] É esta dicotomia e ignorância sobre o que o "outro" (o "cientista natural", o "cientista social" e o "artista") anda(m) fazendo, que se faz mister colocar em causa. A criatividade não está ausente do universo das invenções patenteáveis (e patenteadas). É, provavelmente, por causa do postergar desta criatividade no universo do patenteável que algumas práticas antigas têm vindo a ser obnubiladas e, inclusivamente,

III. OS DADOS LEGAIS NA UNIÃO EUROPEIA E O ACORDO TRIPS. O ÂMBITO DE PROTEÇÃO DAS PATENTES DE BIO-TECNOLOGIA

A delimitação do âmbito de proteção das patentes que incidem sobre *processos* e *matérias biológicas* constitui uma *complexa tarefa interpretativo--judicativa*, mesmo nos ordenamentos jurídicos que consagram um específico regime jurídico sobre este âmbito de proteção, como é o caso dos Estados-Membros da União Européia. É, na verdade, única no planeta a tentativa legiferante europeia de determinação das realidades biológicas patenteáveis (*objecto de proteção*) e de delimitação do *âmbito de proteção* destas invenções biotecnológicas. Os dados legais são os que seguem. A versão em língua portuguesa da Directiva nº 98/44/CE, do Parlamento Europeu e do Conselho, de 6 de Julho de 1998[3], sobre a proteção jurídica das *invenções biotecnológicas* determina, no seu art. 5º que:

"1. O corpo humano, nos vários estádios da sua constituição e do seu desenvolvimento, bem com a simples descoberta de um dos seus elementos, incluindo a sequência ou a sequência parcial de um gene, não podem constituir invenções patenteáveis.

2. Qualquer elemento isolado do corpo humano ou produzido de outra forma por um processo técnico, incluindo a sequência o a sequência parcial de um gene, pode constituir uma invenção patenteável, mesmo que a estrutura desse elemento seja idêntica à de um elemento natural.

3. A aplicação industrial de uma sequência ou de uma sequência parcial de um gene deve ser concretamente exposta no pedido de patente".

Os dois números do seu art. 8º estipulam que:
"1. A proteção conferida por uma patente relativa a uma matéria biológica dotada, em virtude da invenção, de determinadas proprie-

---

repudiadas, tais como o espírito da colaboração entre os investigadores e a partilha e utilização irrival dos resultados da pesquisa científica para a satisfação de necessidades colectivas individualmente sentidas. Cfr., sobre a análise económica da proteção das invenções biotecnológicas, GAISFORD, James D./HOBBS, Jill E./KERR,William A./PERDIKIS, Nicholas/PLUNKETT, Marni D., *The Ecnomics of Biotechnology*, Cheltenham, Northampton, Edward Elgar, 2001, p. 35-52; REMÉDIO MARQUES, J. P., *Biotecnologia(s) e Propriedade Intelectual*, vol. I, 2007, cit., pp. 933-967.

[3] In: *Jornal Oficial das Comunidades Europeias*, nº L 213, de 30/07/1998, p. 13 ss.

dades abrange qualquer matéria biológica obtida a partir da referida matéria biológica por reprodução ou multiplicação, sob forma idêntica ou diferenciada, e dotada dessas mesmas propriedades.

2. A proteção conferida por uma patente relativa a um processo que permita produzir uma matéria biológica dotada, em virtude da invenção, de determinadas propriedades abrange a matéria biológica obtida por esse processo e qualquer outra matéria biológica obtida a partir da matéria biológica obtida diretamente, por reprodução ou multiplicação, sob forma idêntica ou diferenciada, e dotada dessas mesmas propriedades.

Por sua vez, o art. 9º da citada Directiva dispõe que:

"A proteção conferida por uma patente a um produto que contenha informação genética ou que consista numa informação genética abrange qualquer matéria, sob reserva do disposto no nº 1 do artigo 5º[4], em que o produto esteja incorporado e na esteja contida e exerça a sua função".

Last, but not the least, o art. 10º da mencionada Directiva determina que:

A proteção referida nos artigos 8º e 9º não abrange a matéria biológica obtida, por reprodução ou multiplicação de uma matéria biológica colocada no mercado, no território de um Estado-Membro, pelo titular da patente ou com o seu consentimento se a reprodução ou a multiplicação resultar necessariamente da utilização para a a qual a matéria biológica foi colocada no mercado, desde que a matéria obtida não seja em seguida utilizada para outras reproduções ou multiplicações".

---

[4] O art. 5º incide sobre o regime da patenteabilidade de *elementos isolados do corpo humano*, incluindo a sequência completa ou parcial de genes. Segundo esta norma:
"**1.** O corpo humano, nos vários estádios da sua constituição e do seu desenvolvimento, bem como a simples descoberta de um dos seus elementos, incluindo a sequência ou a sequência parcial de um gene, não podem constituir invenções patenteáveis. **2.** Qualquer elemento isolado do corpo humano ou produzido de outra forma por um processo técnico, incluindo a sequência ou a sequência parcial de um gene, pode constituir uma invenção patenteável, mesmo que a estrutura desse elemento seja idêntica à de um elemento natural. **3.** A aplicação industrial de uma sequência ou de uma sequência parcial de um gene deve ser concretamente exposta no pedido de patente".

DIREITO DA SAÚDE

O CPI, de 2003[5] acolheu este regime jurídico praticamente *ipsis verbis*[6]. O Acordo sobre os Aspectos dos Direitos de Propriedade Intelectual relacionados com o Comércio (Acordo TRIPS)[7] determina, no seu art. 27º, nº 1, que a proteção por direito de patente deve poder ser obtida *"em todos os domínios da tecnologia"*, incluindo a *biotecnologia*.

Estas realidades patenteáveis são as *invenções*, quais *soluções técnicas* para problemas *técnicos*, actuadas por meio de *meios técnicos* humanamente controláveis, repetíveis e executáveis. Tais invenções podem ter como objeto *matérias biológicas*: *v.g.*, sequências genéticas (ADN, ARN), bactérias, vírus, células, linhas celulares, partes de animais e vegetais. E estas *invenções biotecnológicas* e as patentes que sobre elas recaem constituem a linha da frente, no plano interno e no comércio internacional, das actuais e futuras controvérsias sobre o *acesso das pessoas aos cuidados de saúde* e das pretensões dos Estados em aperfeiçoar os respectivos *sistemas de saúde pública*, no que respeita à aquisição e fornecimento de medicamentos aos seus cidadãos[8].

---

[5] Aprovado pelo Decreto-Lei nº 36/2003, de 5 de Março, alterado pelo Decreto-Lei nº 318/2007, de 26 de Setembro, pelo Decreto-Lei nº 143/2008, de 25 de Julho, pela Lei nº 16/2008, de 1 de abril, Lei nº 52/2008, de 28 de Agosto, e pela Lei nº 46/2011, de 24 de Junho.

[6] Cfr. os nºs 3, 4 e 5 do seu art. 97º do CPI. com efeito, disposto no art. 5º foi transposto para o ordenamento português no art. 53º, nº 3, alínea *a)*, 54º, nº 1, alínea *c)*, *in fine*, todos do CPI; o preceituado no nº 1 do art. 8º da citada Directiva foi transposto para o ordenamento português no nº 3 do mencionado art. 97º do CPI; o teor do nº 2 do art. 8º da Directiva foi transposto para o nº 4 do citado art. 97º; o disposto no art. 9º da referida Directiva foi transposto para o nº 5 do citado art. 97º do CPI de Portugal; e o estatuído no art. 10º foi incorporado no nº 2 do art. 103º do referido Código.

[7] Anexo 1 C ao Acordo que instituiu a *Organização Mundial do Comércio*, ratificado pelo Decreto do Presidente da República nº 82-B/94, de 27 de Dezembro, com início de vigência em Portugal no dia 1/01/1995.

[8] No quadro legal das *invenções biotecnológicas*, o ordenamento jurídico da União Europeia é (ainda) o único que define o *conceito de vida* no direito de patente, a par dos ordenamentos jurídicos dos Estados-Membros que o transpuseram para o direito interno; *scilicet*, é o único ordenamento no planeta que define o conceito de *matéria biológica*, para efeitos do *direito de patente*. Conforme se preceitua no art. 2º, nº 1, alínea *a)* da Directiva nº 98/44/CE, de 6 de Julho de 1998, do Parlamento Europeu e do Conselho, sobre a proteção jurídica das invenções biotecnológicas (in: *Jornal Oficial das Comunidades Europeias*, nº L 213, de 30/07/1998, p. 13 ss.), matéria biológica aparece definida como sendo "qualquer matéria que contenha informações genéticas e seja autoreplicável ou replicável num sistema biológico". O CPI português, de 2003, acolheu, *qua tale*, esta definição no seu art. 54º, nº 4. Note-se que esta

A GENÉTICA E AS PATENTES

Ocorrem, igualmente, importantes aspectos institucionais da proteção da biotecnologia, não apenas os atinentes aos procedimentos de patenteabilidade, como também os de registo de obtenções vegetais são considerados[9]. Na verdade, o regime jurídico das obtenções vegetais encerra uma história que permitiu a convivência, sincrónica e diacrónica, de variados sistemas de proteção destas realidades biológicas vegetais, *maxime*, desde o dealbar do século XX, que culminou com a Convenção UPOV (*Union pour la Protection des Obtentions Vegétales*), de 1961[10], atenta a propalada inadequação dos regimes jurídicos então existentes em tais realidades biológicas não inteiramente amoldáveis ao cumprimento dos

definição evita utilizar a palavra "vida" ou "organismo" ou, ainda "organismo vivo". Esta opção parece justificar-se na necessidade de garantir que o conceito de matéria biológica não se circunscreva apenas às matérias que produzem energia, que crescem e se dividem, o que excluiria os vírus da lista dos "candidatos positivos" susceptíveis de integrar o sector das realidades subsumíveis a este conceito. Foi assim adoptado um critério (um critério de "vida") que privilegia a *capacidade de replicação* e de expressão da *informação genética transmissível*. Cfr., nestes termos, REMÉDIO MARQUES, J. P., *Biotecnologia(s) e Propriedade Intelectual*, vol. I, *Direito de Autor. Direito de Patente e Modelos de Utilidade. Desenhos ou Modelos*, Coimbra, Almedina, 2007, p. 228. As matérias biológicas são, nesta medida, "elementos unitários de uma linguagem contínua com história evolutiva individualizada" (VASCONCELOS COSTA, "Vírus", in: FERREIRA, Wanda F. Canas/SOUSA, João Carlos F. de (coord.), Microbiologia, vol. I, Lisboa, Lidel, 1998, p. 71 ss., p. 72, quais elos atuais identitários de uma *linhagem contínua*. Como se vê, esta noção de "matéria biológica" – pensada em meados dos anos oitenta do século passado – está um pouco superada pelo devir dos conhecimentos científicos. Por exemplo, ela somente abarca as matérias (biológicas) susceptíveis de replicação ou autoreplicação *num sistema biológico* (*v.g.*, replicar DNA fora das *células* e dos sistemas celulares dotados de membranas destinadas a isolar *proteínas* e *ácidos nucleicos* do meio exterior, qual replicação de ADN *in vitro*, em "tubo de ensaio").

[9] Não se esqueça que o papel essencial desempenhado neste sector de atividade pela *Organização Mundial da Propriedade Intelectual* ao qual acresce, mais recentemente, o da *Organização Mundial do Comércio*, a par dos normativos nacionais pertinentes. Em todas estas situações quedamo-nos perante fontes de produção de normas que, não constituindo embora um direito uniforme e coactivamente aplicável, impõem aos diversos ordenamentos nacionais certos comportamentos normativos de *facere* e de *non facere*, no que respeita à densificação normativa dos respectivos subsistemas de propriedade intelectual.

[10] NEUMEIER, Hans, *Sortenschutz und/oder Patentschutz für Pflanzenzüchtungen*, Köln, Berlin, Bonn, München, Carl Heymanns Verlag, 1990, p. 13 ss., pp. 33-66; WUESTHOFF, Franz/ /LESSMANN, Herbert/WÜRTENBERGER, Gert, *Handbuch zum deutschen und europäischen Sortenschutz*, vol. 1, Weinheim, New York, Chichester, Brisbane, Singapore, Toronto, Wiley- -VCH, pp. 95-112; MILLS, Oliver, *Biotechnology Inventions*, Aldershot, Burlington, Ashgate Publishing, 2005, p. 139 ss.

DIREITO DA SAÚDE

requisitos de proteção previstos no subsistema do *direito de patente*. Um regime jurídico deste tipo foi criado na União Europeia, com eficácia extraterritorial, por meio do Regulamento (CE) nº 2100/94, do Conselho, de 27 de Julho de 1994, relativo ao *regime comunitário das variedades vegetais*[11]; isto a par dos regimes nacionais, submetidos ao tradicional *princípio da territorialidade* dos direitos de propriedade industrial.

Na União Europeia, a Directiva nº 98/44/CE, de 7 de Julho de 1998, sobre a proteção jurídica das *invenções biotecnológicas*, tentou, pela primeira vez, no quadro legal planetário, harmonizar no seio dos seus Estados-Membros, o regime das patentes quanto a este tipo de invenções, seja quanto ao *objeto de proteção*, seja quanto ao *âmbito de proteção* destes exclusivos[12]. Aí avulta a necessária atenção e reflexão para as espécies de

---

[11] Consagrou-se um *conceito autónomo* de *variedade vegetal* susceptível de ser protegida por este outro direito de propriedade industrial. Nos termos do nº 2 do art. 5º deste Regulamento "entende-se por «variedade» um conjunto vegetal pertencente a um mesmo táxon botânico da ordem mais baixa conhecida, conjunto esse que, independentemente de se encontrarem totalmente preenchidas as condições para a concessão do direito de proteção comunitária das variedades vegetais, pode ser:
– definido pela expressão das características resultantes de um determinado genótipo ou combinação de genótipos;
– distinguido de qualquer outro conjunto vegetal pela expressão de pelo menos uma das referidas características e
– considerado como uma entidade, tendo em conta a sua aptidão para ser reproduzido tal e qual.
Uma vez identificada uma variedade vegetal, esta ainda deve ostentar quatro requisitos de proteção, quais sejam: a *novidade* (novidade mercadológica enquanto ausência de introdução no mercado com o consentimento do reprodutor), *distintividade* (susceptibilidade de ser distinguida claramente, atenta a expressão das características resultantes de um genótipo específico ou combinação de genótipos, de qualquer outra variedade notoriamente conhecida nos círculos especializados), *estabilidade* (idoneidade de a expressão das características permanecer sem alterações depois de sucessivas multiplicações ou no final de um determinado ciclo de multiplicação) e homogeneidade (capacidade de a variedade ser suficientemente homogénea na expressão das suas características usadas para aferir da *distintividade* ou de outras utilizadas para a descrever). Cfr. os arts.6º e ss. deste Regulamento (CE) nº 2100/94; sobre isto REMÉDIO MARQUES, J. P., *Biotecnologia(s) e Propriedade Intelectual*, vol. II, 2007, cit., pp. 193-233; LLEWELYN, Margaret/ADCOCK, Mike, *European Plant Intellectual Property*, Oxford and Portland, Oregon, Hart Publishing, 2006, pp. 201-245.

[12] Na dogmática geral do direito de patentes, a indagação sobre se o dispositivo do réu infringe a patente do autor volve-se em saber se, face à impressão colhida pelo perito na especialidade na leitura das reivindicações, os elementos técnicos caracterizantes do invento foram reproduzidos ou imitados. As reivindicações devem ser analisadas e interpretadas.

A GENÉTICA E AS PATENTES

Essa análise e interpretação passam por dissecar os distintos elementos ou as regras técnicas enunciadas: p. ex., os parâmetros químicos de um processo, os componentes de um produto complexo, as substâncias que integram uma mistura de ingredientes, os grupos substituintes numa molécula, a sequência de nucleóticos do ADN reivindicado, etc. (por todos, agora, KÜHNEN, Thomas, *Patent Litigation Proceedings in Germany*, 7ª ed., Wolters Kluwer Deutschland GmbH, Carl Heymanns Verlag, 2015, pp. 2-35). Assim, a patente que exiba uma reivindicação dirigida a uma composição química provida das substâncias *A, B* e *C* não é violada se a substância usada pelo demandado exibir a mistura dos componentes *A* e *B*; porém, já haverá normal - mente infração se composição usada pelo demandado contiver as substâncias *A, B, C* e *D*, excepto se a substância *D* contribuir decisivamente para lograr o efeito técnico exibido pela composição usada pelo demandado14. Pelo contrário, não correrá, por regra, violação da patente se o dispositivo utilizado pelo demandado não contiver um elemento técnico reputado (pelo requerente da proteção e pelo perito na especialidade) como sendo essencial ou decisivo para a execução da solução técnica patenteada (sub-combinação). Não creio, porém, que esta solução possa ser alterada pela circunstância de, mais tarde ser apurada a desnecessidade desse elemento (PAGENBERG, Jochen, in: PAGENBERG, J. /CORNISH, W., (eds.), *Interpretation of Patents in Europe*, Cologne, Berlin, Munich, Carl Heymanns Verlag, 2006, p. 280), já que o decisivo é saber o que o perito na especialidade entendeu: isto é, se entendeu, ou não, que tais elementos eram necessários ou essenciais para a execução da invenção patenteada. Cfr. RINKEN, Ingo/KÜHNEN, Thomas, in: SCHULTE, Rainer, *Patentgesetz mit Europäischem Patentübereinkommen*, 9ª ed., Köln, Berlin, Bonn, München, Carl Heymanns Verlag, 2014, § 14, Rdn. 72, pp. 499-500; KEUKENSCHRIJVER, Alfred in: BUSSE, Rudolf, *Patentgesetz, Kommentar*, 7ª ed., Berlin, New York, De Gruyter, 2013, § 14, Rdn. 76, p. 438. A omissão no dispositivo acusado de um elemento não essencial reivindicado não altera o resultado técnico protegido pela patente, nem, antes disso, objeto da invenção protegida (MARSHALL, Hans, "The Enforcement of Patent Rights in Germany", *IIC* (2000), p. 646 ss., 664.). Acresce que poderá existir infração, contanto que um dos elementos de uma combinação de elementos reivindicados for reproduzido no dispositivo acusado, se e quando esse elemento não interagir com os outros elementos reivindicados (é o que notoriamente sucede, há muito, em França, em cuja jurisprudência e doutrina se defende e aplica a *violação parcial* da patente nos casos de justaposição (*juxtaposition*) ou agregação de meios (que não nas eventualidades de combinação de meios, ou seja, casos em que os vários elementos técnicos interagem entre si: POLLAUD-DULIAN, Frédéric, *La Propriété Industrielle*, Paris, Economica, 2011, pp. 398-399). Por outro lado, em alguns Estados (p. ex., na Alemanha) é difícil postular a infração de uma patente se faltar um elemento técnico no dispositivo usado pelo demandado, ou, ao invés, nos casos em que este junta um elemento técnico supérfluo (trata-se da prática da *over-claiming* ou *Überbestimmungs*. Cfr., desenvolvidamente, REMÉDIO MARQUES, J. P., *Biotecnologia(s) e Propriedade Intelectual*, vol. I, 2007, cit., p. 856, pp. 859, pp. 862-863.), que em nada contribui para a execução da solução técnica. As dificuldades no buscar o sentido e o alcance das reivindicações verificam-se, igualmente e sobretudo, quando os parâmetros físicos ou químicos são substituídos por outros no dispositivo acusado, e não tanto quando neste forem omitidos ou sofrem adjunções. Por exemplo, é difícil afirmar que a combinação das substâncias *A, B'* e *C* infringem a composição patenteada

DIREITO DA SAÚDE

utilizações livres da invenção biotecnológica patenteada que estão ao alcance da colectividade e de todos os que não pretendem e não necessitam) obter, desta maneira, o consentimento do titular da patente.

Isto num quadro normativo pautado pelo *princípio da territorialidade*, aí onde os tribunais dos Estados-Membros da União Europeia *ainda* continuam a ser os competentes para dirimir todos os litígios daí emergentes, especialmente em matéria de infração (ainda: ou seja, até ao advento do funcionamento da *patente europeia com efeito unificado* e da instalação dos respectivos orgãos jurisdicionais), embora estejam obrigados a interpretar o direito interno em conformidade com esta Directiva e com as decisões prejudiciais vinculantes emitidas pelo Tribunal de Justiça da União Européia[13]. Ao clarificar a validade e a tutela efectiva das invenções biotecnológicas, esta Directiva Europeia diz-nos muito mais sobre a *utilização mercadológica* destes produtos e processos e sobre o relevo deste tipo de *mercados* no desenvolvimento e na interpretação do direito patentário (e do regime jurídico dos cultivares) no quadro das *indústrias da biotecnologia*. Constata-se assim a dinâmica dos *mercados globais* e a influência da propriedade intelectual, inclusivamente a do *direito de marca*[14]. Por outro lado, dado que estas inovações biotecnológicas são

---

composta pelas substâncias *A*, *B* e *C*, aí onde *B'* apresenta muitas semelhanças com *B* (cfr., outros exemplos, GRUBB, Philip W./THOMSEN, Peter R., *Patents for Chemicals, Pharmaceuticals, And Biotechnology*, 5ª ed., Oxford, New York, Auckland, etc., Oxford University Press, 2010, pp. 442-443). Será B' tecnicamente equivalente a B, de tal forma que a substância utilizada pelo demandado se acha inserida no círculo de proibição assinalado à patente? Faz-se necessário, na minha opinião, indagar se – à luz do apreendido pelo perito na especialidade na leitura e interpretação do fascículo da patente – ocorre uma tripla identidade substancial: de função, de maneira (ou forma) e de resultado técnico entre o produto ou o processo patenteados e o dispositivo do demandado, ocorrendo equivalência se for constatada a identidade do efeito técnico, a *evidência* dos *meios modificados*, a não existência de substanciais formas ou maneiras diferentes de o realizar e a semelhança da solução técnica encontrada pelo inventor.

[13] Esta Directiva veio à luz num contexto então marcado pela emergência de um mercado incerto e desregulado de produto biotecnológicos. Impunha-se, à época, dotar a União Europeia de um sistema patentário biotecnológico atractivo para as empresas e os agentes económicos sedeados fora deste espaço, susceptível de suplantar a hegemonia dos E.U.A.

[14] Veja-se o recente acórdão da Relação de Lisboa, de 7/5/2015 (VÍTOR AMARAL), proc. nº 65-14.8YHLSB.L1-6, in www.dgsi.pt, segundo o qual, *inter alia*: "Estando em causa produtos farmacêuticos traduzidos em pensos transdérmicos, que constituem medicamentos genéricos (os da Apelada), com certas semelhanças de aspecto e de características técnicas face ao produto de referência (o das Apelantes), sendo diversas as marcas nominativas sob que são comercializados, o que é bem patente nas respectivas embalagens e saquetas

A GENÉTICA E AS PATENTES

financiadas, em muitos casos, por imensos recursos financeiros, e são celebrados contratos de encomenda entre *pessoas jurídicas* e os inventores *pessoas físicas*, postula-se a questão de quem é o *titular originário* do direito de patente, principalmente se a criação tecnológica foi efetuada *sob encomenda pura e simples* desligada de uma *relação de emprego* ou de um *dever funcional*: se a pessoa jurídica para quem a invenção é realizada ou a(s) pessoa(s) física(s) que exerceu(m), efectivamente, a atividade inventiva[15].

A tutela das invenções respeitantes a sequências de genes, células, animais e vegetais – incluindo sequências genéticas humanas previamente destacadas do corpo humano[16] – tem provocado imensa polémica e preocupação, e tem sido um foco de várias incompreensões e a alguns factos dificilmente refutáveis. Veja-se a questão da patenteabilidade de linhas celulares provenientes de células totipotentes de *embriões humanos*: ao derredor da "cláusula bioética" inscrita na CPE (art. 53º, alínea *a*)), na decisão G 02/068, de 25/11/2008, no caso *use of embryos/Warf*, a Grande-Câmara de Recurso do IEP inviabilizou a patenteabilidade de tais linhas, uma vez que, pese embora as células totipotentes não tivessem sido reivindicadas, a execução do invento, tal como fora descrito, implicava a destruição dos embriões. Recentemente, a Câmara Técnica de Recurso deste IEP, na decisão T 2221/10, de 4/2/2014, no caso *Culturing stem cells/ TECHNION*, reiterou essa linha decisória[17].

em que encerrados no âmbito da sua produção e comercialização, elucidando claramente quanto à origem diversa dos produtos, é notória a inconfundibilidade do conjunto, mormente aquando da sua prescrição e comercialização, tendo em conta que tal prescrição cabe a profissionais especializados, os médicos, tratando-se, pois, de um sector de mercado exigente e onde intervêm profissionais de saúde especializados e fortemente informados".

[15] Ocorrem assim diferentes graus desta interação entre a capacidade de direção da pessoa jurídica, no que respeita ao esforço inovador e a intervenção e colaboração pessoa do inventor pessoa humana.

[16] REMÉDIO MARQUES, J. P., *Patentes de Genes Humanos*?, Coimbra, Centro de Direito Biomédico, Coimbra Editora, 2001, cit., pp. 21 ss.; BURK, Dan L., "Are Human Genes Patentable?", in: *IIC*, 2013, p. 747.

[17] Note-se que o próprio Tribunal de Justiça da União Europeia já decidiu, na mesma linha, no proc. C-34/10, de 18/10/2011, o seguinte: "A exclusão da patenteabilidade relativa à utilização de embriões humanos para fins industriais ou comerciais prevista no artigo 6º, nº 2, alínea *c*), da Directiva 98/44 abrange também a utilização para fins de investigação científica, só podendo ser objecto de uma patente a utilização para fins terapêuticos ou de diagnóstico aplicável ao embrião humano e que lhe é útil" e que "o artigo 6º, nº 2, alínea *c*), da Directiva

DIREITO DA SAÚDE

Tome-se o caso da patenteabilidade das *matérias biológicas vegetais e animais*. Até ao advento do regime jurídico internacional das obtenções vegetais, em 1961 e das *patentes biotecnológicas,* no início dos anos oitenta do século passado, a *agricultura* expandiu-se e evoluiu durante um período de cerca de 12 000 anos, numa magnitude assombrosa, tornando possível produzir alimentos para uma população sempre crescente de seres humanos e de animais utilizados por estes. Isto foi alcançado sem exclusivos industriais ou comercias. Só que, subitamente, a Convenção UPOV, o *Plant Variety Protection Act* (1970), nos E.U.A., e os regimes nacionais europeus de proteção das obtenções vegetais "oligopolizaram" o sector agrícola, tendência que se expandiu a todo o planeta.

Na União Europeia o regime do direito de patente permite proteger invenções *cuja exequibilidade* não se circunscreva *a uma única* variedade vegetal, bem como os processos não essencialmente biológicos de obtenção de vegetais [18]. Não obstante, os estudos econométricos demonstram que estes exclusivos não propiciaram acréscimos substanciais no *grau de inovação tecnológica na agricultura,* servindo apenas, ou quase sempre, como ferramenta de *exclusão mercadológica.* Repare-se, no mais, que o sector agrícola representa entre 3% a 10% do Produto Interno Bruto (PIB) dos E.U.A. e da União Europeia, consoante, neste último caso, a importância dos mercados agrícolas nos Estados-Membros considerados. Não existem, todavia, provas de que o advento legal destes novos objetos de proteção da propriedade industrial tenha contribuído para o aumento daquele PIB.

98/44 exclui a patenteabilidade de uma invenção quando a informação técnica objecto do pedido de patente implica a prévia destruição de embriões humanos ou a sua utilização como matéria-prima, independentemente da fase em que estas ocorram e mesmo que a descrição da informação técnica solicitada não mencione a utilização de embriões humanos".

[18] Veja-se a recente decisão G 03/13, de 25/03/2015, da Grande-Câmara de Recurso do IEP, no caso *PLANT BIOSCIENCE LIMITED/Method for selective increase of the anticarcinogenic glucosilates in Brassica species,* https://drive.google.com/file/d/0BwfIQo3yV8RiVllDaU04dClid DQ/view?pli=1, segundo a qual a menção e a caracterização, nas reivindicações *product-by-process* (reivindicar o vegetal por meio do processo da sua obtenção, e não mediante a caracterização da sua estrutura molecular, genética, etc., ou outros parâmetros estruturais), de um processo *essencialmente biológico de obtenção de plantas* não impede a patenteabilidade *dos produtos* resultantes da execução desse processo; no mesmo sentido vai a decisão G 02/12, da Grande-Câmara de Recurso, de 25/03/2015, no caso *STATE OF ISRAEL/Method of breading tomatees having reduced water contente and product of the method,* https://drive.google.com/file/d/0BwfIQo3yV8RiY25Jb0N4VElHSXM/view?pli=1.

IV. O ÂMBITO BIOLÓGICO DE PROTEÇÃO

O *âmbito biológico de proteção* de uma patente de biotecnologia – previsto nos arts. 8º e 9º da citada Directiva nº 98/44/CE – traduz a ideia de que a proteção conferida a uma patente desta natureza se estende, *em determinadas condições*, a certas matérias biológicas obtidas, por *reprodução ou multiplicação*, a partir da *matéria biológica patenteada* (patente de produto)[19]. Âmbito, este, que por força das *normas especiais* em matéria de *esgotamento* do direito de patente biotecnológica (art. 10º da citada Directiva), abrange as *ulteriores reproduções* ou *multiplicações* que se sucederem às reproduções ou multiplicações *funcionalmente necessárias*, resultantes da *natureza das coisas* ou de um *contrato*, após a introdução dos produtos protegidos no *Espaço Económico Europeu*.

1. Um *regime especial* imposto pelas características biológicas das invenções biotecnológicas

A inata característica da *replicação* ou *reprodução* das matérias biológicas e a inerente incorporação da "informação genética", que fora objeto de patente, nas gerações subsequentes de matérias biológicas obtidas a partir da primeira geração justifica as *soluções especiais* oferecidas pelo legislador da União Europeia e, depois, pelos legisladores dos seus Estados-Membros. Além disso, o adquirente destas matérias (que não necessariamente um licenciado do titular da patente) goza do *poder fático* de, tendo em vista a sua utilização econômica, proceder à sua multiplicação ou reprodução ou, inclusivamente, ao *aperfeiçoamento das propriedades* das gerações subsequentes de matérias biológicas[20]. Também, neste ponto, nenhum outro ordenamento jurídico do planeta é dotado de *regras especiais* quanto a este tipo de patentes.

---

[19] Ou, outrossim, a proteção patentária é extensível às matérias *biológicas obtidas a partir da matéria biológica obtida diretamente* por via da execução do *processo biotecnológico patenteado* (patente de processo).

[20] Já Remédio Marques, J. P., "Introdução ao Problema das Invenções Biotecnológicas – Algumas Considerações", in: *Direito Industrial*, vol. I, Coimbra, Almedina, 2001, p. 201 ss., pp. 306-307; Remédio Marques, J. P., *Biotecnologia(s) e Propriedade Intelectual*, vol. I, 2007, cit., p. 1015.

DIREITO DA SAÚDE

2. Regime comum: a junção de *reivindicações de multiplicação* ou de *reprodução*; o risco associado a esta forma de reivindicar

Na falta de um *regime jurídico especial* – regime especial que vigora no seio dos Estados-Membros da União Europeia –, o requerente da proteção sempre ficará, é certo, salvo de mobilizar *linguagem funcional* e proceder à junção de *reivindicações dirigidas às matérias biológicas obtidas por reprodução ou multiplicação* a partir das matérias biológicas originariamente resultantes da execução do invento[21]. Com o que assim teremos uma espécie de *reivindicações de multiplicação* ou de *reprodução*. Só que esta forma de reivindicar revela um enorme risco para o requerente da patente[22].

3. O regime comum (cont.): a proteção do produto se este exibir ou contiver os elementos patenteados

Por outro lado, a doutrina tradicional – segundo a qual é possível proteger um *produto final* se este *contiver* ou *incorporar* os produtos patenteados* – também parece inadequada. É, desde logo, tal doutrina inadequada para prover a todas as eventualidades em que se *queira proteger conjuntos de plantas ou de animais através da reivindicação das sequências genéticas* que atribuam determinadas *características* ou *propriedades* a esses animais ou vegetais resultantes da expressão de certos *genótipos*. Isto porque, nos ordenamentos jurídicos nacionais não aderentes à CPE, continua a ser controverso afirmar que um *animal* ou um *vegetal* podem constituir o *produto de um processo microbiológico* [23]-[24].

---

[21] Já BENT, Stephen/SCHWAB, R. L./CONLIN, D. G./JEFRREY, D. D., *Intellectual Property Rights in Biotechnology Worldwide*, London, Macmillan, 1987, p. 321.

[22] Poderá, na verdade, com este tipo de reivindicações, colocar-se o problema de os peritos na especialidade e os examinadores de patentes entenderem que as *gerações futuras* não incorporam os elementos anteriormente patenteados; outrossim, pode suceder que, *após a ocorrência de vários ciclos de reprodução de ou de multiplicação*, os peritos na especialidade se acharem incapazes de *executar a invenção* (nos organismos vivos continentes ou nos organismos obtidos por reprodução ou multiplicação) de harmonia com as *regras técnicas divulgadas* nas reivindicações e na descrição, *maxime*, ficarem incapazes de obter, *com características constantes*, a *função* (ou funções) e a solução técnica por cujo respeito o invento fora protegido (ou pretenda sê-lo) por direito de patente. Ora, tais objecções dos examinadores desembocam na *insuficiência descritiva* (arts. 62º, nº 4, e 113º, alínea *d*), ambos do CPI).

[23] Já REMÉDIO MARQUES, J. P., "Introdução ao Problema das Invenções Biotecnológicas – Algumas Considerações", in: *Direito Industrial*, Coimbra, Almedina, 2001, p. 276, nota 236.

[24] Que o mesmo é dizer que, antes desta Directiva da União Europeia – e naqueles outros ordenamentos de Estados não aderentes à CPE –, não podia ser afirmado que uma *planta*

4. As constelações de interesses divergentes e as aporias a resolver

Houve, destarte, o ensejo de estabelecer um novo regime jurídico capaz de servir adequadamente as características (de *autoreplicação* ou de *replicação* em outros sistemas biológicos) das matérias biológicas. Se a *replicação* ou a *autoreplicação* forem desencadeadas por *processos essencialmente biológicos*, tecnicamente não controláveis pelo Homem (*v.g.*, através do vento, dos insectos polinizadores, do movimento das máquinas nos campo de cultivo ou nas estradas circundantes), seria justo que o titular da patente não pudesse exercitar as faculdades jurídicas que são inerentes contra terceiros que passem a deter ou a cultivar *acidentalmente* ou *involuntariamente* as matérias biológicas obtidas por multiplicação ou reprodução das matérias protegidas por direito de patente[25]-[26]. O *âmbito biológico de proteção* conferido a um direito de patente respeitante a uma determinada sequência genética ou outra matéria biológica nunca se poderá estender aos *organismos preexistentes* na Natureza[27] onde estas

adulta derivava *imediatamente* dos produtos e dos *processos microbiológicos* que tivessem sido usados ou executados nas primeiras etapas da sua formação. Assim, antes da transposição da Directiva nº 98/44/CE, entre outros, BERGMANNS, Bernhard, *La Protection* des *Innovations Biologiques, Une Étude de Droit Comparé*, Bruxelles, Larcier, 1991, pp. 74-75; para uma panorâmica geral, nessa época, cfr. REMÉDIO MARQUES, J. P., "Algumas notas sobre a patenteabilidade de animais e vegetais", in: *Lusíada, Revista de Ciência e Cultura*, Série de Direito, (1998), nº 2, Coimbra Editora, p. 341 ss., p. 386, nota 179.

[25] Veja-se, agora, expressamente neste sentido (a partir da redacção de Fevereiro de 2005), o § 9c(3) da *PatG* alemã, segundo o qual a proteção conferida por uma patente a um produto que contenha uma informação genética ou que consista numa informação genética não abrange a matéria em que o produto patenteado esteja incorporado, se este tiver sido obtido de uma *forma acidental* ou de um *jeito tecnicamente inevitável* ou *não controlável* pelo demandado, mesmo que aí exerça a função para que fora patenteado – RINKEN, Ingo/KÜHNEN, Thomas, in: SHULTE, Rainer, *Patentgesetz mit Europäischem Patentübereinkommen*, 9ª ed., Carl Heymanns Verlag, 2014, § 9c, p. 438.

[26] E seria, igualmente, justo que o titular destas patentes não pudesse impedir a fabricação e/ou comercialização e/ou a importação de outras matérias (biológicas ou não biológicas: p. ex., farinhas, óleos, vestuário, sapatos) obtidas, *sob uma forma diferenciada*, a partir das matérias originariamente protegidas pelas patentes, se ali não exercerem a *função* (ou *funções*) para que foram reivindicadas, mesmo que nelas fossem surpreendidas as matérias biológicas originariamente patenteadas (*maxime, vestígios* ou *resíduos* das matérias biológicas protegidas pela patente). Tb. GÓMEZ SEGADE, José António, "El âmbito de protección de las patentes biotecnológicas", in: *ADI*, vol. 28 (2007-2008), p. 725 ss., p. 739, Autor que designa este âmbito como a *extensão horizontal* do âmbito de proteção das patentes biotecnológicas.

[27] Na verdade, a proteção atribuída por uma patente de matérias biológicas jamais poderá atingir a utilização das matérias biológicas preexistentes no estado natural – entre outros,

DIREITO DA SAÚDE

sequências estejam *naturalmente* incorporadas ou hajam sido *acidentalmente* misturadas, mesmo que, em concreto, desempenhem a *mesma função* ou ostentem as *mesmas propriedades* ou *características* em homenagem às quais essas sequências genéticas ou outras matérias biológicas foram objeto de patente.

O sentido e o alcance da palavra "incorporada" ou "incorporação" – para significar a incorporação de sequências genéticas ou de aminoácidos – em outras matérias (biológicas ou não biológicas), a que se refere o art. 9º da Directiva nº 98/44/CE (e, por exemplo, o nº 5 do art. 97º do CPI português) é o seguinte: somente a "incorporação" através de *processos não essencialmente biológicos, scilicet*, apenas a "incorporação" efetuada mediante a mobilização de *meios técnicos* implicados numa *intervenção humana não acidental* que convoque a *utilização controlada das forças naturais* é que autoriza a extensão do *âmbito biológico de proteção* destas patentes aos *organismos vivos* incorporantes ou aos *produtos não biológicos* onde sejam detectadas aquelas sequências genéticas ou sequências de aminoácidos ou outras matérias biológicas[28]. É legítimo assim verificar se a situação de a mesma "informação genética" pode ser alvo de *utilização econômica concorrente lícita não autorizada por parte de terceiros*, na medida em que os produtos que incorporem ou constituam essa "informação genética" patenteada não foram objeto de uma "incorporação" mediante a mobilização de *meios técnicos* controláveis e manipuláveis pelos seres humanos[29].

BERGMANNS, Bernhart, *La Protection des Innovatons Biologiques*, 1990, cit., p. 301, p. 397; KAMSTRA, Gerald/DÖRING, Marc/SCOTT-RAM, Nimick/SHEARD, Andrew/WIXON, Henry, *Patents on Biotechnological Inventions*, London, Sweet & Maxwell, 2002, cit., p. 34, pp. 36-37; SCHERTENLIEB, Denis, "The Patentability and Protection of Living Organisms in the European Union", in: *EIPR* (2004), p. 212; RICOLFI, Marco, "La Brevettazione dele Invenzioni Relative Agli Organismi Geneticamente Modificati", in: *RDI* (2003), I, p. 5 ss., p. 59; REMÉDIO MARQUES, J. P., *Biotecnologia(s) e Propriedade Intelectual*, vol. I, 2007, cit., p. 1035.

[28] REMÉDIO MARQUES, J.P., *Biotecnologia(s) e Propriedade Intelectual*, vol. I, 2007, cit., p. 1036; tb., mais recentemente, WESTERLUND, Li/KAMSTRA, Gerry, in: HACON, Richard/PAGENBERG, Jochen (eds.), *Concise European Patent Law*, 2ª edição, 2008, cit., p. 444.

[29] Se assim não fosse, a atividade (econômica) humana de *mimetização dos fenómenos naturais*, tendo em vista a satisfação de necessidades humanas tornaria, no limite, reservado ao titular da patente todo o acervo biológico e genético (de origem animal, vegetal, microbiano, etc.), que outrora era de livre utilização

5. A solução no quadro da união europeia

Atenta a óbvia insuficiência das previsões dos ordenamentos nacionais, segundo as quais o titular da patente goza da faculdade de *utilizar* em exclusivo o produto objeto da patente ou do *produto diretamente* obtido a partir do processo patenteado, o certo é que o nº 1 do art. 8º da citada Directiva nº 98/44CE permite estender a proteção da *patente do produto* às *sucessivas gerações* de matérias biológicas da matéria por cujo respeito fora pedida (e obtida) a proteção patentária; e permite estender tal proteção mesmo que os *processos técnicos*, à sombra dos quais se desenrola a reprodução ou a multiplicação, propiciem a obtenção de *matérias biológicas diferentes* daquelas inicialmente reivindicadas e descritas[30]-[31]. Este concreto *licere* inerente ao direito de patente converte-se num *ius in rem* sobre as próprias *coisas corpóreas* em que se materializa a invenção; isto por força do regime especial do esgotamento do direito de patente previsto no art. 10º da referida Directiva nº 98/44/CE.

6. A "inativação" ou a ausência das propriedades ou características das matérias biológicas nas gerações subsequentes

Se algumas *propriedades* ou *características* por cujo respeito a patente biotecnológica foi concedida não estiverem presentes ou ficarem "inac-

---

[30] Dispensa-se, desta maneira, a junção de reivindicações dirigidas ao produto das sucessivas e subsequentes multiplicações reproduções. Só que este *âmbito biológico de proteção* – alicerçado agora na tutela do desenvolvimento da força vital que tenha atribuído certas propriedades ou características – somente atinge as sucessivas gerações de matérias biológicas que, ainda que sob forma diversa (p. ex. uma colónia de células que, apesar de exibir diferenças químicas relativamente às células objecto da patente, ostenta e desempenha as mesmas propriedades ou características), incorporem ou expressem as propriedades ou as características das matérias reivindicadas. Assim, por exemplo, se o objeto da invenção consistir em tecidos de células-alvo em cujas membranas se situam receptores para hormônios da glândula tiróide (*v.g.,* tiroxina), o âmbito biológico de proteção desta patente atinge todas e quaisquer matérias biológicas obtidas a partir destes tecidos celulares, contanto que expressem a mesma propriedade, ou seja, desde que tais matérias produzam as mesmas proteínas dirigidas à prossecução das mesmas funções indicadas no pedido de proteção ou, segundo creio, de funções sucedâneas ou intermutáveis.

[31] A consideração desse *âmbito biológico de proteção* não afecta a utilização económica das matérias biológicas em cujo genoma estejam contidas as matérias patenteadas, se nestas últimas a referida utilização econômica não depender ou não mobilizar o exercício das referidas *funcionalidades* geradas pelas *características* ou *propriedades* precipuamente reivindicadas (e descritas) no pedido de patente.

DIREITO DA SAÚDE

tivadas" "quiescentes" ou "escondidas" nas *sucessivas gerações de matérias biológicas* obtidas a partir das primeiras matérias, parece que o *âmbito biológico de proteção* da patente não as atinge. *É livre*, nesse caso, a utilização económica dessas matérias, salvo se, como veremos, elas puderem atingidas pelo *âmbito tecnológico de proteção* da patente, circunstância de rara verificação. O *desenvolvimento da força vital*, que, nas gerações subsequentes (sob forma idêntica ou diferenciada), traduz a expressão de um determinado *genótipo* (ou *combinação de genótipos*) leva-nos à recusa de proteção das *características* ou *propriedades* que se tornaram meramente *potenciais* ou *provavelmente irrealizáveis* nessas sucessivas gerações[32].

7. **A "inativação" ou a ausência das propriedades ou características das matérias patenteadas nos produtos não biológicos obtidos por transformação industrial; o caso *monsanto v. cefetra***

Mas essa (*in*)*activação* ou a ausência das *características* ou *propriedades* dirigidas à *solução do problema técnico reivindicado* pode também ser postulada em relação a *matérias não biológicas*, que, por isso mesmo, não resultaram de reprodução ou multiplicação das matérias biológicas abrangidas pelo direito de patente. O art. 9º da citada Directiva nº 98/44/CE ocupa-se deste problema. E ele consagra, também aqui, um regime *jurídico especial* relativamente ao *regime comum* do subsistema do direito de patente. Em síntese, pode afirmar-se que esta norma autoriza que o *âmbito biológico de proteção* de uma patente relativa a sequências de ADN ou outras matérias que contenham "informações genéticas" (*v.g.*, aminoácidos, bactérias, vírus, células, etc.) atinja outras *matérias biológicas* ou *não biológicas* (*v.g.*, óleos, farinhas, alimentos, vestuário, calçado, gasolinas e outros produtos combustíveis), se e quando as sequências de ADN ou as outras matérias biológicas onde se contêm as "informações genéticas" puderem, *a jusante*, continuar a expressar, nessas outras matérias biológicas ou não biológicas, obtidas ou transformadas industrialmente as *propriedades*, as *características* ou as *funções* por cujo respeito a patente foi concedida[33].

---

[32] Remédio Marques, J. P., *Biotecnologia(s) e Propriedade Intelectual*, vol. I, 2007, cit., p. 1021; Bostyn, Sven, "The Prodigal Son: The Relationship Between Patent Law and Health Care", in: *Medical Law Review*, nº 11 (2003), 1, p. 67 ss., p. 115.

[33] Não é suficiente constatar se a "informação genética" está, ou não, presente nos produtos objeto de transformação ou de processamento industrial; é, acima de tudo, essencial verificar a presença de um *requisito adicional*, qual seja, saber se essa "informação" cumpre

A GENÉTICA E AS PATENTES

Os casos são reais – posto que foram instaurados em diversos tribunais de Estados-membros (Reino Unido, Espanha, Dinamarca, Holanda) – e, a mais das decisões nacionais já emitidas[34], já foram objeto de julgamento na União Europeia. Refiro-me ao Processo C-428/08, na sequência de pedido de decisão a título prejudicial efectuado por um tribunal holandês, no litígio que opôs a *Monsanto Technology LLC* à *Cefetra BV* e outros[35].

uma determinada *funcionalidade*, exactamente *a função biológica* por cujo respeito a solução patenteada mereceu a outorga de direito de patente. Se tais propriedades, características ou funções se acharem "desactivadas", "escondidas" ou num estado biológico de "quiescência" ou de "pendência" nestes últimos produtos, não vislumbro outro regime jurídico senão aquele de acordo com o qual o âmbito biológico de proteção destas patentes nunca deverá atingir a utilização econômica de tais matérias biológicas (ou não biológicas) obtidas a jusante. Assim, já REMÉDIO MARQUES, J. P., *Biotecnologia*(s), vol. I, 2007, cit., p. 1036; tb. MAYR, Carlo E., "L'ambito di tutela del brevetto biotecnologico", in: UBERTAZZI, Luigi Carlo (a cura di), *Il Progetto di novella del cpi Le Biotecnologie*, Milano, Giuffrè, 2007, p. 154 ss., pp. 156-174. A *mera possibilidade* assente em *factos futuros* ou *hipotéticos* de a "informação genética" protegida pela patente poder, *no futuro* (p. ex., em outra matéria objeto de transformação ou de processamento industrial), desempenhar a função para que fora reivindicada no pedido de patente não é suficiente para gerar a infração da patente.

[34] P. ex., o acórdão da *Audiencia Provincial* de Madrid, sessão n. 28, especializada em matéria mercantil (2ª instância), de 10 de Março de 2009 (que confirmou a decisão do *Juzgado Mercantil* n. 6 de Madri, de 27 de Julho de 2007), segundo o qual "no basta com constatar si la información genética objeto de la patente está contenida en la harina de soja, sino que es preciso llenar el requisito adicional de que estuviese además cumpliendo en ella una determinada funcionalidad, premissa ineludible para poder considerar como una infracción del derecho de la demandante que la demandada hubiera estado importância dicha harina a España". Cfr., para um comentário a estas decisões, GÓMEZ SEGADE, José António, "Confirmados en apelación los limites a la extensión horizontal del ámbito de protección de las patentes biotecnológicas", in: *ADI*, vol. 29 (2008-2009), pp. 1484-1486.

[35] Na circunstância, a sociedade *Monsanto* é titular de uma patente europeia (EP 0 546 090), com data de 19 de Junho de 1996, respeitante a uma sequência de ADN que, depois de ser introduzida no genoma de plantas de soja, as torna resistentes ao glifosato, um herbicida não selectivo comercializado por esta mesma sociedade, sob a marca "Roundup". Nas plantas cujo genoma é modificado, este glifosato bloqueia o centro ativo da enzima (proteína) 5-enolpirulvil-siquimato-3-fosfato sintaxe da classe I ("EPSPS"), o qual desempenha um papel importante no crescimento da planta. A acção do glifosato provoca a morte da planta. A referida patente europeia reivindica e descreve um conjunto de enzimas "EPSPS" da classe II, as quais são sensíveis ao glifosato, pois as plantas que incorporam esta enzima conseguem sobreviver à utilização dessa substância, ao passo que as ervas daninhas são destruídas. Os genes que codificam para estas enzimas da classe II foram isolados a partir de três bactérias (vectores de expressão). Ora, a *Monsanto* introduziu estes genes no ADN de plantas de soja. Na decorrência desta inserção, estas plantas sintetizam uma enzima EPSPS da denominada Classe II, chamada CP4-EPSPS, a qual exibe resistência ao glifosato. Nesta

DIREITO DA SAÚDE

O Tribunal de Justiça não se refere expressamente ao *âmbito biológico de proteção*, à luz da denominação que propus (ou não o denomina desta maneira), mas todos os *obicter dicta* e a decisão tocam a realidade que há pouco analisei e confirma as posições há pouco defendidas[36]. Na verdade, o Tribunal de Justiça da União Europeia, pronunciando-se sobre o alcance da proteção da patente previsto no art. 9º da citada Directiva nº 98/44/CE – e aderindo às conclusões do Advogado-Geral, PAOLO MENGOZZI, apresentadas em 9 de Março de 2010 – decidiu que ele[37] "não confere proteção em circunstâncias como as do litígio no processo principal, em que o produto patenteado está contido na farinha de soja, na qual não exerce a função para que foi patenteado, mas tendo previamente exercido a função na planta de soja, da qual essa farinha é um produto derivado, ou em que poderia eventualmente vir a exercer novamente essa função, depois de ter sido extraído da farinha e introduzido numa célula de um organismo vivo"[38].

medida, estas plantas geneticamente manipuladas resistem ao herbicida "Roundup". A vantagem de utilização destas plantas de soja (*scilicet*, das sementes destas plantas) reside na possibilidade de o referido herbicida ser utilizado para destruir as plantas infestantes, sem causar quaisquer danos à cultura de soja. Estas plantas de soja são cultivadas em larga escala na Argentina, bem como em outros países (p. ex., no Brasil). Todavia, dado que na Argentina a lei de propriedade industrial, de 1996, impede a patenteabilidade destas matérias biológicas, a sociedade Monsanto pretendeu, em 2005 e 2006, impedir a importação para vários países da União Europeia de farinha de soja proveniente da Argentina, a qual fora obtida por transformação a partir da colheita das referidas plantas de soja geneticamente manipuladas. Para o efeito – após ter logrado obter, na Holanda, a apreensão de três carregamentos de farinha de soja e demonstrado a presença, na farinha, da referida enzima CP4-EPSPS e da sequência de ADN que a codifica –, esta sociedade intentou várias acções de condenação alegando a infração da referida patente europeia. Um dos tribunais onde foi instaurada a ação de condenação – o *Rechtbank's Gravenhage*, da Holanda – suscitou uma decisão prejudicial do Tribunal de Justiça da União Européia. Esta mais alta instância jurisdicional da União Européia veio, então, confirmar as *limitações funcionais* que atrás analisei, em relação ao âmbito de proteção de patentes que contêm ou consistem em "informações genéticas".

[36] As quais, aliás, foram por mim defendidas em 2005, por ocasião da apresentação pública da minha dissertação de doutoramento – REMÉDIO MARQUES, J. P., *Biotecnologia(s) e Propriedade Intelectual*, vol. I, 2007, pp. 1082-1083.

[37] Cfr. o § 50 do acórdão e o seu § 78, nº 1, onde é plasmada a mesma conclusão.

[38] No mais, também foi decidido que, a despeito do disposto no art. 1º, nº 1, primeira parte, o art. 9º da citada Directiva procedeu a uma harmonização completa da proteção destas patentes, não autorizando que os legisladores dos Estados-Membros prevejam uma "proteção absoluta" do produto patenteado enquanto tal, independentemente de exercer, ou não, a

V. O ÂMBITO BIOLÓGICO DE PROTEÇÃO DAS PATENTES DE *PROCESSOS BIOTECNOLÓGICOS* EM PARTICULAR

A *solução comum* para as patentes mecânicas, químicas e farmacêuticas de processo é a seguinte: o direito de exclusivo abrange os produtos obtidos *diretamente* do processo patenteado (art. 64º, nº 2, da CPE; art. 97º, nº 3, do CPI)[39]. O art. 28º, nº 1, alínea *b*), do Acordo TRIPS, também incorporou no *licere* das *patentes de processo* a faculdade de impedir a utilização, a venda ou importação do "produto obtido diretamente" pelo processo patenteado[40]. O acolhimento desta solução comum assenta e legitima-se na particular fisionomia das patentes desta natureza: o *procedimento* por cujo respeito são concedidos direitos de patente constitui, afinal, *o meio* para a obtenção de produtos (*produtos novos* ou *produtos já divulgados* e, portanto, existentes no estado da técnica[41]). E se ela não fosse admitida, os terceiros poderiam, sem mácula, proceder à *importação de produtos fabricados no estrangeiro pelo processo patenteado*[42]. Este regime – erigido para as *patentes me-*

---

sua função na matéria que o contém – e quem diz que a harmonização completa respeita ao disposto no art. 9º, também não pode ser negado que essa harmonização deve atingir, pelo menos, as normas dos arts. 8º, 10º (esgotamento do direito de patente biotecnológica) e 11º (privilégio do agricultor e do criador pecuário).

[39] Este regime achava-se já plasmado na *PatG* alemã, de 1877, a partir da reforma de 1891 – haja em vista o desejo de já então se proteger a indústria química e farmacêutica alemã (HESSE, Peter, in: HACON/PAGENBERG (eds.), *Concise European Patent Law*, 2ª ed., Austin, Boston, Chicago, New York, The Netherlands, Wolters Kluwer, Kluwer Law International, 2008, p. 70) –, mas o *Reichgericht* já havia admitido, numa decisão de 14/03/1888, no caso *Methylenblau*, que a proteção atribuída a uma patente de processo químico compreendia os produtos fabricados através desse procedimento; outrossim, este entendimento foi consolidado pela jurisprudência britânica, a partir do caso *Saccharin Corporation Ltd v. Anglo American Continental Chemical Works, Ltd* e outros, decidido em 8/05/1900, pela *Chancery Division* (1ª instância), in: *R.P.C.*, 1900, p. 305 ss., p. 319.

[40] GERVAIS, Daniel, *The TRIPS Agreement, Drafting History and Analysis*, 3ª edição, London, Sweet & Maxwell, 2008, pp. 374-375; PIRES DE CARVALHO, Nuno, *The TRIPS Regime of Patent Rights*, 2ª edição, The Hague, London, Boston, Kluwer Law International, 2005, pp. 383-385 = 3ª ed., Wolters Kluwer, 2010, pp. 339-340.

[41] Neste último caso, seja porque os produtos não são, como se disse, novos, seja porque não são patenteáveis por outro motivo (p. ex., porque integram uma *variedade vegetal* ou uma *raça animal*, as quais são realidades insusceptíveis de patenteação no quadro da CPE e dos Estados Contratantes; sequências de genes humano, para as quais não seja possível indicar a concreta aplicação industrial, como manda o nº 3 do art. 5º da Directiva nº 98/44/CE), embora, em ambos os casos, desfrutem de *aplicação industrial*.

[42] Objectivo que já remonta à Convenção da União de Paris, de 1883, pois o seu art. 5º-*quater* obriga os Estados contratantes a estendera proteção dos produtos diretamente obtidos pelo

DIREITO DA SAÚDE

cânicas e *químicas* – aplica-se não apenas aos *produtos fabricados pelo processo patenteado*, mas também aos produtos que tenham sofrido *transformações ou modificações por via da actuação do processo patenteado* (p. ex., um produto preexistente é objeto de actuação por parte do processo patenteado, tendo em vista a sua purificação, tratamento ou transformação)[43]-[44]. Neste sentido, generalizou-se a aplicação da *teoria das propriedades derivadas*[45] aos produtos que ostentam *características, propriedades* ou *qualidades essenciais*, na medida em que sejam ou *geradas* ou *causadas* por mor da *execução do processo patenteado*. De tal sorte que, arrancando-se do processo patenteado, se faz mister que as etapas ou processos subsequentes deixem inalteradas tais *propriedades* ou *características químicas* ou *fisiológicas* dirigidas à obtenção do efeito ou da função técnica a que o produto se destina[46]-[47].

processo patenteado aos produtos importados. Objetivo que muitos autores qualificam como constituindo o *leitmotiv* principal da consagração deste regime – BENYAMINI, Amiran, *Patent Infringement in the European Community*, Weiheim, V.C.H., 1993, p. 156; SALVADOR JOVANÍ, Carmen, *El ámbito de protección de la patente*, 2002, cit., p. 464; GÓMEZ SEGADE, José António, *La Ley de Patentes y Modelos de Utilidad*, Madrid, Civitas, 1988, p. 105.

[43] Entre outros, REMÉDIO MARQUES, J. P., *Biotecnologia(s) e Propriedade Intelectual*, vol. I, 2007, cit., pp. 1047-1048; BENYAMINI, Amiran, *Patent Infringement*, 1993, cit., pp. 164-166.

[44] Terá que existir uma relação direta entre o processo patenteado e o produto, no pressuposto de que não devem intercorrer etapas ou fases importantes que *descaracterizem* as *propriedade* ou *características* geradas pela execução do processo patenteado (devendo ser constatada a presença apenas de etapas triviais ou imateriais) entre o processo patenteado e o produto para cuja proteção se reclama.

[45] Sobre os contornos desta teoria perante a *teoria da conexão cronológica* ou temporal e a *teoria do procedimento final*, cfr. REMÉDIO MARQUES, J. P., *Biotecnologia(s) e Propriedade Intelectual*, vol. I, 2007, cit., pp. 1059-1066; mais recentemente, cfr. KRASSER, Rudolf, *Patentrecht*, 6ª ed., 2009, cit., pp. 775-776. A *teoria das propriedades derivadas* fez escola, na Alemanha, no início do século XX, após os estudos de JULIUS EPHRAIM. Cfr. FERNÁNDEZ-NOVOA, Carlos, "El ámbito de protección de las patentes de procedimento farmacêutico", Madrid, 1974, p. 281 ss., p. 315, nota 95, sendo esta doutrina aceita, actualmente, sem qualquer rebuço: entre outros, cfr. GÓMEZ SEGADE, José António, *La Ley de Patentes y Modelos de Utilidad*, 1988, cit., p. 105; JESTAEDT, Berhard, in: BENKARD, Georg, *Europäisches Patentübereinkommen*, München, C.H. Beck, 2002, § 64, Rdn 54, 55, pp. 653-654; FERNÁNDEZ-NÓVOA, Carlos, "El ámbito de protección de las patentes de procedimiento farmacêutico", cit., 1974, pp. 324-326; SALVADOR JOVANÍ, Carmen, *El ámbito de protección*, Valencia, Tirant lo blanch, 2002, p.470; DOMEIJ, Bengt, *Pharmaceutical Patents in Europe*, London, Boston, Stockholm, Kluwer Law International, 2000, p. 290; KRASSER, Rudolf, *Patentrecht*, 6ª ed., 2009, cit., p. 776.

[46] É, por isso, decisivo que, no mínimo, o processo patenteado desempenhe um *papel importante* nas *características, propriedades* ou *função* do produto que é obtido a partir da execução do referido processo.

1. O caso *monsanto* e a dogmática tradicional da proteção das patentes de processos químicos de obtenção de produtos

O caso *Monsanto* pode ser abordado nesta perspetiva da *proteção das patentes de processos químicos de obtenção de produtos*. Será que a farinha de soja conservava as *características essenciais* propiciadas pela execução do processo por mor da inserção das sequências de ADN no *genoma* das plantas de soja ancestrais? Creio que não. Com efeito, as reivindicações da *Monsanto* dirigem-se ao processo de isolamento e inserção de uma molécula de ADN recombinado, indutora das consabidas características, no *genoma* de plantas de soja ancestrais, mais especificamente por microinjeção nas respectivas células[48]. Os *produtos finais* resultantes da execução do método biotecnológico patenteado são, precisamente, as *plantas de soja geneticamente manipuladas* cultivadas na Argentina, cujos grãos foram, também aí, colhidos e processados em farinha. Na verdade, a transformação das plantas e do produto da colheita em farinha de soja não conservou quaisquer das *características essenciais* atribuídas por via do processo patenteado de inserção de três genes "forasteiros" no *genoma* das ancestrais plantas de soja (*id est*, a resistência total contra certo herbicida com que as plantas em desenvolvimento foram pulverizadas)[49].

---

[47] O tribunal deve, *prima facie*, apurar se o produto, cuja proteção é requerida pelo titular da patente do processo, é materialmente diverso do produto obtido diretamente pelo processo patenteado, seja quanto à estrutura, seja quanto às funções (propiciadas pelas propriedades, características). Se a resposta for afirmativa, então tribunal procurará determinar se alguma (ou algumas) das alterações efectuadas, a jusante, conferem ao produto em causa as suas características, propriedades ou funções essenciais do ponto de vista tecnológico-científico.

[48] Neste caso, a transformação processou-se, desde logo, nas *células* das *plantas ancestrais*, que foram, após várias gerações, cultivadas e colhidas por agricultores argentinos. A transformação das plantas ancestrais em farinha de soja foi efectuada mediante um processamento industrial. Isto dito, não poderá, neste caso, ser defendido que as toneladas de farinha de soja apreendidas em diversos países europeus constituem o *produto final* emergente do processo patenteado.

[49] A qualificação da farinha como *produto diretamente obtido do processo biotecnológico* patenteado equivale a confundir o conteúdo "informacional" inserido no genoma das plantas ancestrais, através do processo patenteado, com o produto completamente diferente, em características e propriedades, que foi objeto de transformação e processamento industrial. Em sentido análogo, cfr. a argumentação expendida no Reino Unido, no *High Court of England & Wales, Chancery Division (Patents Court)*, pelo juiz PUMPFREY, no caso *Monsanto Technology LLC v. Cargill International SA*, in: *F.S.R.*, 2008, p. 7 ss., §§ 34 a 38.

DIREITO DA SAÚDE

2. Especialidades do âmbito (biológico) de proteção das patentes de processos biotecnológicos

Não parece assim que que a *mera existência objectiva*, no produto final, do produto originariamente obtido mediante a execução do processo patenteado seja suficiente para reservar ao titular desta *patente de processo* o poder jurídico de autorizar qualquer utilização mercadológica do produto final (ou a sua importação). Isto porque a proteção *estendida* ou *alargada* aos produtos "diretamente" obtidos pelo processo patenteado é justificada em atenção à *estrita dependência* ou *conexão* (e *mais-valia*) que tais produtos retiram da execução do processo patenteado. Está, porém, bem de ver a relativa inadequação da proteção conferida pelas *patentes de processos biotecnológicos* aos produtos "diretamente" obtidos pelo processo patenteado. Na verdade, a proteção tem que ser alargada, não só às matérias biológicas obtidas pelo processo patenteado, como também às matérias biológicas obtidas nas *gerações subsequentes*, contanto que seja dotada das mesmas propriedades da matéria obtida diretamente a partir do processo biotecnológico patenteado[50]. Muito menos poderá ser subsumido a esta norma a questão da proteção de uma *proteína* obtida, por exemplo, através da execução de um processo de obtenção de um *plasmídeo* (matéria biológica), já que a *proteína* não é qualificada como *matéria biológica*[51]. Desde logo, o art. 8º, nº 2, da Directiva nº 98/44/CE, estranhamente, não exige que as *propriedades* ou *características* exibidas pelos produtos objeto de multiplicação ou reprodução a partir da matéria biológico obtido pelo processo biotecnológico patenteado sejam as *propriedades* ou *características essenciais* assim determinadas por causa da execução do processo biotecnológico patenteado[52]. A norma em apreciação não será convocável nas

---

[50] Além disso, o material biológico abrangido pelo exclusivo do titular deverá ser sempre aquele que é obtido por *reprodução* ou *multiplicação* – em qualquer caso material obtido por via de *derivação biológica* – a partir do material biológico logrado por mor da execução do processo biotecnológico patenteado, e não o material biológico resultante daquele outro através de manipulação técnica.

[51] Talvez, neste caso, a *proteína* possa ser abrangida pela proteção do *processo de obtenção do plasmídeo* susceptível de ser inserido em bactérias (por via das quais se consegue formar a cadeia de aminoácidos geradora da *proteína*), à luz da solução clássica baseada na *teoria das propriedades derivadas*.

[52] São protegidas as matérias biológicas *derivadas biologicamente do inicial material biológico obtido diretamente a partir do processo patenteado*. É suficiente que as referidas *propriedades* ou *características* precipuamente reivindicadas no pedido da patente do processo biotecnológico

eventualidades em que, no produto biológico *incorporante* ou *continente* (*maxime*, no produto final) existam apenas *resíduos*, *vestígios* ou *impurezas* das matérias biológicas *constitutivas* do *resultado mediato do processo biotecnológico patenteado*, insusceptíveis de expressar as mesmas propriedades ou características. Surpreende-se uma diferença no regime jurídico previsto nos n.ºs 1 e 2 do referido art. 8º da Directiva n.º 98/44/CE e esta é relativa ao *direito probatório material*: se a matéria biológica (ou a proteína) obtida por reprodução ou multiplicação a partir da matéria biológica resultante directamente do processo biotecnológico patenteado não for nova, o titular da patente deste processo não goza da presunção *iuris tantum* plasmada no n.º 2 do art. 4º da CPE (*idem*, no art. 98º do CPI), *não se presumindo*, nesse caso, que o produto usado pelo alegado infrator resulta da execução do processo patenteado[53]. Ao invés, o *ius prohibendi* do titular da patente do processo biotecnológico atinge a utilização dessa descendência, obtida por reprodução de uma ou de várias estirpes de ancestrais bovinos, para a realização e utilização merceológica do *subproduto* ou do *produto final* (*in casu*, o extracto plasmado no *leite*) por cujo respeito os animais iniciais (quais cabeças de estirpe) constituíram as matérias biológicas diretamente obtidas a partir do processo patenteado[54].

(e ligadas ao produto *obtido* ou *transformado por via da execução desse método*, em homenagem ao qual a invenção resolve um determinado problema técnico) sejam produzidas e transmitidas ao *produto incorporante*, nele continuando a actuar, a despeito de não figurarem como sendo as *propriedades* ou a *características essenciais ou* mais importantes do ponto de vista tecnológico--científico que amoldem a existência do produto incorporante enquanto organismo replicável ou autoreplicável.

[53] Se, por exemplo, a patente respeitar a um processo de modificação das *qualidades* e *propriedades vitamínicas* do *leite* produzido por certa *raça de bovinos*, pode o titular da patente proibir irrestritamente a *utilização*, a *importação*, a *utilização da carne* e/ou a *venda* dos animais descendentes dos bovinos em cujo genoma fora realizada a precípua modificação protegida pela patente de processo? Creio que a resposta é agora clara: o titular da patente apenas pode proibir a utilização *com fins merceológicos* (directos ou indirectos) dessa mesma *descendência* quando esses animais sejam utilizados economicamente *para produzir o leite*, ou quando esse leite seja utilizado, por outros pesquisadores, por exemplo, para *fins de fabricação de uma vacina* ou quaisquer outras substâncias com propriedades terapêuticas. Outrossim, está, nesta eventualidade, o titular da patente do processo impedido de proibir a utilização dos animais quando estes forem abatidos no matadouro e a sua carne for, por exemplo, *vendida* em açougue ou for utilizada e processada industrialmente para fabricar salsichas.

[54] O *licere* deste titular estende-se em relação às utilizações merceológicas dos animais adrede obtidos por reprodução enquanto se trate de utilizações merceológicas que não seriam efectuadas se não fosse a concreta emergência e a proteção patentária da solução técnica

DIREITO DA SAÚDE

A *patente do processo biotecnológico* será, com efeito, limitada à utilização para fins comerciais dos animais obtidos, por reprodução, enquanto *destinados ao uso que emerge,* ainda que por *via interpretativa,* das *reivindicações* e da descrição do fascículo da patente, contanto que, como referi, as *propriedades* ou as *características, essenciais* ou *acessórias* em questão, sejam as que tenham sido tomadas em consideração para resolver o *problema técnico que objectivamente caracteriza a invenção* (do processo) protegida[55]-[56]. O possuir as *mesmas propriedades* (nº 2 do art. 8º da Directiva nº 98/44/CE) significa o possuir e, no caso concreto, *exercitar* de uma forma *ativa* as mesmas *propriedades* ou *funções* na matéria biológica incorporante.

VI. A MUNDIALIZAÇÃO DOS REGIMES DA PROPRIEDADE INTELECTUAL E A "FINANCEIRIZAÇÃO" DA AGRICULTURA

A *mundialização* destes parâmetros jurídicos de proteção reforçada provocou, no entanto, um outro efeito perverso junto dos Estados menos desenvolvidos e dos Estados em desenvolvimento, atenta a maior influência do sector agrícola na composição das parcelas daquele PIB. Com efeito, a agricultura é, aliás, em muitos países, um sector estratégico, sendo, por

---

lograda pelo inventor do processo biotecnológico de alteração do genoma destes animais, a fim de causar alterações na composição do leite extraído destes animais.

[55] Já REMÉDIO MARQUES, J. P., *Biotecnologia(s) e Propriedade Intelectual,* vol. I, 2007, cit., p. 1081.

[56] Se alguém identificar que o leite produzido pelas descendentes das vacas originariamente produzidas pelo referido processo patenteado expressa determinados *anticorpos*, poderemos então afirmar que *são diferentes* as *propriedades* ou *características* reivindicadas e descritas no processo patenteado relativamente a esta última plasmada na produção de tais anticorpos. Assim, no quadro deste âmbito biológico protector da patente do processo a utilização do referido lei extraído das vacas para o efeito de produzir uma *vacina* ou um *método de diagnóstico* e de despistagem de um determinada doença não deverá ficar condicionado ao consentimento do titular da patente desse processo. O titular desta patente ficará, quanto muito, salvo de esgrimir – agora em sede de *âmbito tecnológico de proteção* desta mesma patente de processo – a proibição desta atividade por via da invocação da teoria dos *meios equivalentes,* para o que se fará mister demonstrar que as *regras técnicas* inerentes ao processo patenteado de modificação das qualidades vitamínicas do leite produzido pelas vacas são regras técnicas *generalizáveis* a outras soluções técnicas e que, na perspectiva do perito na especialidade munido dos conhecimentos gerais e das regras constantes das *reivindicações* e da descrição, se poderia aí reconhecer a capacidade da referida modificação técnica conducente à produção dos referidos anticorpos.

isso, crucial no desenvolvimento sócio-económico futuro, à luz da "financeirização" da *economia dos alimentos* e das respectivas matérias-primas (*maxime*, as sementes) nas bolsas de valores de todo o planeta[57]. Por outro lado, a concessão de patentes ou de proteção pelo regime jurídico das obtenções vegetais (direito de obtentor de variedade vegetal), por meio da manipulação genética do material biológico de reprodução ou de multiplicação – providos de propriedades ou características que permitem uma maior produção por hectare cultivado –, algumas (poucas) empresas transnacionais (*maxime*, a Monsanto) obtêm exclusivos industriais capazes de destronar o material de reprodução ou de multiplicação usado há milhares de anos pelos seres humanos, levando, gradativamente, a uma erosão da *diversidade genética* dos materiais biológicos de origem vegetal[58].

VII. O CASO DA INDÚTRIA FARMACÊUTICA E O DESENVOLVIMENTO DE NOVOS FÁRMACOS

Figure-se, agora, o caso dos *medicamentos*. Afirma-se, não raras vezes, que o sector farmacêutico é aquela onde mais se justifica a existência de direitos de patente cujo *licere* seja provido de um amplo espectro protector. É verdade que entre a investigação básica inerente ao desenvolvimento de um novo fármaco e a sua comercialização pode decorrer uma dilação de cerca de sete a dez ou onze anos, em grande parte devido à morosidade dos procedimentos de aprovação sanitária (testes farmacológicos, toxicológicos, pré-clínicos e clínicos), a fim de garantir a necessária e adequada segurança, eficácia e qualidade ao fármaco submetido à aprovação. O que significa que o titular da patente apenas dispõe de um prazo de cerca de 10 a 7 anos de efectivo exclusivo mercadológico. Este prazo pode ser, em muitos países, acrescido de um *prazo adicional* com a duração máxima de

---

[57] Este fenómeno, associado à proteção pelo direito de patente ou pela via do regime jurídico das obtenções vegetais, torna o material de reprodução ou de multiplicação vegetal (em particular, as sementes) *proibitivamente caro*, impedindo a concorrência dos agricultores destes últimos países no mercado internacional.

[58] Não se trata de, com tais exclusivos industriais, proibir que os cidadãos continuem a utilizar livremente as variedades tradicionais; mas sim de estes exclusivos conduzirem à expansão da agricultura baseada em materiais vegetais geneticamente manipulados protegidos por direito de patente e/ou por direitos de obtentor de variedade vegetal, cuja disponibilização (pela rede de licenciados dos titulares destes direitos de propriedade industrial) e ulterior utilização em novas multiplicações ou reproduções fica condicionada ao consentimento dos titulares destes exclusivos.

DIREITO DA SAÚDE

cinco anos[59], de jeito a que, em média, o titular da patente possa gozar de um período médio de exclusivo comercial de, aproximadamente, 15 anos.

Diz-se, igualmente, que o custo total de colocação no mercado de um medicamento inovador pode chegar ao montante de 800 milhões de dólares dos E.U.A., ou mais[60]. Naquele montante são, de igual sorte, incluídos os custos incorridos nos testes e ensaios de milhares de moléculas e substâncias que não chegam, tão pouco, aos circuitos comerciais. Cerca de 80% do custo do desenvolvimento e comercialização de um medicamento inovador é capturado pelas despesas efectuadas em testes e ensaios farmacêuticos, pré-clínicos e clínicos, tendo em vista a obtenção da autorização administrativa para a sua introdução no comércio.

Vale dizer: somente uma pequena parcela daquele montante é aplicada na pesquisa, desenvolvimento e submissão da nova e inventiva substância aos institutos ou às agências de propriedade industrial, a fim de obter a patente. Ademais, ocorre observar a constatação histórica,

---

[59] Na União Europeia, esta "extensão da patente" chama-se *certificado complementar de proteção* para medicamentos (de uso humano) – cujo regime consta, actualmente, do Regulamento (CE) nº 469/2009, do Parlamento Europeu e do Conselho, de 6 de maio de 2009 – e, por via de regra, apenas pode ter por *objeto* o *ingrediente ativo* (ou a combinação de ingredientes activos) *expressamente mencionado nas reivindicações* da *patente de base*, desde que tenha sido aprovado como medicamento pela autoridade sanitária competente. Este novo exclusivo de propriedade industrial concede ao titular a mesma protecção da que é concedida pela *patente de base*, relativamente ao referido ingrediente ativo utilizado como medicamento, que tenha sido aprovado pela autoridade sanitária competente. Sobre isto cfr. REMÉDIO MARQUES, J. P., "O *objecto* do certificado complementar de protecção – Jurisprudência e tendências recentes", in: *ADI*, vol. 32 (2011-2012), Universidad de Santiago de Compostela, Madrid, Barcelona, Buenos Aires, Martial Pons, p. 291 ss.; para o panorama fora da União Europeia, veja-se, agora, ACQUAH, Daniel, "Extending the Limits of Protection of Pharmaceutical Patents and Data Outside the EU – Is There a Need to Rebalance?. in: *IIC*, 2014, p. 256 ss.

[60] Há, no entanto, controvérsia sobre este montante: há quem sustente que pode ultrapassar a fasquia de mil milhões de dólares dos E.U.A, defendendo outros que a quantia é muito inferior. Esquece-se, porém, que uma fatia substancial deste montante é distraída para o custeamento dos ensaios farmacológicos, toxicológicos, pré-clínicos e clínicos subjacentes à aprovação sanitária do medicamento – destinadas a comprovar, num horizonte de risco, a segurança, eficácia e qualidade do medicamento –, para a instalação das estruturas físicas de produção do medicamento, para os ensaios de substâncias que jamais se revelam boas candidatas à aprovação sanitária ou ao êxito comercial, para as despesas com a sua promoção e para as despesas decorrentes do patrocínio judiciário junto das entidades administrativas sanitárias competentes. Isto atendendo o reforço dos critérios respeitantes à observância dos critérios de *segurança*, *eficácia* e *qualidade* dos medicamentos.

segundo a qual a indústria farmacêutica moderna desenvolveu-se mais rapidamente (ou tão rapidamente) – tanto no século XIX quanto até à década de sessenta do século passado – nos Estados cujos ordenamentos proibiam a patenteabilidade dos medicamentos ou somente permitiam a outorga de patentes de processo farmacêutico[61]. Porém, devemos notar que uma parte significativa dos *medicamentos inovadores* tem sido desenvolvida por pequenas e médias empresas e, sobretudo, por laboratórios de universidades financiados maioritariamente pelos Estados. Por exemplo, a associação de substâncias activas usado, atualmente, para reduzir a carga viral nos portadores de HIV/SIDA foi inventado por David Ho, um investigador universitário. Este panorama é particularmente relevante no sector da *pesquisa biomédica*. Embora em 1995 tivessem sido gastos cerca de 25 mil milhões de dólares dos E.U.A. em pesquisa biomédica, 11,5 mil milhões de dólares foram financiados pelo governo federal e 3,6 mil milhões foram financiados por particulares. A indústria farmacêutica despendeu "apenas" 10 mil milhões de dólares, dos quais 2 mil milhões puderam ser recuperados a título de crédito de imposto junto das autoridades tributárias federais norte-americanas. Em 2006, foram gastos, nos E.U.A., cerca de 57 mil milhões de dólares, dos quais apenas um terço provieram da indústria farmacêutica. Este esforço de pesquisa e desenvolvimento da biotecnologia pode, no entanto, ser estimulado por via da receita tributária. É certo que muitas das invenções no domínio da medicina tiveram origem em projectos financiados por fundos públicos, onde foi forte o estímulo à inovação tecnológica alicerçado na possibilidade de patentear os resultados práticos dessas pesquisas. A possibilidade do patenteamento destas inovações biomédicas conduziu, no entanto, as linhas de pesquisa para a obtenção de fármacos que, uma vez patenteados e aprovados pelas autoridades sanitárias, pudessem gerar a *maximização do lucro*. É natural: o *homo economicus* persegue o *óptimo* de PARETO.

---

[61] Na Suíça até 1907: introduzindo apenas as patentes de processo e proibindo as patentes de produto até 1977; na Alemanha até 1967, embora já concedesse patentes de processo desde 1877; na França somente em 1966 foram admitidas as patentes de produto; em Portugal e na Espanha, as patentes de produto apenas foram introduzidas em 1992.

DIREITO DA SAÚDE

VIII. INOVAÇÃO TECNOLÓGICA E A NECESSIDADE DAS PATENTES

O que deve ser perguntado é o seguinte: a abertura ao patenteamento das realidades biológicas no quadro da pesquisa biomédica contribuiu para estimular a inovação no sentido da obtenção de invenções socialmente mais valiosas, como é, por exemplo, o caso dos novéis *medicamentos biológicos* (alguns já *biosimilares*) e dos medicamentos dirigidos a pequenos grupos de pacientes ligados por genomas (ou partes de genomas) idênticos? Ao que acresce a luta mercadológica na força atractiva da marca aposta nos medicamentos biotecnológicos e do respetivo regime jurídico.

Repare-se que o renomado *British Medical Journal*[62] inquiriu, junto dos seus leitores, quais foram as inovações médicas e farmacêuticas mais marcantes desde os finais do século XIX até ao dealbar do século XXI. Entre um grupo de 15, seleciono as seguintes, por estes identificadas: a *penicilina*, os *raios-X*, a *cultura de tecidos*, o *éter* (enquanto anestésico), a *cloropromazina*[63], as *vacinas*, a *pílula anticoncepcional*, os computadores, a *estrutura do DNA*, e a tecnologia dos *anticorpos monoclonais*. Todavia, apenas a *clorpromazina* e a *pílula anticoncepcional* foram objeto de direitos de patente[64]. Muitas outras substâncias químicas e processos biotecnológicos, terapeuticamente importantes e largamente comercializadas no planeta, ficaram, *ab origine*, desprovidas de qualquer proteção patentária, seja porque os Estados em cujos territórios elas foram descobertas e desenvolvidas não permitiam a patenteabilidade dos fármacos, enquanto *patente de produto*, seja porque os pesquisadores divulgaram-nas sem depositarem o pedido de patente ou não quiseram, pura e simplesmente, fazê-lo[65]. O que vale por dizer que, mais de três décadas após a Alema-

---

[62] GODLEE, Fiona, "Milestones on the Long Road to Knowledge", in: *British Medical Journal*, vol. 334 (2007), suplemento, acessível em http://www.bmj.com/cgi/content/full/334/suppl_1/s2.

[63] Substância usada, entre outros, no tratamento da esquizofrenia, depressão, ansiedade, enxaqueca severa, etc.

[64] Tão pouco o *ácido acetilsalicílico* (aspirina) foi objeto de patenteamento.

[65] Por exemplo, substâncias tais como o *ácido acetilsalicílico*, o *AZT*, a *ciclosporina*, o *éter*, a *insulina*, a *metadona*, a *oxitocina*, a *penicilina*, o *quinino*, o *fenobarbital*, a *ritalina*, a *digoxina*, entre outras, foram e são objeto de intensa comercialização e, não obstante, nunca foram patenteadas. Os processos de *reacção em cadeia da polímerase* (*polymerase chain reaction*) – que permitem segmentar e reunir as sequências genéticas e constituir notáveis instrumentos para a realização de diagnóstico (forenses, médico-legais) e aperfeiçoamento de outras

nha, a Suíça, a Itália ou a França terem autorizado a concessão de *patentes de produtos* farmacêuticos, cerca de metade dos medicamentos mais vendidos no planeta não devem o seu êxito à patenteabilidade das substâncias ativas que os compõem[66].

Talvez seja mais razoável, avisado e prudente seguir uma via intermédia, pois *in media stat virtus, et sanitas*. Esquece-se, na verdade, um conjunto de factos notórios, tanto do ponto de vista diacrónico quanto num enfoque sincrónico, que, como vimos, podem levar-nos a reflectir, serena e seriamente, sobre a adequação do regime jurídico das patentes farmacêuticas ao desenvolvimento da *pesquisa biomédica*. Ao cabo e ao resto, pese embora no quotidiano das nossas existências a saúde se tenha transformado na derradeira "mercadoria", todos somente desejamos viver mais e de uma forma mais saudável.

IX. O ENFOQUE BIOÉTICO DAS PATENTES DE BIOTECNOLOGIA E A POSSIBILIDADE DE INVENTAR PLANTAS E ANIMAIS

Veja-se, no mais, o enlace do *enquadramento (bio)ético* da patenteabilidade das matérias biológicas – *maxime*, os animais e os vegetais e, bem assim, as sequências de *genes humanos* – com o enquadramento jurídico-dogmático do direito positivo vigente em alguns ordenamentos estaduais, no quadro da pesquisa que envolve os seres humanos. Num enfoque *materialista* – de

---

ferramentas biológicas de conhecimento dos genes e da sua interação – nunca foram patenteados.

[66] Cfr., entre outros, BOLDRIN, Michele/LEVINE, David K., *Against Intellectual Monopoly*, Cambridge University Press, reimpressão, 2010 (a edição é de 2008), pp. 229-230. Não se pretende sustentar que a patenteabilidade dos produtos e processos farmacêuticos constitui o exemplo de uma meritória aplicação do regime do direito de patente, sem o qual não seriam descobertas e desenvolvidas substâncias (bio)químicas inovadoras que permitem evitar a morte de milhões de pessoas ou prolongar a via e o seu equilíbrio físico-psíquico. Tão-pouco, pelo contrário, se pretende sustentar que as empresas farmacêuticas (transnacionais) constituem um *clube oligopolístico* de pessoas que controlam o fluxo do comércio de medicamentos no planeta e que se recusam a comercializar os fármacos pelo seu custo marginal, causando (indiretamente) a morte (por omissão) de milhões de pessoas. Todavia, talvez seja ousado afirmar que os feitos da medicina e da moderna biotecnologia são, no essencial, devidos ao reconhecimento e à concreta constituição de direitos de patente e outros exclusivos sobre os fármacos (extensão do prazo da patente, certificado complementar de proteção para medicamentos de uso humano, prazo de proteção de dados, direitos exclusivos de comercialização).

DIREITO DA SAÚDE

harmonia com o qual todos os fenómenos biológicos podem apreendidos e explicados pela Ciência –, sustenta-se, não raro, a possibilidade *inventar plantas* e *animais* geneticamente manipulados, sobre os quais incidem direitos de patente. Se é aceitável que, quando for concedida uma patente para, por exemplo, um sistema de arrefecimento da unidade central de processamento de um computador pessoal (máquina), o fabricante dos computadores deve obter o consentimento do titular da patente, já é muito mais duvidoso que o titular de uma patente respeitante a uma *planta* ou a um *animal* (ou uma *parte* de planta ou animal) geneticamente manipulados possa reservar a produção, a multiplicação ou, em geral, o *uso mercadológico* desses espécimes animais ou vegetais (e dos que forem obtidos por reprodução ou multiplicação a partir dos primeiros), independentemente da *função técnica* ou das *propriedades* ou características suprimidas, aperfeiçoadas, ou adquiridas por mor dessa manipulação génica. Na verdade, o fazer depender do consentimento do titular de uma patente a utilização mercadológica das plantas ou dos animais transgénicos implica que esse titular *os* tenha *inventado*. Não creio, porém, que seja atualmente possível *inventar* a matéria biológica a que damos o *nomen* de *planta*[67] – qual ser vivo não provido de movimentos próprios, com sensibilidade diferenciada, embora não seja dotado de órgãos dos sentidos, e se alimente por meio de fotossíntese – ou *animal* – ser vivo provido de sensibilidade, movimentos próprios e com digestão interior.

O grau de *complexidade genotípica* e *fenotípica* destes organismos ultrapassa a atual compreensão e entendimento científicos. Na verdade, numa *visão vitalista* acredita-se que uma determinada espécie de força vital, de natureza imaterial, trespassa os seres vivos, de tal jeito que as matérias biológicas e os ciclos biológicos de reprodução ou de multiplicação são insusceptíveis de explicação científica[68]. O máximo que é

---

[67] REMÉDIO MARQUES, J. P., *Biotecnologia(s) e Propriedade Intelectual*, vol. I, 2007, pp. 248-255.
[68] Além de que sempre existirá a preocupação na *biosegurança* de tais materiais, à face do *princípio da precaução*, bem como os condicionamentos à pesquisa e partilha de conhecimento nos contratos relativos à transferência destas matérias, no quadro do Protocolo suplementar Nagóia-Kuala-Lumpur, sobre a responsabilização e compensação, ao Protocolo de Cartagena. De qualquer modo, a manipulação genética atinge, atualmente, apenas um ou alguns (poucos) genes) constitutivos do *genoma* das plantas e dos animais reivindicados nos pedidos de patente. Ninguém conseguiu construir ou fabricar uma máquina ou uma matéria biológica capaz de, uma vez dotada da *informação genética* adequada, transmitir às plantas ou aos animais a faculdade de formação e de reprodução ou multiplicação.

logrado consiste "apenas", ou bem na inserção de *sequências de nucleóti-dos* em um *genoma* naturalmente constituído por milhares de genes, ou bem na "activação" ou "desactivação" *endógena* ou *exógena* de algum ou alguns (poucos) genes *preexistentes* no *genoma* destes macrorganismos[69]. O invento, nestas eventualidades, apenas modifica alguns *genes* – de entre alguns milhares de genes e de entre os milhões de pares de ba-ses que formam esse genoma –, cuja *expressão fenotípica* atinge somente, quanto muito, a modificação de alguma *característica* ou *propriedade* que esse vegetal ou animal não expressava[70]. Os sistemas biológicos celulares onde ocorrem tais manipulações não são, por certo, criados *in totum* pelo inventor, nem, sobretudo, são susceptíveis de ser, como tais, por este caracterizados *in totum*, pois que estes sistemas biológicos – providos com uma infinita *singularidade* e *infungibilidade* – já preexistiam ao *Homo Sapiens*.

No estado atual da evolução das *biociências*, os seres humanos só compreendem uma pequeníssima fração do funcionamento destes me-canismos e sistemas biológicos. É duvidoso que alguma vez intuam com-pletamente tais mecanismos, especialmente os respeitantes aos próprios seres humanos: a *complexidade*, a *fungibilidade* e a *autonomia* da vida vege-tal, animal não humana e humana é tão grande[71] que nos torna – pelo menos, a nós, humanos, e a alguns primatas e outros mamíferos que ha-bitam os oceanos – imprevisíveis, a ponto de a compreensão do ADN e da *proteiómica* ser sempre insusceptível de explicar o ser-se *Pessoa Hu-mana* ou outra forma de *vida*.

---

[69] O *genoma* das plantas preexistentes na Natureza não só contém as instruções biológicas indispensáveis para a sua manutenção no respetivo ciclo de vida, bem como os seus constituintes genéticos e biológicos são capazes de gerar uma variação de si própria, seja através das sementes seja de uma maneira assexuada, por meio de partes de si mesma. A única diferença entre estas matérias biológicas vegetais e animais preexistentes *in natura* e as matérias obtidas através de manipulação genética controlada pelos seres humanos consiste na idoneidade de estas últimas matérias passarem a produzir ou a inactivar uma ou várias substâncias químicas.

[70] Sobre isto, REMÉDIO MARQUES, J. P., *Biotecnologia(s) e Propriedade Intelectual*, vol. I, 2007, cit., pp. 248-252, p. 293.

[71] GARFORTH, Kathryn, "Life as Chemistry of Life as Biology? An Ethic of Patents on Genetically Modified Organisms", in: GIBSON, Johanna (ed.), *Patenting Lifes, Life Patents, Culture and Development*, Ashgate, 2008, p. 27 ss., p. 31 ss.

DIREITO DA SAÚDE

A erosão criada por muitos cientistas – e aplicada nos tribunais – entre a *biologia* e a *química* conduziu a considerar as matérias biológicas geneticamente manipuladas como *entes não naturais*; vale dizer: entes *fabricados* pelos seres humanos, todos eles "candidatos positivos" à patenteabilidade. Esquece-se, porém, que o conteúdo da *dignidade* da pessoa humana – que depende mais das auto-representações espirituais e culturais, das ideias, dos valores, das emoções e da irredutível transcendência[72] que nos separa dos outros seres vivos – e a *complexidade biológica* (e não biológica) dos demais seres vivos talvez impeça considerar no universo do patenteável as *formas de vida superiores*, tais como os animais, os vegetais e algumas partes destacadas do corpo humano, incluindo as *células totipotentes* dos seres humanos em formação embrionária[73].

Dito de outra maneira: reduzir as plantas e os animais não humanos a meros *instrumentos* de autoconservação significa a negação do fato de que estas realidades biológicas desfrutam de um significado que *transcendem* as suas aptidões funcionais postas ao serviço dos seres humanos. Metodologicamente o conhecimento do mundo exterior aos Homens é assim um conhecimento "impuro", pois que exclui, *ab origine*, uma abordagem que nega a manipulação das outras realidades biológicas não humanas; nega que esse conhecimento possa evitar tanger o equilíbrio dos sistemas biológicos preexistentes.

X. CRÍTICA À *AUTOPOIESIS* DA CIÊNCIA E A INSTRUMENTALIZAÇÃO DO SUBSISTEMA DO DIREITO DE PATENTE

Daí que esta *tecnociência* que agora instrumentaliza o Direito e, logo, a propriedade intelectual não possa deixar de ser *autopoiética* ou autoreferencial, afastando da sua cogitação uma qualquer outra abordagem desse

---

[72] REMÉDIO MARQUES, J. P., *Patentes de Genes Humanos?*, Coimbra, Coimbra Editora, 2001, pp. 59-60.

[73] Esse é aliás, o reflexo da *dialética do iluminismo*, revelada por Horkheimer e Adorno: o aumento dos poderes dos seres humanos sobre as realidades que lhes são exteriores torna-os mais afastados das realidades sobre as quais exercem tais poderes. O conhecimento científico só é útil enquanto puder ser o instrumento de manipulação. Se as biotecnologias e a atual *tecnociência* foram erigidas para beneficiar do ser humano – e o conhecimento que o Homem pode *sobre si* continuar formando, sobre a sua identidade como espécie animal neste planeta –, este, em si, corre o risco de se tornar originariamente reduzido à ausência de qualquer interioridade enquanto busca do *sentido* da vida e do ambiente natural que o envolve.

mundo externo. Ao ser retirada ou diminuída a *dimensão metafísica* e *transcendente* das ações humanas e ao esquecer, por conseguinte, o julgamento da *praxis* adentro do acervo multipolar dos *bens* (e dos *bens jurídicos* da colectividade), apenas interessa a dimensão do *útil*, do *vantajoso* ou do que possa causar danos[74]. Este processo, no qual estamos imersos, traduz a emergência de uma visão unidimensional da racionalidade, qual seja a racionalidade do *saber operacional*, quantitativa, que privilegia a capacidade de cálculo e de medição. Mais: por que o Homem deposita em si os mesmos elementos e caracteres daquelas matérias (*id est*, as sequências de genes, os aminoácidos, as proteínas, as células, os tecidos, etc.), que a (tecno)ciência pode apreender e dominar, então a espiritualidade dos seres humanos e a existência de Deus tornam-se objecto de uma "fé racional", tal como decorre de Kant, e já não de um conhecimento racional. A aporia de Darwin, que coloca o Homem como *efeito não desejado* – uma vez que a evolução biológica é cega –, leva a que este *evolucionismo* não seja capaz de fornecer directrizes, já que na Natureza não está assim inscrita uma qualquer finalidade, atenta essa mesma lógica evolucionista. Assim se completando o círculo: não sabemos, por vezes, como agir, dada a ausência de referentes de agir. Apenas *experimentamos*[75]. As novas complexidades linguísticas usadas na Biologia (*et, pour cause*, no direito de patente e no regime dos cultivares) – as quais usam instrumentos e conceitos próprios da cibernética (código, informação, comunicação, inactivação, activação, controlo, etc.) – utilizadas na teorização da vida e do Direito mostram-nos de que forma estes modelos de explicação do "real biológico" e de ordenação do "real social" (através do Direito) estão

---

[74] O que não deixa de corresponder a uma visão cartesiana da Ciência: René Descartes teorizou, em 1641 (nas *Meditações Metafísicas* e já antes, em 1637, no *Discurso sobre o Método*), sobre a possibilidade de conservar a ideia de Deus e da espiritualidade humana, prescindindo da compreensão do sentido da realidade corpórea extra-humana, assim logo pensada como *matéria* pura.

[75] Assistimos a um fenómeno análogo, mas inverso, ao que foi delineado no dealbar da civilização ocidental: o Homem reconhecia-se como *criatura* e perspectivava-se como distinto mas não distante da Natureza que Deus tinha colocado ao seu dispor, no *mundo prático* (a Natureza biológica como ambiente susceptível de uso e manipulação) e no *mundo simbólico*. Agora, a partir do reconhecimento pragmático da Natureza biológica como matéria susceptível de manipulação e dominação, o Homem reconhece que possui uma natureza distinta (*scilicet*, mais complexa), mas não distante daquelas realidades biológicas, já que é dotado das capacidades de operar e manipular esse real.

DIREITO DA SAÚDE

ligados à ideia de *máquina*, cujos mecanismos estão, também eles, *por si só*, desprovidos de *sentido* e de *significado* que os *transcenda*[76].

XI. AS POSSIBILIDADES DO PATENTEAMENTO NA BIOTECNO-LOGIA

O exposto não significa que deva ser banida a possibilidade de outorgar direitos de patente aos que manipulam da forma atrás exposta o *genoma* de plantas e animais, incluindo o *genoma humano*. Se os inventores *identificam* (ou descobrem) as *sequências de nucleótidos*, se as isolam, se *preparam* os *vectores de expressão* dos genes, se *inserem* um ou vários genes no *genoma* de plantas ou de animais (ou nas células constitutivas do seu material de reprodução ou de multiplicação), ou manipulam algum ou alguns dos genes nativos, é justo que o requerente da patente possa reivindicar os *processos de manipulação* desses específicos *genes* (*invenções de processo*) e demais matérias microbiológicas (*v.g.*, células, vírus, bactérias, fagos, cosmídeos, etc.) e, bem assim, os próprios genes, vírus, bactérias, etc., destarte manipulados (*invenções de produto*), contanto que se achem reunidos os restantes requisitos de patenteabilidade (novidade, atividade inventiva, industrialidade, suficiência descritiva). Isto porque tais matérias (micro) biológicas nunca preexistiram, *como tal*, na Natureza e é possível demonstrar empiricamente o *uso controlado* (e controlável) *das forças naturais*, para o efeito da obtenção do resultado prático-industrial executável (pelo perito na especialidade) tantas vezes quantas as necessárias com *resultados constantes*. Por outro lado, vários *direito naturais* das pessoas – tais como o direito de propriedade privada, o direito à cultura, à saúde, à alimentação e nutrição[77] – são influenciados pelo actual regime jurídico dos direitos de propriedade intelectual. As tensões foram e são constantes entre a

---

[76] O que permite falar de uma verdadeira e própria *tecnociência* e de um *homo faber*, cujo significado é, afinal, a expressão de uma representação *estruturalmente* redutora, embora altamente *informativa* – veja-se a completa sequenciação e identificação dos genes existentes no corpo humano, em 2001, e os atuais esforços de identificação das funções das *proteínas* codificadas por aquelas sequências genéticas (*proteiómica*).

[77] Originariamente, no ideário saído da Revolução Francesa, estes direitos naturais aproveitavam somente aos inventores, autores e artistas. Hodiernamente, o próprio subsistema da propriedade intelectual também deve proteger os *interesses colectivos* de comunidades e povos.

A GENÉTICA E AS PATENTES

propriedade intelectual e os direitos humanos[78]-[79]. Não parece legítimo, pelo contrário, reivindicar as *plantas inteiras* ou os *animais* geneticamente manipulados – não obstante a prática de alguns institutos de propriedade industrial e de tribunais nacionais –, pois o requerente não poderá afirmar que estas complexas realidades biológicas foram por ele inventadas[80]. Estas considerações também explicam que, ainda quando as matérias microbiológicas (*v.g.*, sequências de ADN, células, bactérias, vírus) possam ser patenteadas, o *âmbito tecnológico de proteção* de tais funções tenha que ser *funcionalmente circunscrito* às *características* e *propriedades* úteis que hajam sido objeto de manipulação genética e tenham sido precipuamente reivindicadas pelo requerente da patente, contanto que elas se expressem em outros organismos, de forma idêntica ou diferenciada, por meio da intervenção humana tecnicamente orientada, de acordo com o que tenha sido, precípua e diretamente, objeto de *reivindicação* no pedido de proteção[81]. Na verdade, a *análise económica da inovação tecnológica* é preenchida precisamente com esta barganha efetuada entre o subsistema da propriedade industrial e os usuários intermédios (p. ex., agricultores, criadores pecuários) e os consumidores finais (p. ex., pacientes, consumidores de alimentos) relativamente aos resultados daquela inovação, a tal ponto que as relações com os consumidores e a tutela dos seus interesses perante o acesso aos produtos e processos obtidos por via daquela manipulação genética tendem a alicerçar a legitimidade normativa deste subsistema da propriedade industrial.

---

[78] XAVIER SEUBA, "Human Rights and Intellectual Property Rights", in: CARLOS M. CORREA/ ABDULQAWI A. YUSUF (ed.), *Intellectual Property and International Trade – The TRIPS Agreement*, 2ª ed., Boston, Chicago, New York, The Netherlands, Wolters Kluwer, 2008, p. 388 ss.

[79] Especialmente após a influência do Acordo TRIPS na universalização dos direitos de propriedade intelectual e da regulação planetária do regime dos contratos e do domínio sobre todos estes bens imateriais. Eis algumas das aporias da mobilização dos exclusivos industriais e a proteção dos direitos humanos.

[80] Tais realidades biológicas, atenta a sua *singularidade, infungibilidade* e *autonomia*, não podem constituir *invenções*. Daí a necessidade de delimitar o *âmbito de proteção* das patentes respeitantes a matérias microbiológicas que se contêm dentro e funcionam ou estão inactivas no genoma de vegetais, animais, incluindo os seres humanos.

[81] Com efeito, a partir do momento em que a propriedade industrial é distraída para a proteção destas matérias biológicas, tendo em vista o desenvolvimento ou manutenção do poder em certos mercados, não é possível evitar os mal-entendidos e as incompreensões.

DIREITO DA SAÚDE

IV. CONCLUSÃO

Que os direitos de propriedade industrial e os exclusivos que eles convocam têm prestado pouca atenção a estes novos interesses e pretensões, é um facto. Todavia, não poderemos escamotear as limitações da inovação biotecnológica exatamente postuladas pelo mercado e pelos direitos e interesses dos consumidores. As ameaças espreitam – p. ex., ao meio ambiente, à diversidade biológica –, mas as oportunidades são também imensas, atenta as possibilidades oferecidas pela manipulação genética no sector alimentar na satisfação das necessidades alimentares das populações dos países menos desenvolvidos e no aumento dos rendimentos dos agricultores desses países. Devemos preocupar-nos com os diferentes impactos e aporias derivadas da harmonização internacional do regime jurídico relativo à proteção destas realidades biológicas e dos produtos que a partir delas podem ser obtidos (em particular, os alimentos e os medicamentos). O nosso objetivo deve ser o seguinte: encarar o regime jurídico da "propriedade intelectual" como *produto cultural* cujos equilíbrios no seu "sistema interno" de regimes e soluções devem ser sopesados e reavaliados face ao "sistema externo" decorrente das crescentes exigências resultantes dos quadros normativos (nacionais e internacionais) da tutela da biodiversidade, da proteção do ambiente sadio e ecologicamente equilibrado e das renovadas pretensões condicionadoras da "propriedade intelectual" pelos direitos humanos. Afinal, cura-se aqui de renovar o debate sobre se o regime jurídico destes exclusivos industriais e comerciais é (ou pode ser) compatível (e em que medida) com a *promoção do desenvolvimento social, económico e cultural* no quadro dos princípios e regras gerais do *comércio internacional*. Antropocentrismo e biocentrismo, optimismo utilitarístico e catastrofismo enfrentam-se na imensa tarefa de gerir o futuro, no quadro de uma *racionalidade transgeracional*. De todo o modo, temos uma certeza: as inevitáveis divergências ou as concordâncias resultantes das opiniões e das doutrinas veiculadas apenas nos farão relembrar que a (bio)tecnologia e a tecnociência constituem uma realidade incontornável e são *objetos culturais*. Todos os que – Estado e particulares – detêm autoridade sobre estes meios de produção e de conhecimento não podem assim também esquecer o seu indelével protagonismo na vida dos cidadãos e na cultura.

SIGLAS E ABREVIATURAS

ADI   Actas de Derecho Mercantil y Derecho de Autor (Espanha)

BGH   Bundesgerichtshof (Supremo Tribunal Federal alemão)

Cfr.   Confira, confronte

EIPR   European Intellectual Property Review (Reino Unido)

F.S.R.   Fleet Street Reports (Reino Unido)

IEP   Instituto Europeu de Patentes

IIC   International Review of Industrial Property and Copyright Law

PatG   Patentgesetz (Lei alemã de Patentes; a atual é de 16/12/1980)

RDI   Rivista di Diritto Industriale (Itália)

R.P.C.   Report of Patents, Design and Trademark Cases (Reino Unido)

v.g.,   *verba gratia*

Genética e contrato de trabalho: nótula em torno do mandato antidiscriminatório*

João Leal Amado**

«An employer may never use genetic information to make an employment decision because genetic information is not relevant to an individual's current ability to work».

U.S. Equal Employment Opportunity Commission,
www.eeoc.gov/laws/types/genetic.cfm

I. Os perigos da genética aplicada à gestão dos recursos humanos

É sabido que, na actual era da biotecnologia, em que a espécie humana conseguiu obter a sua própria receita, o genoma surge como marca de individualidade, como conjunto de instruções que, em certo sentido, per-

---

* O presente texto constitui apenas uma sumária e despretensiosa abordagem a este tão complexo e delicado tema. Mas a matéria das relações entre genética e contrato de trabalho tem merecido bastante atenção por parte da doutrina portuguesa, sendo justo destacar, a este propósito, os estudos de João Zenha Martins, *O Genoma Humano e a Contratação Laboral*, Celta Editora, Oeiras, 2002, e de Bernardo Lobo Xavier, «O acesso à informação genética. O caso particular das entidades empregadoras», *Revista de Direito e de Estudos Sociais*, 2003, nº 3-4, pp. 11 e ss., bem como Júlio Gomes, *Direito do Trabalho*, vol. I, Coimbra Editora, Coimbra, 2007, pp. 345-350, para os quais se remete em ordem a um tratamento mais aprofundado do tema.

** Professor Associado da Faculdade de Direito da Universidade de Coimbra

DIREITO DA SAÚDE

mite a construção de uma pessoa. Ora, se isto representa um formidável progresso para a ciência médica – permitindo prever e detectar doenças precocemente, antes de quaisquer sintomas se manifestarem, permitindo que a pessoa tome medidas preventivas e cautelares, que reduzam a possibilidade de tais sintomas virem a surgir, permitindo desenvolver terapias mais eficazes ou com menos efeitos secundários do que as actuais –, isto também significa que, a partir do estudo da estrutura genética da pessoa (do seu património genético, do "código de barras" genético de cada um), a ciência poderá auxiliar o empresário na sua decisão de contratar ou não contratar um determinado trabalhador, investindo aquele de faculdades divinatórias sem precedentes.

Sendo certo que a revolução genética interpela o Direito em múltiplos domínios, a questão fundamental a que o ordenamento juslaboral terá de dar resposta é, seguramente, a da *(in)admissibilidade de acesso patronal à informação genética em matéria de emprego* (máxime através da feitura de testes genéticos), designadamente em sede de processo formativo do contrato de trabalho.

Na óptica do (potencial) empregador, a importância da informação genética resulta, em boa medida, da própria existência do Direito do Trabalho tal como foi construído ao longo do século passado, um direito de natureza tuitiva, de feição proteccionista do trabalhador, que assenta no princípio basilar segundo o qual o trabalho não é uma mercadoria. Com efeito, e entre nós, a tutela do valor estruturante da estabilidade no emprego – garantida pela Constituição da República Portuguesa, no seu art. 53º – projecta-se hoje em múltiplos aspectos da relação laboral. Assim é que, por exemplo:

   i) São, desde logo, formalmente proibidos os despedimentos imotivados, sem justa causa, pelo que o empregador não goza da faculdade de pôr termo ao contrato de trabalho, quando entender e pelas razões que entender;

   ii) O recurso a modalidades contratuais precarizadoras do emprego (contrato a prazo, contrato de trabalho temporário, etc.) só é admissível em situações limitadas, pois o contrato de trabalho *standard* é, deve ser, o contrato de duração indeterminada;

   iii) A impossibilidade temporária de execução da prestação laboral, devida a um facto não imputável ao trabalhador (doença ou acidente, por exemplo), determina a suspensão do vínculo contratual, com a consequente manutenção do "direito ao lugar" por parte do trabalhador transitoriamente impedido de prestar trabalho;

iv) As ausências ao trabalho de curta duração, motivadas por doença, são qualificadas como faltas justificadas, não configurando uma violação do dever de assiduidade por parte do trabalhador;

v) O empregador deve contribuir para a elevação da produtividade e empregabilidade do trabalhador, nomeadamente proporcionando-lhe formação profissional adequada a desenvolver as suas qualificações.

Tendo presente este quadro normativo (de que avançámos apenas alguns exemplos), não há dúvida de que a celebração de um contrato de trabalho representa, para o empregador, a assunção de um risco relativamente elevado: o risco de doença ou inaptidão superveniente que impeça o trabalhador de realizar a sua prestação, que diminua a sua produtividade e que comprometa os investimentos feitos em sede de treino e formação profissional, aliado à impossibilidade de desvinculação patronal *ad nutum* e à própria eficácia invalidante da declaração judicial da ilicitude do despedimento, tudo isto – e tudo isto é, afinal, o Direito do Trabalho, enquanto ordem normativa destinada a tutelar a pessoa do trabalhador – contribui para a adopção de uma política patronal "selectiva e desconfiada" em matéria de admissão de pessoal.

Ora, o conhecimento do património genético do (candidato a) trabalhador possibilitaria a minimização de todos estes riscos patronais. A realização de testes genéticos de natureza preditiva, desvelando as particulares propensões, predisposições, susceptibilidades e vulnerabilidades do trabalhador, permitiria a elaboração de um prognóstico relativamente seguro sobre a sua saúde/doença futura, facultando ao empregador uma "selecção genocrática" que, até agora, o estado da ciência não viabilizava.

A revolução genética (e, em particular, a sequenciação do genoma humano) poderá, assim, colocar nas mãos dos empregadores uma autêntica "bola de cristal". Quando tal suceda, a mão anónima e invisível do mercado, guiada por preocupações de produtividade e de competitividade, encarregar-se-á de tudo o resto: *pedigree* cromossómico, triagem genocrática, "carimbos de exclusão genética", "listas negras de trabalhadores incontratáveis", "desempregados genéticos", etc.

DIREITO DA SAÚDE

O acima escrito demonstra, uma vez mais – se necessário fosse –, que o mercado carece de regulação jurídica. E, acrescente-se, ao Direito do Trabalho não se pede, a nosso ver, nada de substancialmente novo nesta matéria nova. Como tantas vezes tem sucedido ao longo da sua história, reivindica-se do Direito do Trabalho que, também aqui, introduza *restrições ao livre jogo da concorrência no mercado laboral*, visto que o mercado não pode ser livre senão dentro das margens legais: em nome da dignidade da pessoa humana e da proibição de práticas laborais discriminatórias, o "código de barras" genético do trabalhador não poderá constituir um factor atendível pelo empregador em sede de contratação laboral.

A aptidão física e psíquica do trabalhador para exercer uma dada actividade laboral terá, pois, de ser aferida (e terá de existir) no momento da contratação, não podendo ficar dependente de juízos probabilísticos sobre a sua eventual evolução futura. O risco empresarial compreende a incerteza quanto à evolução futura do estado de saúde do trabalhador, devendo o empregador assumir esse risco – o mesmo é dizer, a maior ou menor propensão para a doença não representa um critério válido de escolha empresarial.

Em matéria de informação genética (e porque, como sabemos, "informação é poder") e no plano juslaboral, *o princípio não poderá, pois, deixar de ser o da interdição*: o trabalhador tem direito a uma certa "opacidade genética" perante o empregador, seja por razões ligadas à tutela do direito ao trabalho, seja em virtude da proibição de discriminação baseada no património genético, seja pela necessidade de preservar a liberdade pessoal do trabalhador, a sua dignidade, a sua integridade física e a sua intimidade[1].

Em síntese: o interesse patronal em "saber tudo" sobre a contraparte, em obter a referida "bola de cristal", sendo lógico e compreensível (pela minimização de riscos/redução de custos envolvida, pela maximização de benefícios/aumento das margens de lucro permitida), terá de ceder face aos direitos fundamentais de que, nesta sede, o candidato a emprego é titular, enquanto pessoa e enquanto potencial trabalhador. Afinal,

---

[1] Bem como, acrescente-se, a da sua família, a qual comunga do património genético do trabalhador, visto que a informação genética versa sobre as características hereditárias de uma pessoa.

como escreve Juan José Fernández Domínguez, «o património genético é propriedade do trabalhador»[2].

O Código do Trabalho português, aprovado pela Lei nº 7/2009, de 12 de Fevereiro, consagra de forma expressa, nos seus arts. 24º e 25º, o direito à igualdade e a proibição de discriminação baseada no património genético do trabalhador[3]. Estas normas merecem, sem dúvida, um forte aplauso, mas não deixam outrossim de ser preocupantes, pois constituem um claro sintoma de que as práticas discriminatórias em função do património genético já estão aí, no terreno, e ameaçam generalizar-se. Como sabiamente observa Gérard Lyon-Caen, a lei não se limita a enunciar uma regra, também constitui um sinal; e quando a lei se insurge contra a discriminação baseada no património genético, isso é um sinal seguro de que a discriminação genética é um fenómeno em expansão[4].

Invoca-se, por vezes, a conveniência de a entidade empregadora promover a realização de testes genéticos, tendo em vista a *protecção da saúde do próprio trabalhador* (assim, por exemplo, os testes revelariam uma predisposição particular do trabalhador para vir a sofrer de certa doença profissional, em função de uma especial susceptibilidade a determinados produtos e matérias-primas existentes na empresa), pelo que a realização dos aludidos testes justificar-se-ia, não em nome dos interesses do empregador, mas em nome da salvaguarda da saúde do próprio trabalhador, a médio/longo prazo ameaçada por aquele emprego.

Ainda aqui se trata, porém, de um argumento discutível, revelando-se mesmo, quiçá, algo paternalista. Além do simples facto de, a médio/longo prazo, todos estarmos mortos – todos nós temos, nas palavras de

---

[2] *Pruebas Genéticas en el Derecho del Trabajo,* Civitas, Madrid, 1999, p. 98 (obra esta, note-se, de grande fôlego, de leitura indispensável para todos quantos desejem aprofundar os seus conhecimentos sobre as implicações da genética no campo juslaboral).

[3] Na linha, de resto, do disposto no art. 11º da Convenção Europeia sobre os Direitos do Homem e a Biomedicina, onde se pode ler: "É proibida toda a forma de discriminação contra uma pessoa em virtude do seu património genético" (*Diário da República,* I Série-A, de 3 de Janeiro de 2001).

[4] "Génétique et Droit du Travail", *Revue Internationale de Droit Économique,* 1993, nº 1, p. 61. Pense-se, por exemplo, no caso da anemia das células falciformes, doença genética que fundamentou práticas discriminatórias da Academia da Força Aérea dos EUA relativamente a candidatos de raça negra (sobre o ponto, *vd.* Stela Barbas, «Contratos de trabalho em face das novas possibilidades de diagnóstico», *Brotéria,* vol. 150, nº 5/6, 2000, p. 594).

DIREITO DA SAÚDE

Guilherme de OLiveira, «uma grosseira e universal propensão genética para morrer», a morte é mesmo aquilo que mais radicalmente nos une[5] –, julga-se que a protecção da liberdade pessoal do trabalhador requer que este goze do "direito de não saber" qual é o seu património genético (o chamado "direito à ignorância genética")[6] e que usufrua do correspondente direito de viver em paz, sem a angústia resultante de uma qualquer doença anunciada e, porventura, incurável. Acresce que o trabalhador goza, decerto, de um direito à saúde, mas já é duvidoso que recaia sobre ele um qualquer "dever de saúde". E, caso pretenda efectuar testes genéticos, o trabalhador sempre poderá realizá-los particular e autonomamente, para seu próprio consumo e benefício, sem que tal lhe seja imposto pelo empregador. O mais frequente, nos dias que correm, será mesmo que o (candidato a) trabalhador não conheça nem queira conhecer o seu património genético, até para que os demais (sobretudo o potencial empregador) também o não conheçam...[7]

Sem prejuízo do mencionado princípio da interdição, em sede de contratação laboral casos haverá, todavia, nos quais a disponibilização de informação genética ao empregador talvez se possa justificar: não em função dos interesses patronais, nem sequer em nome do interesse do trabalhador, mas em razão da imperiosa *necessidade de tutela da saúde*

---

[5] «Implicações jurídicas do conhecimento do genoma», *Temas de Direito da Medicina,* Coimbra Editora, Coimbra, 1999, p. 162. Daí a frase, célebre e certeira, segundo a qual *a saúde é um estado precário que não augura nada de bom...*

[6] Coisa diferente, cremos, é o direito de o trabalhador conhecer os riscos para o seu património genético resultantes da exposição, no trabalho, a certos agentes químicos, físicos e biológicos ou outros factores prejudiciais para esse património, caso em que recaem sobre o empregador deveres de avaliação de riscos e de informação específica, bem como deveres particulares de vigilância da saúde do trabalhador exposto. A propósito da protecção do património genético do trabalhador, *vd.* os arts. 41º e ss. da Lei nº 102/2009, de 10 de Setembro (regime jurídico da promoção da segurança e saúde no trabalho).

[7] Neste sentido, J. J. Fernández Domínguez, *Pruebas Genéticas...,* cit., p. 136. Como escreve Júlio Gomes, a propósito da realização do teste genético, «talvez nem mesmo a protecção da integridade do trabalhador pudesse justificá-la já que o que está aqui em jogo é tão-só um perigo potencial e o trabalhador deve poder decidir se assume ou não um determinado risco de cuja existência foi previamente informado pelo empregador. Neste aspecto a situação não será, porventura, diferente da decisão de realizar uma qualquer outra actividade que pode revelar-se muito perigosa – pense-se na construção de um arranha-céus – mesmo sem quaisquer predisposições genéticas...» (*Direito do Trabalho,* cit., p. 348).

e segurança de terceiros (companheiros de trabalho, clientes da empresa, utentes do serviço, etc.)[8].

O debate não poderá, pois, ser reduzido à alternativa simplista licitude-ilicitude dos testes genéticos, existindo alguns argumentos válidos a favor de uma *autorização condicionada e limitada* de recurso a testes genéticos em sede de contratação laboral, em certos sectores de actividade e para o exercício de determinadas funções. Em qualquer caso, a verdade é que, no estádio actual de evolução da ciência, todas as cautelas são poucas quanto ao uso da selecção genética como forma de aferir da adequação de uma pessoa a um determinado posto de trabalho, pelo que a prudência terá de imperar[9].

Daí que seja absolutamente indispensável estabelecer, para estes casos excepcionais, um apertado conjunto de *garantias procedimentais* nesta matéria: criação de um organismo independente que certifique a "robustez genética" do trabalhador, limitação dos dados a fornecer ao empregador demasiado curioso (os quais se deverão cingir à comunicação de que o trabalhador se encontra ou não geneticamente apto para o desempenho daquela actividade, na linha do disposto nos arts. 17º, nº 2, e 19º, nº 3, do Código do Trabalho)[10], consentimento esclarecido

---

[8] Pense-se nos exemplos dos pilotos de avião ou dos motoristas de transportes públicos, dos responsáveis pelo controlo e vigilância de instalações especialmente perigosas, etc.

[9] Neste sentido, JOÃO ZENHA MARTINS, *O Genoma Humano...*, cit., p. 85.

[10] De acordo com o art. 17º do Código do Trabalho (protecção de dados pessoais), o empregador não pode exigir ao candidato a emprego ou ao trabalhador que preste informações relativas à sua saúde ou estado de gravidez, salvo quando particulares exigências inerentes à natureza da actividade profissional o justifiquem e seja fornecida por escrito a respectiva fundamentação. Em todo o caso, tais informações serão prestadas a médico, que só poderá comunicar ao empregador se o trabalhador está ou não apto a desempenhar a actividade.

Por outro lado, segundo o art. 19º do Código do Trabalho (testes e exames médicos), o empregador não pode, para efeitos de admissão ou permanência no emprego, exigir ao candidato a emprego ou ao trabalhador a realização ou apresentação de testes ou exames médicos, de qualquer natureza, para comprovação das condições físicas ou psíquicas, salvo quando estes tenham por finalidade a protecção e segurança do trabalhador ou de terceiros, ou quando particulares exigências inerentes à actividade o justifiquem, devendo em qualquer caso ser fornecida por escrito ao candidato a emprego ou trabalhador a respectiva fundamentação. E, também aqui, o médico responsável pelos testes e exames médicos só poderá comunicar ao empregador se o trabalhador está ou não apto para desempenhar a actividade.

DIREITO DA SAÚDE

do candidato/trabalhador quanto à realização dos testes, salvaguarda da confidencialidade dos dados, etc.

Estamos, sem dúvida, perante um «direito em construção»[11], um direito que procura harmonizar e optimizar todos os bens jurídicos e direitos fundamentais que aqui estão em jogo, de acordo com os conhecidos ditames do *princípio da proporcionalidade*: necessidade, adequação e proporcionalidade em sentido estrito[12]. De qualquer modo, sempre convirá não olvidar a sábia advertência feita por GUILHERME DE OLIVEIRA a este propósito: «Os prognósticos das manifestações tardias de doenças são mais perigosos do que os diagnósticos das doenças presentes e efectivas; são potencialmente mais discriminatórios do que estes»[13]. E todos sabemos que a História está repleta de discriminações supostamente acobertadas pela ciência...

Estamos, repete-se, no mero domínio da prognose, no terreno do cálculo probabilístico e falível quanto ao aparecimento de doenças. E, ainda que a evolução da ciência venha a diminuir consideravelmente a margem de erro da prognose, nem tudo poderá ser permitido neste campo, visto que a proibição de discriminação baseada no património genético sempre terá de continuar a vigorar. Nas certeiras palavras de JORGE LEITE, «com o *princípio da igualdade* pretende-se que seja tratado de modo igual o que é igual e de modo diferente o que é desigual na proporção da respectiva diferença. Já, porém, com o *princípio da não discriminação* o que se pretende é que se trate de modo igual o que é diferente, por se entender que a diferença é totalmente irrelevante para os efeitos tidos em conta»[14]. Assim, o princípio da não discriminação tutela a própria diferença, ditando a sua neutralização, isto é, evidencia o que distingue os seres humanos uns dos outros, afirmando que, não obstante essas diferenças, todos têm igual dignidade. Ou seja, no plano laboral, aquelas diferenças – as diferenças relativas ao património genético – não

---

[11] A expressão é de BERTRAND MATHIEU, "Le recours aux tests génétiques en matière d'emploi: un droit en construction", *Droit Social*, nº 3, 2004, pp. 257 e ss.

[12] Sobre a operação de concordância prática entre os diversos direitos e bens jurídicos nesta matéria conflituantes, *vd.* JOÃO ZENHA MARTINS, *O Genoma Humano...*, cit., pp. 63 e ss.

[13] "Implicações jurídicas...", cit., p. 161.

[14] «O princípio da igualdade salarial entre homens e mulheres no direito português», *Compilação de elementos para uma consulta especializada sobre igualdade de remuneração entre mulheres e homens*, CITE, Estudos, nº 3, 2004, p. 71.

podem assumir relevo distintivo (tal como sucede, por exemplo, com as diferenças na cor da pele dos trabalhadores, com as suas diferenças de género ou de orientação sexual, ou com as suas convicções políticas ou ideológicas).

Pelo que, e em suma, também no domínio juslaboral *o Estado democrático, que promove a ciência, não poderá converter-se num Estado genocrático, que utilize a despistagem genética (ou permita que esta seja utilizada) para fins incompatíveis com o respeito devido ao princípio da dignidade da pessoa humana*[15].

II. A Lei nº 12/2005, de 26 de Janeiro

É justamente no quadro deste "direito em construção" que, em Portugal, veio a surgir a Lei nº 12/2005, de 26 de Janeiro, sobre informação genética pessoal e informação de saúde. Trata-se de um diploma extenso e ambicioso, que, de acordo com o seu art. 1º, tem por objecto a definição do «conceito de informação de saúde e de informação genética, a circulação de informação e a intervenção sobre o genoma humano no sistema de saúde, bem como as regras para a colheita e conservação de produtos biológicos para efeitos de testes genéticos ou de investigação».

Do ponto de vista jurídico-laboral, as disposições mais significativas desta lei encontram-se, sem dúvida, nos arts. 11º e 13º. Assim, no art. 11º, nº 1, a lei começa por estabelecer o princípio segundo o qual «ninguém pode ser prejudicado, sob qualquer forma, em função da presença de doença genética ou em função do seu património genético». E, no nº 2 do mesmo preceito, o legislador especifica que «ninguém pode ser discriminado, sob qualquer forma, em função dos resultados de um teste

---

[15] Sustentando que os exames genéticos «devem ser, como regra geral, proibidos», ainda que admitindo excepções «com bastantes cautelas e só em casos especialíssimos», *vd.* Teresa Coelho Moreira, *Da Esfera Privada do Trabalhador e o Controlo do Empregador, Studia Iuridica*, nº 78, Universidade de Coimbra – Coimbra Editora, Coimbra, 2004, pp. 211-214. No mesmo sentido, sublinhando que «os testes genéticos, qualquer que seja a sua natureza e fim, no contexto laboral, além de invasivos da zona de reserva pessoal, são particularmente susceptíveis de utilização discriminatória», *vd.* Maria Regina Redinha, «Da protecção da personalidade no Código do Trabalho», *Para Jorge Leite – Escritos Jurídico-Laborais*, I, Coimbra Editora, Coimbra, 2014, p. 836. Indo mais longe (talvez demasiado longe), e em anotação ao art. 19º do Código do Trabalho, Guilherme Dray invoca o personalismo ético e a dignidade humana para sustentar que esta norma não legitima, em qualquer circunstância, a exigência de realização de testes genéticos (Pedro Romano Martinez *et. al., Código do Trabalho Anotado*, 9ª ed., Almedina, Coimbra, 2013, p. 161).

DIREITO DA SAÚDE

genético diagnóstico, de heterozigotia, pré-sintomático ou preditivo[16], incluindo para efeitos de obtenção ou manutenção de emprego...»[17].

Mas é no art. 13º, sob a epígrafe "testes genéticos no emprego", que a lei fixa as coordenadas fundamentais do relacionamento entre a informação genética e o contrato de trabalho. Vale a pena transcrever este preceito na íntegra:

«1 – A contratação de novos trabalhadores não pode depender de selecção assente no pedido, realização ou resultados prévios de testes genéticos.

2 – Às empresas e outras entidades patronais não é permitido exigir aos seus trabalhadores, mesmo que com o seu consentimento, a realização de testes genéticos ou a divulgação de resultados previamente obtidos.

3 – Nos casos em que o ambiente de trabalho possa colocar riscos específicos para um trabalhador com uma dada doença ou susceptibilidade, ou afectar a sua capacidade de desempenhar com segurança uma dada tarefa, pode ser usada a informação genética relevante para benefício do trabalhador e nunca em seu prejuízo, desde que tenha em vista a protecção da saúde da pessoa, a sua segurança

---

[16] Sobre esta tipologia de testes genéticos, *vd.* os arts. 9º e 10º da Lei nº 12/2005. De acordo com este último preceito, consideram-se testes para detecção do estado de heterozigotia os que permitam a detecção de pessoas saudáveis portadoras heterozigóticas para doenças recessivas (nº 1); consideram-se testes pré-sintomáticos os que permitam a identificação da pessoa como portadora, ainda assintomática, do genótipo inequivocamente responsável por uma dada doença monogénica (nº 2); e consideram-se testes genéticos preditivos os que permitam a detecção de genes de susceptibilidade, entendida como uma predisposição genética para uma dada doença com hereditariedade complexa e com início habitualmente na vida adulta (nº 3).

17 Merece particular destaque, a este propósito, a chamada GINA (*Genetic Information Nondiscrimination Act of 2008*, dos Estados Unidos da América), diploma destinado, justamente, a proibir a discriminação baseada na informação genética no campo dos seguros de saúde e do emprego. No que às práticas patronais diz respeito, o mandato antidiscriminatório é enunciado, em moldes amplos, na Sec. 202 (a) da lei: «It shall be an unlawful employment practice for an employer (1) to fail or refuse to hire, or to discharge, any employee, or otherwise to discriminate against any employee with respect to the compensation, terms, conditions, or privileges of employment of the employee, because of genetic information with respect to the employee; or (2) to limit, segregate, or classify the employees of the employer in any way that would deprive or tend to deprive any employee of employment opportunities or otherwise adversely affect the status of the employee as an employee, because of genetic information with respect to the employee».

e a dos restantes trabalhadores, que o teste genético seja efectuado após consentimento informado e no seguimento do aconselhamento genético apropriado, que os resultados sejam entregues exclusivamente ao próprio e ainda desde que não seja nunca posta em causa a sua situação laboral.

4 – As situações particulares que impliquem riscos graves para a segurança ou a saúde pública podem constituir uma excepção ao anteriormente estipulado, observando-se no entanto a restrição imposta no número seguinte.

5 – Nas situações previstas nos números anteriores os testes genéticos, dirigidos apenas a riscos muito graves e se relevantes para a saúde actual do trabalhador, devem ser seleccionados, oferecidos e supervisionados por uma agência ou entidade independente e não pelo empregador.

6 – Os encargos da realização de testes genéticos a pedido ou por interesse directo de entidades patronais são por estas suportados».

Em jeito de primeira análise, necessariamente perfunctória, a este importante preceito, deve sublinhar-se que:

i) O princípio é o da proibição, a regra é a da interdição. A informação genética não pode ser utilizada pelos empregadores nos processos de admissão de novos trabalhadores, vale dizer, a selecção genética é inadmissível em sede de contratação laboral (nº 1); e o mesmo princípio proibitivo impera quanto aos trabalhadores já contratados (isto é, durante a vigência da relação laboral), conforme resulta do nº 2.

Note-se que a proibição legal se mantém, firme e incólume, ainda que haja consentimento do (candidato a) trabalhador, o que bem se compreende numa relação tão marcadamente assimétrica como é a relação laboral. Nas certeiras palavras de BERNARDO LOBO XAVIER, «o problema não se resolve no mero requisito de voluntariedade. Não bastará dizer-se que o teste é voluntário se na prática se afastam os que não se disponibilizam ou se é preferida a parte do universo dos candidatos ou dos trabalhadores que ao teste se submetem»[18].

---

[18] «O acesso à informação genética...», cit., p. 24. Nesta linha, sublinhando que o consentimento do trabalhador ou candidato a emprego é irrelevante para exclusão da ilicitude da

DIREITO DA SAÚDE

ii) Estando em causa os *interesses do próprio trabalhador, designadamente a tutela da sua saúde e segurança,* a lei admite a utilização da informação genética relevante, mas em moldes muito restritivos (nº 3): com efeito, tal informação genética apenas poderá ser utilizada para benefício do trabalhador e nunca em seu prejuízo; o teste genético só pode ser efectuado após consentimento informado do trabalhador e no seguimento do aconselhamento genético apropriado; e os resultados do teste genético devem ser entregues exclusivamente ao próprio trabalhador, não sendo nunca posta em causa a sua situação laboral[19].

Como se vê, a lei rodeia estes testes de muitas cautelas, entre estas avultando a exigência de que os respectivos resultados sejam entregues exclusivamente ao próprio trabalhador, o que significa que o empregador não terá o direito de aceder ao conhecimento do património genético daquele[20] – a garantia de uma certa "opacidade genética" parece constituir, de resto, a única forma eficaz de o legislador evitar que a informação genética venha realmente a ser utilizada em detrimento do trabalhador, comprometendo a sua situação laboral. Nem podia, aliás, ser outra a postura de um Direito do Trabalho antidiscriminatório: com efeito, *se, com o princípio da não discriminação, o que se pretende é que se trate de modo igual aquilo que é diferente, então o melhor será, na medida do possível, fazer com que a eventual diferença seja desconhecida – pois, sendo desconhecida, não há como discriminar em função dela.* Não devemos ser cínicos em relação à natureza humana. Mas também não podemos ser ingénuos: é bem sabido que uma das melhores formas de neutralizar a diferença, se não

recolha de informação, MARIA REGINA REDINHA, «Da protecção da personalidade no Código do Trabalho», cit., p. 836.
Sobre o "direito a mentir" do (candidato a) trabalhador, quando confrontado com perguntas ilícitas do empregador relativamente ao seu património genético, *vd.* J. J. FERNÁNDEZ DOMÍNGUEZ, *Pruebas Genéticas...,* cit., pp. 195 e ss. Em geral, sobre a problemática do "direito à mentira", JOÃO LEAL AMADO, *Contrato de Trabalho,* 4ª ed., Coimbra Editora, Coimbra, pp. 186-188.
[19] Note-se que algumas destas exigências já resultariam do disposto no art. 9º da lei, designadamente quanto à necessidade de autorização do próprio para a execução dos testes, quanto à comunicação ao próprio dos resultados dos testes e quanto ao aconselhamento genético devido.
[20] A utilização de informação genética é um acto entre o seu titular e o médico, que é sujeito às regras deontológicas de sigilo profissional dos médicos, conforme se lê no art. 6º, nº 7, desta lei.

mesmo a única forma realmente eficaz de a neutralizar, consiste, justamente, em evitar que essa diferença seja conhecida dos outros, seja quanto às convicções políticas ou quanto à fé religiosa, seja quanto à orientação sexual ou às preferências sindicais, seja quanto ao estatuto serológico ou ao património genético de cada um.

iii) O supramencionado princípio proibitivo poderá sofrer uma excepção naquelas «situações particulares que impliquem riscos graves para a segurança ou a saúde pública» (nº 4), caso em que, ainda assim, os testes genéticos só serão admissíveis quando dirigidos a riscos muito graves e se forem relevantes para a saúde actual do trabalhador (e não já em ordem a detectar uma qualquer predisposição genética para uma doença que só no futuro virá, provavelmente, a manifestar-se), conforme resulta do nº 5.

Destarte, ao exigir que os testes genéticos, nos estreitos limites em que são permitidos, sejam relevantes para a saúde *actual* do trabalhador, a lei parece remeter quaisquer testes de natureza preditiva para o domínio do ilícito, sendo apenas admissíveis, no âmbito laboral, os testes genéticos diagnósticos[21].

iv) Em qualquer caso, os testes genéticos deverão ser realizados por uma *agência ou entidade independente* (e não pelo empregador)[22], conquanto os encargos de testes genéticos efectuados a pedido ou por interesse directo do empregador recaiam sobre este (nº 6).

III. Nota conclusiva

A Lei nº 12/2005 veio assim estabelecer os parâmetros normativos em função dos quais a informação genética poderá ser utilizada em sede

---

[21] Sobre esta distinção entre testes de diagnóstico e de prognóstico, *vd.* Bernardo Lobo Xavier, «O acesso à informação genética...», cit., *passim.* Defendendo, *de jure condendo,* a proibição de acesso patronal a predisposições genéticas de manifestação tardia, pelo que ao empregador apenas seria lícito informar-se acerca do estado actual de saúde do candidato ao emprego ou do trabalhador, *vd.* João Zenha Martins, *O Genoma Humano...,* cit., p. 90.

[22] Sobre as condições de licenciamento, pelo Governo, dos laboratórios públicos ou privados que realizem testes genéticos, *vd.* o art. 15º da lei. Trata-se de evitar a sua realização por laboratórios, nacionais ou estrangeiros, sem apoio de equipa médica e multidisciplinar necessária, assim como a eventual venda livre dos mesmos, pelo que o Governo deverá determinar medidas de acreditação e de certificação de tais laboratórios.

DIREITO DA SAÚDE

juslaboral. Esta lei foi recentemente regulamentada pelo DL nº 131/2014, de 29 de Agosto, no que se refere à protecção e confidencialidade da informação genética, às bases de dados genéticos humanos com fins de prestação de cuidados de saúde e investigação em saúde, às condições de oferta e realização de testes genéticos e aos termos em que é assegurada a consulta de genética médica. E no art. 4º deste diploma regulamentador reitera-se que o acesso a informação genética obedece aos princípios do respeito pela dignidade humana e autonomia da pessoa, de que decorre a informação e o consentimento, bem como a confidencialidade e privacidade (nº 2), não devendo a informação genética ser utilizada de forma discriminatória ou que possa conduzir à estigmatização de um indivíduo (nº 3).

Em qualquer caso, afigura-se que o princípio proibitivo se encontra já normativamente sedimentado em matéria laboral, sendo que os afinamentos a introduzir dirão respeito ao elenco de excepções a tal princípio e às regras procedimentais a observar nestes casos excepcionais[23]. Nestes termos, independentemente das críticas que possa suscitar e das benfeitorias que nele tenham de ser feitas, aquele diploma legal representa, sem dúvida, um passo de grande importância em sede de criação e definição das regras que devem pautar o relacionamento da Genética com o Direito, incluindo o Direito do Trabalho. A nosso ver, este diploma confirma ainda que, também em matéria de informação genética, nem tudo o que é cientificamente possível é juridicamente admissível[24]. E confirma outrossim o acerto e a actualidade do velho aforismo de Lacordaire, segundo o qual "entre o rico e o pobre e entre o forte e o fraco é a Lei que liberta e a liberdade que oprime".

---

[23] Na mesma linha, também nos EUA se estabelece a regra segundo a qual «it shall be an unlawful employment practice for an employer to request, require, or purchase genetic information with respect to an employee or a family member of the employee», ainda que esta regra proibitiva comporte algumas excepções, enunciadas nos vários números da Sec. 202 (b) da GINA.

[24] Em sentido próximo, J. J. Fernández Domínguez, *Pruebas Genéticas...*, cit., p. 84.

Die zivilrechtlichen Folgen der medizinisch unterstützten Fortpflanzung

– Eine Bestandsaufnahme nach Inkrafttreten des Fortpflanzungsmedizinrechts-Änderungsgesetzes 2015 –

PROF. DR. ERWIN BERNAT, GRAZ

INHALTSVERZEICHNIS: I. Rechtsentwicklung und Gesetzgebung. A. Das Fortpflanzungsmedizingesetz 1992. B. Die Große Kammer des Europäischen Gerichtshofs für Menschenrechte entscheidet 2011 in der Rechtssache S.H. ua/Österreich. C. Das Fortpflanzungsmedizinrechts-Änderungsgesetz 2015. II. Die Abstammung von der Mutter, vom Vater und vom „anderen Elternteil". A. Mater semper certa est. B. Die Vaterschaft zu einem durch Samenspende gezeugten Kind. 1. Die Vaterschaft des Wunschvaters aufgrund seiner Ehe mit der Mutter. 2. Die Vaterschaft des Wunschvaters aufgrund Vaterschaftsanerkenntnisses. C. Die Elternschaft der Co-Mutter. III. Die rechtliche Stellung der Eispenderin und des Samenspenders. IV. Das Recht des Kindes auf Kenntnis seiner genetischen Abstammung. V. Miscellanea. A. Die Aufgaben des Notars nach § 7 Abs 4, § 8 Abs 1 FMedG. 1. Die nichteheliche Lebensgemeinschaft. 2. Ausländische Wunscheltern. B. Österreichische Wunscheltern und das im Ausland durch heterologe Insemination gezeugte Kind C. Die rechtliche Zuordnung eines Kindes, das von einer ausländischen Leihmutter im Ausland geboren worden ist. VI. Schlusswort

DIREITO DA SAÚDE

I. RECHTSENTWICKLUNG UND GESETZGEBUNG.

A. Das Fortpflanzungsmedizingesetz 1992.

1982 wurde das erste in vitro gezeugte Kind in Österreich geboren,[1] und auch die heterologe Insemination sowie der Embryotransfer nach Eispende zählten bereits Mitte der 1980er Jahre zu den Dienstleistungen österreichischer Frauenärzte.[2] Diese Entwicklung war Gegenstand zahlreicher rechtswissenschaftlicher Publikationen. Manche Autoren, die sich mit den Rechtsfragen der Fortpflanzungsmedizin auseinandersetzten, begrüßten den Fortschritt in diesem Bereich der Gynäkologie grundsätzlich,[3] andere wiederum beurteilten ihn recht skeptisch.[4] Wegweisend für die Umsetzung einer gesetzlichen Regelung der Fortpflanzungsmedizin und ihrer zivilrechtlichen Folgen war ein 1986 erstelltes Gutachten einer von der österreichischen Rektorenkonferenz eingesetz-

---

[1] Darüber berichtet *Peter Kemeter*, 25 Jahre Geburt des ersten IVF-Babys Österreichs – eine Wiener Erfolgsgeschichte, Journal für Fertilität und Reproduktion 17/3 (2007) 17 ff und 17/4 (2007) 13 ff.

[2] *Peter Hernuss*, Spender-Insemination, praktische Erfahrungen, in Bundesministerium für Familie, Jugend und Konsumentenschutz (Hrsg), Österreichische Enquete zum Thema Familienpolitik und künstliche Fortpflanzung (1986) 153 ff; *Erwin Bernat/Michael Schimek*, Künstliche heterologe Insemination in Österreich. Ergebnisse einer statistischen Umfrage unter Gynäkologen, Fertilität 4 (1988) 112 ff; *Peter Kemeter/Wilfried Feichtinger/Erwin Bernat*, The willingness of infertile women to donate eggs, in Feichtinger/Kemeter (Hrsg), Future Aspects in Human In Vitro Fertilization (1987) 145 ff; *Wilfried Feichtinger/Peter Kemeter*, Pregnancy after total ovariectomy achieved by ovum donation, Lancet 326 (1985) 722; *Wilfried Feichtinger/Erwin Bernat/Peter Kemeter/Michael Putz/Christine Hochfellner*, Eizellspende im Rahmen eines IVF-Programmes. Organisation, Ergebnisse und rechtliche Aspekte, Fertilität 4 (1988) 85 ff.

[3] *Gerhard Ranner/Erwin Bernat*, Heterologe Insemination und Zivilrecht, Österreichische Ärztezeitung 39 (1984) 1345 ff; *Erwin Bernat* (Hrsg), Lebensbeginn durch Menschenhand. Probleme künstlicher Befruchtungstechnologien aus medizinischer, ethischer und juristischer Sicht (1985); *Erwin Bernat/Peter J. Schick*, Embryomanipulation und Strafrecht. Gedanken zum Initiativantrag 156/A vom 25. 9. 1985 (II-3306 BlgStProt NR XVI. GP), AnwBl 1985, 632 ff.

[4] *Johannes W. Steiner*, Rechtsfragen der „In-vitro-Fertilisation", JBl 1984, 184 ff; *Wolfgang Brandstetter/Johannes Huber/Herbert Janisch/Andreas Laun* (Hrsg), Künstliche Befruchtung. Versuch einer Standortbestimmung in medizinischer, strafrechtlicher und moraltheologischer Sicht (1985); *Oskar Edlbacher*, Künstliche Zeugungshilfe – eine Herausforderung für den Gesetzgeber? Eine Erwiderung auf Bernat, ÖJZ 1986, 321 ff; *Walter Selb*, Zum „Entwurf eines Bundesgesetzes, mit dem die zivilrechtlichen Folgen der künstlichen Fortpflanzung geregelt werden", JBl 1988, 69 ff.

ten Expertenkommission, das in einem Bericht des Bundesministers für Wissenschaft und Forschung an den Nationalrat veröffentlicht worden ist.[5] Im Herbst 1988 beschäftigte sich der Österreichische Juristentag mit dem Thema „Rechtsprobleme der medizinisch assistierten Fortpflanzung und Gentechnologie",[6] und schon im Sommer desselben Jahres war im Justizministerium auf Anregung des damaligen Ressortministers, Egmont Foregger, eine Arbeitsgruppe „zur Erörterung allfälliger gesetzlicher Maßnahmen"[7] betreffend den Regelungsgegenstand Fortpflanzungsmedizin gebildet worden. Die Ergebnisse dieser Arbeitsgruppe führten zwei Jahre später zu einem konkreten legistischen Vorschlag: Der Ministerialentwurf eines „Bundesgesetzes über medizinische Fortpflanzungshilfe beim Menschen (Fortpflanzungshilfegesetz – FHG) sowie über Änderungen des ABGB und des EheG"[8] mündete schließlich in die Regierungsvorlage eines „Bundesgesetzes, mit dem Regelungen über die medizinisch unterstützte Fortpflanzung getroffen (Fortpflanzungsmedizingesetz – FMedG) sowie das ABGB, das EheG und die Jurisdiktionsnorm geändert werden."[9] Im November 1991 nahm ein Unterausschuss des Justizausschusses die Verhandlungen zu dieser Regierungsvorlage auf,[10] die mit der Verabschiedung des Gesetzes im Nationalrat am 14. 5. 1992 ihr Ende fanden. Das FMedG[11] trat bereits wenige Wochen später, am 1. 7. 1992, in Kraft.[12]

---

[5] Gutachten der Kommission der österreichischen Rektorenkonferenz für In-vitro-Fertilisation, in Heinz Fischer (Hrsg), Bericht des Bundesministers für Wissenschaft und Forschung an den Nationalrat: Zu grundsätzlichen Aspekten der Gentechnologie und humanen Reproduktionsbiologie, III-150 BlgNR 16. GP (1986); vgl *Erwin Bernat*, Towards a new legal regulation of medically assisted reproduction: The Austrian approach, Medicine & Law 11 (1992) 547 ff.

[6] *Willibald Posch*, Rechtsprobleme der medizinisch assistierten Fortpflanzung und Gentechnologie (= Verhandlungen des 10. ÖJT, Bd I/5) (1988); die Referate von *Johannes Huber, Peter J. Schick, Walter Selb* und *Peter Wrabetz* sind abgedruckt in Verhandlungen des 10. ÖJT, Bd II/5, Wien oJ.

[7] 216 BlgNR 18. GP 9 f.

[8] Abdruck bei *Erwin Bernat* (Hrsg), Fortpflanzungsmedizin. Wertung und Gesetzgebung. Beiträge zum Entwurf eines Fortpflanzungshilfegesetzes (1991) 123 ff; vgl dazu auch *Franz Bydlinski*, Zum Entwurf eines Fortpflanzungshilfegesetzes, JBl 1990, 741 ff.

[9] 216 BlgNR 18. GP.

[10] Der Bericht des Justizausschusses, der in den Text der RV nicht unwesentlich eingegriffen hat, findet sich in 490 BlgNR 18. GP.

[11] BGBl 1992/275.

[12] Art V Abs 1 FMedG.

DIREITO DA SAÚDE

B. Die Große Kammer des Europäischen Gerichtshofs für Menschenrechte entscheidet 2011 in der Rechtssache *S.H. ua/Österreich*

Das Herzstück des FMedG idF BGBl 1992/275 sind dessen §§ 2, 3, die an den Arzt gerichtete Verbotsnormen zum Inhalt haben. Diese Verbotsnormen sind ähnlich restriktiv wie die vergleichbaren Verbotsvorschriften des deutschen Embryonenschutzgesetzes (ESchG 1990)[13] und haben zur Folge, dass der Gynäkologe gewisse reproduktionsmedizinische Eingriffe nicht einmal ausnahmsweise vornehmen darf. Nach §§ 2, 3 FMedG idF BGBl 1992/275 sind unter anderem verboten:

- reproduktionsmedizinische Eingriffe, die eine alleinstehende Frau in Anspruch nehmen will,
- reproduktionsmedizinische Eingriffe, die ein lesbisches Paar in Anspruch nehmen will,
- die In-vitro-Fertilisation (IVF) mit (von dritter Seite) gespendetem Samen,[14]
- der heterologe Embryotransfer nach Ei- oder Embryonenspende,
- reproduktionsmedizinische Eingriffe ohne medizinische Indikation sowie
- die Leihmutterschaft.

Die Frage, ob diese Verbotsnormen vor dem Hintergrund des verfassungsrechtlich verankerten Gleichheitsgrundsatzes (Art 7 B-VG), aber auch vor dem Hintergrund der Art 8, 12 EMRK legitim erscheinen, war schon vor Inkrafttreten des FMedG äußerst umstritten.[15] Der Verfassungsgerichtshof vertrat in einer viel beachteten Entscheidung vom

---

[13] Vgl dazu nur *Hans-Ludwig Günther/Jochen Taupitz/Peter Kaiser*, Embryonenschutzgesetz[2] (2014).

[14] Die heterologe Insemination in vivo hat das FMedG hingegen nicht verboten; zu diesem – verfassungswidrigen – Wertungswiderspruch vgl nur *Peter J. Schick*, Der Entwurf eines Fortpflanzungshilfegesetzes (FHG) – eine kritische Wertungsanalyse, in Bernat (Hrsg), Fortpflanzungsmedizin (1991) 13 (35).

[15] Vgl bloß *Erwin Bernat*, Das Recht der medizinisch assistierten Zeugung 1990 – eine vergleichende Bestandsaufnahme, in Bernat (Hrsg), Fortpflanzungsmedizin (1991) 65 ff einerseits sowie *Martin Schlag*, Zur Regierungsvorlage eines Fortpflanzungsmedizingesetzes, in F. Bydlinski/Mayer-Maly (Hrsg), Fortpflanzungsmedizin und Lebensschutz (1993) 65 ff andererseits.

14. 9. 1999,[16] dass der von Ehegatten oder Lebensgefährten gefasste Entschluss, ein Kind haben zu wollen und sich hierzu erforderlicher medizinischer Unterstützung zu bedienen, zwar in den Einzugsbereich des von Art 8 Abs 1 EMRK geschützten Grundrechts auf Schutz des Privat- und Familienlebens falle,[17] meinte aber abschließend, dass das Verbot der IVF mit (von dritter Seite) gespendetem Samen sowie des heterologen Embryotransfers nach Eispende im Lichte der Eingriffsermächtigungen des Art 8 Abs 2 EMRK[18] nicht unverhältnismäßig erscheine. Dieser Beurteilung schloss sich die Große Kammer des Europäischen Gerichtshofs für Menschenrechte (EGMR) in einem Urteil v 3. 11. 2011 an.[19] Allerdings stellten die Straßburger Richter

[16] VfGH 14. 10. 1999, G 91/98 und G 116/98 MedR 2000, 389 (*Erwin Bernat*) = VfSlg 15.632; siehe auch VfGH 8. 3. 2000, G 132/99-7 (unveröffentlicht); zum Erk des VfGH v 14. 10. 1999 liegen zahlreiche, größtenteils ablehnende Stellungnahmen vor; siehe *Erwin Bernat*, A human right to reproduce non-coitally? University of Tasmania Law Review 21 (2002) 20 ff; *Dagmar Coester-Waltjen*, Fortpflanzungsmedizin, EMRK und österreichische Verfassung, FamRZ 2000, 598 f; *Brigitta Lurger*, Das Fortpflanzungsmedizingesetz vor dem österreichischen Verfassungsgerichtshof, DEuFamR 2 (2000) 134 ff; *Michael Mayrhofer*, Fortpflanzungsmedizinrecht (2003) 157 ff; *Richard Novak*, Fortpflanzungsmedizingesetz und Grundrechte, in Bernat (Hrsg), Die Reproduktionsmedizin am Prüfstand von Recht und Ethik (2000) 62 ff; *Elisabeth Dujmovits*, Reproduktionsmedizin – Gesetzgebung im Wandel? in Kopetzki/Mayer (Hrsg), Biotechnologie und Recht (2002) 91 (107 ff).

[17] So auch die überwiegenden Stellungnahmen in der Literatur; vgl schon *Armin Stolz*, Grundrechtsaspekte künstlicher Befruchtungsmethoden, in Bernat (Hrsg), Lebensbeginn durch Menschenhand (1985) 117 ff; *Theo Öhlinger/Manfred Nowak*, Grundrechtsfragen künstlicher Fortpflanzung, in Bundesministerium für Familie, Jugend und Konsumentenschutz (Hrsg), Österreichische Enquete zum Thema Familienpolitik und künstliche Fortpflanzung (1986) 31 (36); *Irene Fahrenhorst*, Fortpflanzungstechnologien und Europäische Menschenrechtskonvention, EuGRZ 1988, 125 f; *Lurger*, DEuFamR 2 (2000) 134 (136 f); *Michael Mayrhofer*, Reproduktionsmedizinrecht (2003) 148; *Tade Matthias Spranger*, Bioethik und Recht. Verweisungszusammenhänge bei der Normierung der Lebenswissenschaften (2010) 357 f.

[18] Nach Art 8 Abs 2 EMRK darf der Gesetzgeber in das von Art 8 Abs 1 geschützte Grundrecht unter anderem dann eingreifen, wenn der Eingriff eine „Maßnahme darstellt, die in einer demokratischen Gesellschaft [...] zum Schutz der Gesundheit und der Moral oder zum Schutz der Rechte und Freiheiten anderer notwendig ist.“

[19] EGMR 3. 11. 2011 (GK), 57.813/00, *S.H. ua/Österreich*, EF-Z 2012, 24 (*Erwin Bernat*) = iFamZ 2012, 5 (*Markus Vašek*) = RdM 2012, 70 (*Magdalena Pöschl*); zu dieser Entscheidung einlässlich *Katarina Weilert*, Heterologe In-vitro-Fertilisation als europäisches Menschenrecht? Die Rechtsprechung des Europäischen Gerichtshofes für Menschenrechte im Falle S.H. u.a. gegen Österreich, MedR 2012, 355 ff; *Erwin Bernat*, S.H. et al. gegen Österreich: Ein Schritt vorwärts, ein Schritt zurück, in Österreichische Juristenkommission (Hrsg), Gesundheit und

DIREITO DA SAÚDE

den österreichischen Instanzen „die Rute ins Fenster". Sie betonten, dass es in Europa einen Trend gebe, die Samen- und Eispende zuzulassen, und dass dieser Trend den Beurteilungsspielraum („margin of appreciation"),[20] der den nationalen Gesetzgebern mit Blick auf Art 8 Abs 2 EMRK eingeräumt sei, unter Umständen erheblich einschränken könne. In diesem Zusammenhang wurde Österreich von der Großen Kammer des EGMR auch an das Erkenntnis des VfGH, das im Ausgangsrechtsstreit erging, erinnert, wo es heißt: „[E]ine Veränderung der Sachlage im Zeitablauf und damit eine in Hinkunft eintretende Verengung des rechtspolitischen Spielraums [ist freilich] denkbar, [so dass] der Gesetzgeber auch aus [verfassungsrechtlicher] Sicht verhalten [sein] könnte, der Entwicklung durch eine entsprechende Anpassung der gesetzlichen Regelung Rechnung zu tragen."[21]

Recht – Recht auf Gesundheit (= Kritik und Fortschritt im Rechtsstaat, Bd 40) (2013) 163 ff; *Dagmar Coester-Waltjen*, Reproduktive Autonomie aus rechtlicher Sicht, in Wiesemann/Simon (Hrsg), Patientenautonomie. Theoretische Grundlagen – Praktische Anwendungen (2013) 222 ff; *dies*, Medizinisch-assistierte Fortpflanzung und der EuGHMR, in FS Pintens (2012) 329 ff; *Jens M. Scherpe*, Medically assisted procreation: This margin needs to be appreciated, Cambridge L J 71 (2012) 276 ff; *Ralf Müller-Terpitz*, Assistierte Reproduktionsverfahren im Lichte der Europäischen Menschenrechtskonvention – zugleich eine Besprechung des Urteils des EGMR (Große Kammer) vom 3. 11. 2011, Az. 57.813/00 – S.H. u.a./Österreich und seiner Folgejudikate, AVR 51 (2013) 42 ff.

[20] Dazu *Ulrike Elisabeth Binder*, Die Auswirkungen der Europäischen Menschenrechtskonvention und des UN-Übereinkommens über die Rechte des Kindes vom 20. November 1989 auf Rechtsfragen im Bereich der medizinisch assistierten Fortpflanzung (1998); *Jeffrey A. Brauch*, The dangerous search for an elusive consensus: What the Supreme Court should learn from the European Court of Human Rights, Howard Law Journal 52 (2009) 277 ff; *Philip Czech*, Fortpflanzungsfreiheit. Das Recht auf selbstbestimmte Reproduktion in der Europäischen Menschenrechtskonvention (2015) 96 ff; *Silja Vöneky*, Das Recht der Biomedizin auf dem Prüfstand des EGMR – Grundrechtseingriffe und die Lehre vom weiten Beurteilungsspielraum des nationalen Gesetzgebers, MedR 2014, 704 ff.

[21] VfGH 14. 10. 1999, G 91/98 und G 116/98 MedR 2000, 389 (*Erwin Bernat*) = VfSlg 15.632, sub 2.4.2.4; vgl EGMR 3. 11. 2011 (GK), 57.813/00, *S.H. ua/Österreich*, EF-Z 2012, 24 (*Erwin Bernat*) = iFamZ 2012, 5 (*Markus Vašek*) = RdM 2012, 70 (*Magdalena Pöschl*), Z 117: „[T]he Court observes that the Austrian parliament has not, until now, undertaken a thorough assessment of the rules governing artificial procreation, taking into account the dynamic developments in science and society noted above. The Court also notes that the Austrian Constitutional Court, when finding that the legislature had complied with the principle of proportionality under Article 8 § 2 of the Convention, added that the principle adopted by the legislature to permit homologous methods of artificial procreation as a rule and insemination using donor sperm as an exception reflected the then current state of medical science and the consensus

C. Das Fortpflanzungsmedizinrechts-Änderungsgesetz 2015

Die Rute, die der EGMR den österreichischen Instanzen ins Fenster gestellt hatte, zeigte schon sehr bald ihre Wirkung. Auf Anträge des OGH[22] und zweier Frauen, die in Deutschland eine Lebenspartnerschaft nach deutschem Lebenspartnerschaftsgesetz eingegangen sind, hob der VfGH mit Erkenntnis v 10. 12. 2013[23] Teile des § 2 Abs 1 FMedG ebenso auf wie § 3 Abs 1 und 2 FMedG, die die Inanspruchnahme von IVF oder künstlicher Insemination nur in einer Ehe oder Lebensgemeinschaft von Personen verschiedenen Geschlechts gestatten. Die Aufhebung dieser Bestimmungen, die auf der Grundlage des Art 14 iVm Art 8 EMRK erfolgte, trat mit Ende des Kalenderjahres 2014 in Kraft.[24] Dem Erkenntnis des VfGH v 10. 12. 2013 ging ein Urteil der Großen Kammer des EGMR v 19. 2. 2013[25] voraus, das Österreich verpflichtete, das Rechtsinstitut der Stiefkindadoption zugunsten des (eingetragenen) Partners des leiblichen Vaters bzw der (eingetragenen) Partnerin der leiblichen Mutter anzuerkennen.[26] Dieser Paradigmenwechsel im Kindschaftsrecht hat die „Warnungen", die die Große Kammer des EGMR in seinem Urteil in der Rechtssache *S.H. ua/Österreich*[27] ausgesprochen hat, wohl noch verstärkt, und den VfGH veranlasst, seine restriktive Haltung gegenüber den Methoden der medizinisch unterstützten Fortpflanzung aufzugeben. Durch das Erkenntnis des VfGH v 10. 12. 2013 wurde also auch lesbischen Paaren mit Kinderwunsch die Inanspruchnahme der künstlichen Inse-

---

in society. *This, however, did not mean that these criteria would not be subject to developments which the legislature would have to take into account in the future*" (Hervorhebung vom *Verf*).

[22] OGH 19. 12. 2012, 3 Ob 224/12f RdM 2013, 113 (*Erwin Bernat*); vgl zuvor schon OGH 22. 3. 2011, 3 Ob 147/10d RdM 2011, 96 (*Erwin Bernat*).

[23] VfGH 10. 12. 2013, G 16/2013 ua RdM 2014, 65 (*Christian Kopetzki*) = MedR 2014, 567 (*Erwin Bernat*); vgl dazu *Erwin Bernat*, Österreichisches Fortpflanzungsmedizingesetz: Diskriminierung lesbischer Frauen mit Kinderwunsch? GesR 2015, 17 f.

[24] BGBl I 2014/4.

[25] EGMR 19. 2. 2013 (GK), 19.010/07, *X ua/Österreich*, EF-Z 2013, 115 (*Barbara Simma*) = iFamZ 2013, 70 (*Ulrich Pesendorfer*); vgl dazu *Nikolaus Benke*, Keine Ehe, aber ein Stück Familie, iFamZ 2010, 244 ff.

[26] Die entsprechenden Bestimmungen verankerte das Adoptionsrechts-Änderungsgesetz 2013 (AdRÄG 2013), BGBl I 2013/179. Dieses Gesetz trat bereits mit 1. 8. 2013 in Kraft; siehe § 197 Abs 4 ABGB, § 8 Abs 4 EPG, jeweils idF des AdRÄG 2013.

[27] EGMR 3. 11. 2011 (GK), 57.813/00, *S.H. ua/Österreich*, EF-Z 2012, 24 (*Erwin Bernat*) = iFamZ 2012, 5 (*Markus Vašek*) = RdM 2012, 70 (*Magdalena Pöschl*).

DIREITO DA SAÚDE

mination ermöglicht. Dazu heißt es in der Begründung des Erkenntnisses unmissverständlich:

> „Gleichgeschlechtliche Partnerschaften stehen gesellschaftlich gesehen nicht in einem Substitutionsverhältnis zu Ehen und verschiedengeschlechtlichen Lebensgemeinschaften, sondern treten zu diesen hinzu; sie vermögen diese daher auch nicht zu gefährden. Umso weniger ist in der Ermöglichung der Erfüllung des Kinderwunsches, auch wenn dieser in einer gleichgeschlechtlichen Lebensgemeinschaft von Frauen nur mit Hilfe einer Samenspende Dritter erfüllbar ist, ein derartiges Gefährdungspotential zu erkennen."[28]

In Reaktion auf das Erkenntnis des VfGH v 10. 12. 2013 wurde im Nationalrat am 21. 1. 2015 das Fortpflanzungsmedizinrechts-Änderungsgesetz 2015 (FMedRÄG 2015) beschlossen,[29] das zu einem sehr weitreichenden Wertungswandel im Recht der Fortpflanzungsmedizin führte.[30] Dieses Gesetz verankerte nämlich nicht nur abstammungsrechtliche Regeln, die es zwei Frauen erlauben, gemeinsam Eltern eines

---

[28] VfGH 10. 12. 2013, G 16/2013 ua RdM 2014, 65 (*Christian Kopetzki*) = MedR 2014, 567 (*Erwin Bernat*), sub III.2.6.9. der Entscheidungsgründe.

[29] BGBl I 2015/35; ErläutRV: 445 BlgNR 25. GP; Bericht des Gesundheitsausschusses: 450 BlgNR 25. GP.

[30] Vgl dazu: *Peter Barth/Martina Erlebach* (Hrsg), Handbuch des neuen Fortpflanzungsmedizinrechts (2015); *Erwin Bernat*, Das Recht der Fortpflanzungsmedizin im Wandel. Eckpunkte des Fortpflanzungsmedizinrechts-Änderungsgesetzes 2015, JAP 2015/16, 45 ff; *ders*, Das österreichische Fortpflanzungsmedizingesetz wurde liberalisiert, Der Gynäkologe 48 (2015) 686 ff; *Philip Czech*, Zur Grundrechtskonformität des neuen Fortpflanzungsmedizinrechts, NLMR 2015, 297 ff; *Susanne Ferrari*, Aktuelle Entwicklungen im österreichischen Familien- und Erbrecht, FamRZ 2015, 1556 f; *dies*, Künstliche Fortpflanzung im österreichischen Recht, in Dutta/Schwab/Henrich/Gottwald/Löhnig (Hrsg), Künstliche Fortpflanzung und europäisches Familienrecht (2015) 181 ff; *Magdalena Flatscher-Thöni/Caroline Voithofer/Gabriele Werner-Felmayer*, Fortpflanzungsmedizingesetz 2015: Lang ersehnte Liberalisierung ohne erwünschte Nebenwirkungen? juridikum 2015, 26 ff; *Sebastian Mauernböck*, Das neue Fortpflanzungsmedizinrecht. Eine erste Auseinandersetzung mit den wesentlichen Änderungen, ZTR 2015, 107 ff; *Christiane Wendehorst*, Neuerungen im österreichischen Fortpflanzungsmedizinrecht durch das FMedRÄG 2015. Anpassungen an europaweite Entwicklungen, iFamZ 2015, 4 ff; *dies*, Fortpflanzungsmedizinrecht in Deutschland und Österreich: ein Kopf-an-Kopf-Rennen, in FS Coester-Waltjen (2015) 1047 ff; zur Bedeutung des Wertungswandels speziell im Privatrecht *Theo Mayer-Maly*, Wertungswandel und Privatrecht, JZ 1981, 801 ff.

durch Samenspende gezeugten Kindes zu werden,[31] sondern beseitigte auch das Verbot der IVF mit (von dritter Seite) gespendetem Samen sowie des heterologen Embryotransfers nach Eispende. Im Hinblick auf das Urteil der Großen Kammer des EGMR in der Rechtssache *S.H. ua/ Österreich*[32] erschien dem österreichischen Gesetzgeber „eine weitere Aufrechterhaltung dieser Verbote nicht mehr konventionskonform."[33] – Diese Auffassung spiegelt die Mehrzahl aller literarischen Stellungnahmen wider, die zu dieser Entscheidung ergangen sind.[34] Weiterhin verboten bleiben allerdings unter anderem:

- reproduktionsmedizinische Eingriffe, die eine alleinstehende Frau in Anspruch nehmen will,
- der heterologe Embryotransfer nach Embryonenspende,[35]
- reproduktionsmedizinische Eingriffe in einer Ehe oder Lebensgemeinschaft von Personen verschiedenen Geschlechts ohne medizinische Indikation sowie
- die Leihmutterschaft.[36]

---

[31] Siehe § 144 Abs 2 ABGB idF BGBl I 2015/35.

[32] EGMR 3. 11. 2011 (GK), 57.813/00, *S.H. ua/Österreich*, EF-Z 2012, 24 (*Erwin Bernat*) = iFamZ 2012, 5 (*Markus Vašek*) = RdM 2012, 70 (*Magdalena Pöschl*).

[33] 445 BlgNR 45. GP 1.

[34] Vgl neben den in FN 18 genannten Arbeiten: *Erwin Bernat*, § 3 des österreichischen Fortpflanzungsmedizingesetzes auf dem Prüfstand des Europäischen Gerichtshofs für Menschenrechte, Der Gynäkologe 45 (2012), 331 ff; *Christian Kopetzki*, Nochmals: Fortpflanzungsmedizinrecht verfassungswidrig! RdM 2011, 209; *ders*, Medizinisch unterstützte Fortpflanzung: Reformbedarf aus verfassungsrechtlicher Sicht, in Österreichische Juristenkommission (Hrsg), Gesundheit und Recht – Recht auf Gesundheit (2013) 139 (142 ff); *Kristin D. Brudy*, S.H. v. Austria: European Court of Human Rights holds that the rights to family life and sexism trump governmental limitations on artificial procreation, Tulane J Int'l & Comp L (2010/11) 691 ff.

[35] § 3 Abs 2 und 3 FMedG e contrario; kritisch dazu *Bernat*, Der Gynäkologe 48 (2015) 686 (689); *Ferrari*, in Dutta/Schwab/Henrich/Gottwald/Löhnig (Hrsg) Künstliche Fortpflanzung und europäisches Familienrecht (2015) 181 (197 f); *Kopetzki*, in Österreichische Juristenkommission (Hrsg), Gesundheit und Recht – Recht auf Gesundheit (2013) 139 (153 f).

[36] Siehe im Einzelnen §§ 2 ff FMedG idF FMedRÄG 2015.

DIREITO DA SAÚDE

II. DIE ABSTAMMUNG VON DER MUTTER, VOM VATER UND VOM „ANDEREN ELTERNTEIL"

A. Mater semper certa est

In der österreichischen Rechtswissenschaft war sehr lange strittig, ob im Fall von Ei- oder Embryonenspende die Gebärende oder die Frau, von der die Eizelle stammt, als Mutter im Rechtssinn zu begreifen sei.[37] Manche Autoren haben sich sogar für den Status einer „Doppelmutterschaft" ausgesprochen, also eine Zuordnung des Kindes gegenüber beiden Frauen angenommen.[38] Der Gesetzgeber verankerte schon 1992 eine Regelung, die (fast) wörtlich § 1591 BGB entspricht: „Mutter ist die Frau, die das Kind geboren hat" (§ 143 ABGB[39]). Nach einhelliger Auffassung gilt diese Regel ohne Wenn und Aber, also selbst dann, wenn zwar verabredet war, der Frau einen aus ihren Eizellen stammenden Embryo zu übertragen, ihr aber aus Versehen ein „fremder" Embryo eingepflanzt worden ist. In einem solchen Fall bleibt es abstammungsrechtlich bei der Mutterschaft der Gebärenden. In der Literatur hat man zwar vereinzelt erwogen, eine Anfechtung der Mutterschaft anzuerkennen,[40] der Gesetzgeber hat sich allerdings deutlich anders entschieden.[41] Eine Korrektur der rechtlichen Zuordnung zur Mutter könnte also im Fall einer Ei- oder Embryonenvertauschung nur durch Adoptionsfreigabe des Kindes herbeigeführt werden.

Die praktische Bedeutung des § 143 ABGB wird durch Legalisierung des heterologen Embryotransfers nach Eispende sicherlich zunehmen. Vor Verabschiedung des FMedRÄG 2015 kam die Bestimmung ja nur dann zum Tragen, wenn das Verbot der Eispende im Inland nicht eingehalten oder die Behandlung im Ausland unter anderen gesetzlichen Rahmenbedingungen vorgenommen worden ist.[42]

---

[37] Vgl *Steiner*, JBl 1984, 175 ff; *ders*, Ausgewählte Rechtsfragen der Insemination und Fertilisation, ÖJZ 1987, 513 ff; *Erwin Bernat*, Künstliche Zeugungshilfe – eine Herausforderung für den Gesetzgeber? JBl 1985, 720 (724 ff); *Oskar Edlbacher*, Eimutter, Ammenmutter, Doppelmutter, ÖJZ 1988, 417 ff.

[38] *Walter Selb*, Rechtsordnung und künstliche Reproduktion des Menschen (1987) 76.

[39] § 143 ABGB idgF entspricht wörtlich § 137b ABGB idF BGBl 1992/275.

[40] Siehe *Erwin Bernat*, Rechtsfragen medizinisch assistierter Zeugung (1989) 229 ff.

[41] Siehe ErläutRV FMedG, 216 BlgNR 18. GP 24; *Michael Stormann*, in Schwimann/Kodek (Hrsg), ABGB-Praxiskommentar[4] (2013) Bd 1a, Rz 4 zu § 143 ABGB.

[42] 216 BlgNR 18. GP 24.

B. Die Vaterschaft zu einem durch Samenspende gezeugten Kind

Nach dem System des österreichischen Abstammungsrechts ist Vater eines Kindes der Mann, den die Pater-est-quem-nuptiae-demonstrant-Regel als Vater ausweist (§ 144 Abs 1 Z 1 ABGB) oder der die Vaterschaft anerkannt hat (§ 144 Abs 1 Z 2 ABGB). Die Vaterschaft eines Mannes kann aber auch durch gerichtliche Entscheidung festgestellt werden (§ 144 Abs 1 Z 3 ABGB). Dazu kommt es regelmäßig dann, wenn das Kind außerhalb einer Ehe geboren wird und der Putativvater sich weigert, ein Vaterschaftsanerkenntnis abzugeben.

1. Die Vaterschaft des Wunschvaters aufgrund seiner Ehe mit der Mutter

Sowohl das im Ehebruch als auch das durch iatrogene Applizierung von Samen eines Spenders gezeugte und während aufrechter Ehe seiner Mutter geborene Kind wird dem Muttergatten automatisch zugerechnet (§ 144 Abs 1 Z 1 ABGB).[43] Die den biologischen Tatsachen nicht entsprechende Zuordnung des Kindes kann indes durch eine gerichtliche Entscheidung beseitigt werden, mit der festgestellt wird, dass das Kind nicht vom Ehemann der Mutter gezeugt worden ist (§ 151 Abs 1 ABGB).[44] Diese Grundregel erfährt eine wichtige Ausnahme, die erst durch das FMedG anerkannt worden ist:

> „Hat der Ehemann der Mutter einer medizinisch unterstützten Fortpflanzung mit dem Samen eines Dritten in Form eines Notariatsakts zugestimmt, so kann nicht die Feststellung begehrt werden, dass das mit dem Samen des Dritten gezeugte Kind nicht vom Ehemann der Mutter abstammt" (§ 152 ABGB[45]).

---

[43] Das Kind wird dem Ehemann der Gebärenden nach § 144 Abs 1 Z 1 ABGB auch dann zugerechnet, wenn es innerhalb von 300 Tagen nach Auflösung der Ehe durch Tod dieses Mannes geboren wird.

[44] Aktiv legitimiert für einen Antrag auf „Feststellung der Nichtabstammung vom Ehemann der Mutter" (so die Überschrift zu § 151 ABGB) sind der Putativvater und das Kind, nicht aber, wie im deutschen Recht (§ 1600 Abs 1 Z 2 und 3 BGB), die Mutter und der Mann, der aufgrund Beiwohnung in der Empfängniszeit mutmaßlich der leibliche Vater des Kindes ist (§ 151 Abs 2 ABGB). Die Entscheidung ergeht im außerstreitigen Verfahren durch Beschluss (siehe §§ 81 ff AußStrG).

[45] § 152 ABGB idgF entspricht inhaltlich § 156a ABGB idF BGBl 1992/275.

DIREITO DA SAÚDE

Im Fall der vom Ehemann in Notariatsaktsform konsentierten heterologen Insemination oder IVF darf der Richter dem Antrag auf Feststellung der Nichtabstammung vom Ehemann also nur stattgeben, wenn bewiesen ist, dass das Kind weder durch den Ehemann noch durch den Samen eines Spenders, sondern im Ehebruch gezeugt worden ist. Vorausgesetzt, das Kind ist tatsächlich die Frucht des Samenspenders, verliert allerdings nach der ganz klaren Absicht des Gesetzgebers nicht nur der Ehemann, sondern auch das durch gespendeten Samen gezeugte Kind das Recht auf Beseitigung der durch die Ehe der Mutter entstandenen familienrechtlichen Beziehung.[46] § 152 ABGB steht in unmittelbarem Zusammenhang mit § 7 Abs 4, § 8 Abs 1 FMedG: Vor Durchführung der heterologen Insemination bzw IVF muss ein Notar die Wunscheltern ausführlich darüber aufklären, dass der dem Verfahren in Notariatsaktsform zustimmende Ehemann an die Stelle des biologischen Vaters tritt, dass er also familien- und erbrechtlich so behandelt wird, als hätte er das Kind gezeugt. Der Notariatsakt beinhaltet in der Praxis regelmäßig nicht nur die Zustimmungserklärungen von Wunschvater und Wunschmutter, sondern dokumentiert auch den Inhalt des Aufklärungsgesprächs. Die Zustimmung der Wunscheltern in der § 8 Abs 1 FMedG entsprechenden Form darf im Zeitpunkt der Durchführung der medizinischen Zeugungshilfe nicht älter als zwei Jahre sein (§ 8 Abs 5 FMedG). Beide können ihre Zustimmung allerdings – auch formlos – „bis zum Einbringen des Samens, der Eizellen oder der entwicklungsfähigen Zellen[47] in den Körper der Frau" gegenüber dem Arzt ohne Angabe von Gründen widerrufen (§ 8 Abs 4 FMedG).[48]

[46] 216 BlgNR 18. GP 25 iVm 471 BlgNR 22. GP 19; vgl § 1600 Abs 5 BGB, wonach das Kind selbst nach vom Ehemann konsentierter heterologer Insemination die Vaterschaft anfechten kann.

[47] Der Begriff „entwicklungsfähige Zellen" steht für den Embryo in vitro. Siehe § 1 Abs 3 FMedG: „Als entwicklungsfähige Zellen sind befruchtete Eizellen und daraus entwickelte Zellen anzusehen."

[48] § 8 Abs 4 FMedG idF BGBl I 2015/35 unterscheidet nicht danach, ob sich der Widerruf auf die Verwendung eines schon existenten Embryos in vitro oder noch nicht verschmolzener Samen- oder Eizellen bezieht. Vgl demgegenüber § 8 Abs 4 FMedG idF BGBl 1992/275: „Die Zustimmung kann dem Arzt gegenüber von der Frau und vom Mann bis zur Einbringung von Samen oder Eizellen in den Körper der Frau widerrufen werden; bei der Vereinigung von Eizellen mit Samenzellen außerhalb des Körpers einer Frau kann die Zustimmung von

2. Die Vaterschaft des Wunschvaters aufgrund Vaterschaftsanerkenntnisses

Ist die Wunschmutter mit dem Wunschvater nicht verheiratet, wird das mit Samen eines Dritten gezeugte Kind nicht automatisch nach seiner Geburt dem Wunschvater zugeordnet. Eine statusrechtliche Bindung dieses Mannes kommt in diesem Fall freilich regelmäßig durch ein wissentlich falsches Vaterschaftsanerkenntnis zustande.[49] Ein solches Vaterschaftsanerkenntnis ist zulässig und somit von der für seine Beurkundung bzw Beglaubigung zuständigen Stelle[50] auch entgegenzunehmen.[51] Vor Inkrafttreten des FMedG konnte der mit der Wunschmutter nicht verheiratete Wunschvater allerdings nicht „gezwungen" werden, nach der Geburt des Kindes „zu seinem Wort zu stehen". Ebenso wenig konnte der Mann, der die Vaterschaft zu dem durch Samen eines Dritten gezeugten Kind im Wissen, dass er nicht der leibliche Vater ist, anerkannt hatte, verhindern, dass Mutter und (oder) Kind gegen das Anerkenntnis Widerspruch erheben (vgl § 146 ABGB). Aus diesem Grund schuf der Gesetzgeber § 148 Abs 3 ABGB, der folgenden Wortlaut hat:

> „Ist an der Mutter innerhalb der [Empfängniszeit] eine medizinisch unterstützte Fortpflanzung mit dem Samen eines Dritten durchgeführt worden, so ist als Vater der Mann festzustellen, der dieser medizinisch unterstützten Fortpflanzung in Form eines Notariatsakts zugestimmt hat, es sei denn, er weist nach, dass das Kind nicht durch diese medizinisch unterstützte Fortpflanzung gezeugt worden ist."[52]

§ 148 Abs 3 ABGB hat nicht die Funktion eines antizipierten Vaterschaftsanerkenntnisses, sondern ist als Zeugungsfiktion zu begreifen.[53]

---

der Frau bis zur Einbringung der entwicklungsfähigen Zellen in ihren Körper, vom Mann jedoch nur bis zur Vereinigung der Eizellen mit Samenzellen widerrufen werden."

[49] Siehe dazu schon *Bernat*, Rechtsfragen medizinisch assistierter Zeugung (1989) 181 ff.

[50] Zur Form des Vaterschaftsanerkenntnisses und zu den für die öffentliche Beurkundung oder Beglaubigung des Vaterschaftsanerkenntnisses zuständigen Stellen siehe *Erwin Bernat*, in Schwimann/Kodek, ABGB-Praxiskommentar[4] Bd 1a, Rz 10 f zu § 145 ABGB.

[51] *Bernat*, in Schwimann/Kodek, ABGB-Praxiskommentar Bd 1a, Rz 5 zu § 145 ABGB; vgl zum deutschen Recht *Rainer Frank*, Das wissentlich falsche Vaterschaftsanerkenntnis aus zivil- und strafrechtlicher Sicht, ZBlJugR 1972, 260 ff.

[52] § 148 Abs 3 ABGB idgF entspricht im Wesentlichen § 163 Abs 3 ABGB idF BGBl 1992/275.

[53] *Erwin Bernat*, Das Fortpflanzungsmedizingesetz: Neue Aufgaben für das Notariat, NZ 1992, 244 (245); *Michael Schwimann*, Neues Fortpflanzungsmedizinrecht in Österreich, StAZ

DIREITO DA SAÚDE

Die Bestimmung sorgt dafür, dass sich der mit der Mutter nicht verheiratete Mann, der in der § 8 Abs 1 FMedG entsprechenden Form der Verwendung von Samen eines Spenders zugestimmt hat, nach der Geburt des so gezeugten Kindes nicht mehr aus seiner familienrechtlichen Verantwortung stehlen kann. Weigert er sich, ein Vaterschaftsanerkenntnis abzugeben, so kann er auf Antrag des Kindes (§ 148 Abs 1 Satz 2 ABGB) im Außerstreitverfahren als Vater festgestellt werden.[54] Der Feststellungsantrag kann nur mit dem Beweis bekämpft werden, dass das Kind „nicht durch diese medizinisch unterstützte Fortpflanzung", sondern durch Geschlechtsverkehr mit einem anderen Mann gezeugt worden ist.

Die zuvor erwähnten Regeln über das Aufklärungsgespräch des Notars (§ 7 Abs 4 FMedG), über die Zustimmung des Wunschvaters in Form eines Notariatsakts (§ 8 Abs 1 FMedG) und über den Widerruf der Zustimmungserklärungen von Wunschvater oder Wunschmutter gelten ebenso im Hinblick auf nicht verheiratete Wunscheltern.[55]

C. Die Elternschaft der Co-Mutter

Das FMedRÄG 2015 schloss eine Lücke im Abstammungsrecht, die durch das Erkenntnis des VfGH v 10. 12. 2013[56] entstanden ist: Zwar bietet sich der Partnerin der biologischen Mutter, die mit Samen eines Spenders befruchtet worden ist, qua § 197 Abs 4 ABGB idF des AdRÄG 2013[57] die Möglichkeit, das so gezeugte Kind zu adoptieren, doch ist die Adoption des Kindes nach dessen Geburt weder die Pflicht noch das kategorische Recht dieser Frau. Aus diesem Grund hat der Gesetzgeber Regeln geschaffen, die die Partnerin der biologischen Mutter so stellen wie einen Mann, der das Kind im Koitus gezeugt hat, wenn diese Frau der Spenderinsemination der biologischen Mutter in Form eines Notariatsakts zugestimmt hat (§ 8 Abs 1 Satz 2 FMedG idF FMedRÄG

1993, 169 (180); *Helmut Pichler*, Probleme der medizinisch assistierten Fortpflanzung, Der österreichische Amtsvormund 1993, 53 (54).

[54] Vgl nochmals §§ 81 ff AußStrG.

[55] Siehe oben unter II.B.1.

[56] VfGH 10. 12. 2013, G 16/2013 ua RdM 2014, 65 (*Christian Kopetzki*) = MedR 2014, 567 (*Erwin Bernat*); vgl dazu auch *Constanze Fischer-Czermak*, Medizinisch unterstützte Fortpflanzung für lesbische Paare, EF-Z 2014, 61 ff.

[57] Siehe FN 26.

2015). Diese Regeln wurden in § 144 Abs 2 ABGB idF FMedRÄG 2015 verankert und sind das Spiegelbild zu § 144 Abs 1 ABGB, der bestimmt, aus welchen Gründen ein Mann Vater eines Kindes ist.[58] Die Partnerin der biologischen Mutter erlangt den familienrechtlichen Status einer Co-Mutter (der Gesetzestext spricht wenig glücklich vom „anderen Elternteil"), wenn sie „mit der [biologischen] Mutter im Zeitpunkt der Geburt des Kindes in eingetragener Partnerschaft verbunden ist" (§ 144 Abs 2 Z 1 ABGB), wenn sie „die Elternschaft anerkannt hat" (§ 144 Abs 2 Z 2 ABGB) oder wenn ihre „Elternschaft gerichtlich festgestellt ist" (§ 144 Abs 2 Z 3 ABGB). In diesen drei Fällen hängt die Erlangung des familienrechtlichen Status der Co-Mutterschaft allerdings auch davon ab, dass an der biologischen Mutter innerhalb der Empfängniszeit eine medizinisch unterstützte Fortpflanzung durchgeführt worden ist. Kann dies nicht bewiesen werden, ist die Frau, die mit der biologischen Mutter in eingetragener Partnerschaft verbunden ist, nach dem Wortlaut des Gesetzes dem Kind gegenüber eine Fremde. Sie kann den Status der Co-Mutterschaft also nicht einmal durch Anerkenntnis (§ 144 Abs 2 Z 2 ABGB), sondern bloß durch Stiefkindadoption (§ 197 Abs 4 ABGB idF des AdRÄG 2013) erlangen. Diese rigoristische Haltung des Gesetzgebers ist allerdings – jedenfalls mit Blick auf die analoge Geltung der Pater-est-quem-nuptiae-demonstrant-Regel (§ 144 Abs 2 Z 1 ABGB) – aus Gründen des Gleichheitsgrundsatzes bedenklich.[59] Wird ein Kind in aufrechter Ehe geboren, gilt ja der Ehemann fürs erste auch unabhängig davon als gesetzlicher Vater, ob er seiner Frau innerhalb der Empfängniszeit beigewohnt hat. Deshalb hätte für den Gesetzgeber nicht entscheidend sein dürfen, ob an einer verpartnerten Frau innerhalb der Empfängniszeit eine medizinisch unterstützte Fortpflanzung durchgeführt worden ist.[60] Hat eine verpartnerte Frau ein Kind im Koitus oder

---

[58] Dazu oben unter II.B.

[59] *Erwin Bernat*, Gleichgeschlechtliche Eltern, EF-Z 2015, 60 (61); *Lukas Gottschamel/Oliver Kratz-Lieber*, Verfassungsrechtliche Fragen im Abstammungsrecht nach dem FMedRÄG 2015. Ungleichbehandlung bei der Erlangung der automatischen Elternschaft, ÖJZ 2015, 917 ff.

[60] AA die ErläutRV FMedRÄG 2015, 445 BlgNR 25. GP 13, die die Abweichung des § 144 Abs 2 ABGB vom Konzept des § 144 Abs 1 ABGB mit dem Recht des Kindes auf Kenntnis seiner genetischen Abstammung rechtfertigen wollen; ebenso *Ferrari*, in Dutta/Schwab/Henrich/Gottwald/Löhnig (Hrsg), Künstliche Fortpflanzung und europäisches Familienrecht (2015) 181 (194). Dieses Argument ist indes keineswegs überzeugend, weil kein Kind, das durch

DIREITO DA SAÚDE

durch sog „Becherspende" empfangen,[61] ohne dass an ihr innerhalb der Empfängniszeit eine medizinisch unterstützte Fortpflanzung durchgeführt worden ist, und würde ihre Partnerin dessen ungeachtet als Co-Mutter gelten, könnte diese Frau ohnedies den Antrag auf Feststellung einbringen, dass sie der Zeugung des Kindes nicht in Form des § 8 Abs 1 FMedG zugestimmt hat.[62] Dafür sorgte die in § 144 Abs 3 Satz 1 ABGB idF FMedRÄG 2015 enthaltene Verweisungsvorschrift, der zufolge alle im ABGB oder anderen bundesgesetzlichen Bestimmungen enthaltenen Regelungen, die auf den Vater und die Vaterschaft Bezug nehmen, auf die Co-Mutter sinngemäß anzuwenden sind.[63] – Was für den betrogenen Ehemann (das Kind des betrogenen Ehemannes) der Antrag auf „Feststellung der Nichtabstammung vom Ehemann der Mutter" (§ 151 ABGB) ist, ist für die betrogene Co-Mutter (das Kind der betrogenen Co-Mutter) der Antrag auf „Feststellung, dass das Kind nicht durch medizinisch unterstützte Fortpflanzung, sondern im Koitus gezeugt worden ist" (§ 151 ABGB analog).

iatrogene Applizierung gespendeten Samens gezeugt worden ist, von Amts wegen erfährt, wer sein biologischer Vater ist. Siehe dazu ausführlich unter IV.

[61] Von einer sog „Becherspende" oder „Heiminsemination" spricht man, wenn Samenspende und künstliche Insemination im privaten Bereich der Wunschmutter (also nicht in einer Krankenanstalt) stattfinden. In Amerika ist von „turkey-baster babies" die Rede. Dazu aufschlussreich *Daniel Wikler/Norma J. Wikler*, Turkey-baster babies: The demedicalization of artificial insemination, The Milbank Quarterly 69 (1991) 5 ff; siehe jetzt auch BGH 15.5.2013, XII ZR 49/11 GesR 2013, 511 = NJW 2013, 2589 = BGHZ 197, 242; *Juana Remus/Doris Liebscher*, Wohnst du noch bei oder sorgst du schon mit? – Das Recht des Samenspenders zur Anfechtung der Vaterschaft, NJW 2013, 2558 ff; *Stefan Arnold*, Zur Bedeutung von Verfassungsrecht und Rechtstheorie im Familienrecht – Die Vaterschaftsanfechtung des nicht anonymen Samenspenders, JR 2015, 235 ff; *Martin Löhnig/Mareike Preisner*, Anfechtung der Vaterschaft durch den Samenspender, FamFR 2013, 340 ff.

[62] Zur Frage des rechtsmissbräuchlichen Vorgehens, das in solchen Fällen uU zu prüfen ist, siehe unter V.B.

[63] Siehe dazu 445 BlgNR 25. GP 13: „Abs 3 enthält die Generalklausel, wonach alle auf den Vater und die Vaterschaft Bezug nehmenden Bestimmungen auch auf den weiblichen zweiten Elternteil anzuwenden sind. Die Regelung nimmt keinerlei Einschränkungen auf bestimmte Abschnitte des ABGB oder andere Bundesgesetze vor. Sie gilt daher für alle explizit oder erkennbar (so etwa § 151 ABGB, § 7 StbG oder § 9 PStG) auf den Vater bezugnehmenden Bestimmungen."

III. DIE RECHTLICHE STELLUNG DER EISPENDERIN UND DES SAMENSPENDERS

Der Frau, die das Kind geboren hat, ist nach § 143 ABGB ohne Wenn und Aber die rechtliche Mutter des Kindes.[64] Aus abstammungsrechtlicher Sicht ist die Eispenderin gegenüber dem Kind „fremd".

Der Wunschvater, der in die Vornahme einer heterologen Insemination oder IVF in Notariatsaktsform eingewilligt hat, genießt aufgrund der §§ 152, 148 Abs 3 ABGB die rechtliche Stellung wie ein leiblicher Vater des Kindes. Er verdrängt den Samenspender, der gegenüber dem Kind aus abstammungsrechtlicher Sicht ähnlich „fremd" ist wie die Eispenderin. Dennoch hielt es der Gesetzgeber schon 1992 für angemessen, den Schutz des Samenspenders durch eine zusätzliche Regel zu verstärken, die ihn von Rechts wegen so stellt, als hätte er das Kind gar nicht gezeugt. § 163 Abs 4 ABGB lautet idF BGBl 1992/275 (i.e. § 148 Abs 4 Satz 1 ABGB idgF) wie folgt:

> „Ein Dritter, dessen Samen für eine medizinisch unterstützte Fortpflanzung verwendet wird, kann nicht als Vater des mit seinem Samen gezeugten Kindes festgestellt werden."

Der Gesetzgeber wollte mit dieser Regelung verhindern, dass Männer aus Angst, dem Kind gegenüber in rechtliche Verantwortung genommen zu werden, davon abgehalten werden, Samen zu spenden.[65] § 163 Abs 4 ABGB idF BGBl 1992/275 schützt aber auch die Wunscheltern davor, dass der Samenspender versucht, den Mann, der der Spenderinsemination in Form des § 8 Abs 1 FMedG zugestimmt hat, im Wege eines „durchbrechenden" Vaterschaftsanerkenntnisses (§ 147 Abs 2 ABGB) zu verdrängen.[66] Bis zum Inkrafttreten des Familien- und

---

[64] Siehe dazu schon oben unter II.A.

[65] 216 BlgNR 18. GP 26.

[66] Das sog „durchbrechende" oder „qualifizierte" Vaterschaftsanerkenntnis wurde durch das Kindschaftsrechts-Änderungsgesetz 2001 (BGBl I 2000/135) eingeführt (damals § 163e Abs 2 ABGB, heute § 147 Abs 2 ABGB). Mit dieser Regelung verfolgt der Gesetzgeber das Ziel, den beteiligten Personen (Gilt-Vater, mutmaßlich biologischer Vater, Mutter und Kind) einen „Vätertausch" auf einfache und kostengünstige Art zu ermöglichen: Jener Mann, dessen Vaterschaft bereits feststeht, wird durch Vaterschaftsanerkenntnis des mutmaßlich biologischen Vaters verdrängt. Voraussetzung für das Zustandekommen des „Vätertauschs" ist allerdings, dass das Kind dem Anerkenntnis zustimmt und – bei Minderjährigkeit des Kindes – die Mutter den Anerkennenden als Vater bezeichnet

DIREITO DA SAÚDE

Erbrechts-Änderungsgesetzes 2004 (FamErbRÄG 2004)[67] war allerdings äußerst umstritten, ob nur jene Männer unter die Legaldefinition des § 163 Abs 4 ABGB idF BGBl 1992/275 fallen, die ihren Samen einer *Krankenanstalt* überlassen, die nach § 5 Abs 2 FMedG[68] befugt ist, Spenderinseminationen durchzuführen.[69] Der Gesetzgeber hat den Streit durch Verankerung einer Legaldefinition des Begriffs Samenspender beigelegt. „Dritter" (also Samenspender iSd Gesetzes)

> „ist, wer seinen Samen einer für medizinisch unterstützte Fortpflanzungen zugelassenen Krankenanstalt mit dem Willen überlässt, nicht selbst als Vater eines mit diesem Samen gezeugten Kindes festgestellt zu werden" (§ 148 Abs 4 Satz 2 ABGB idgF).

Der Gesetzgeber hat sich redlich bemüht, die „Standardfälle" zufriedenstellend zu lösen. Das ist ihm mit § 148 Abs 3, § 152, § 148 Abs 4 ABGB auch sehr gut gelungen. Männer, die ihren Samen nicht einer nach § 5 Abs 2 FMedG zugelassenen Krankenanstalt, sondern direkt der Wunschmutter spenden (sog „Becherspende"),[70] müssen damit

---

(§ 147 Abs 2 ABGB). Liegen entsprechende Erklärungen vor, kann der Mann, der durch das „qualifizierte" Vaterschaftsanerkenntnis verdrängt werden soll, allerdings bei Gericht Widerspruch erheben (§ 147 Abs 3 ABGB). Tut er dies, hat das Gericht das „qualifizierte" Vaterschaftsanerkenntnis für rechtsunwirksam zu erklären, „es sei denn es ist bewiesen, dass das Kind vom Anerkennenden abstammt oder – wenn das Kind durch eine medizinisch unterstützte Fortpflanzung mit dem Samen eines Dritten gezeugt worden ist – dass der Anerkennende dem in Form eines Notariatsakts zugestimmt hat" (§ 154 Abs 1 Z 2 ABGB). – Zwar kann der Samenspender beweisen, dass das Kind von ihm abstammt, allerdings scheitert die Rechtswirksamkeit seines „qualifizierten" Vaterschaftsanerkenntnisses an § 148 Abs 4 ABGB.

[67] BGBl I 2004/85.

[68] Vgl dazu genauer *Erwin Bernat*, Das Fortpflanzungsmedizingesetz: Neue Rechtspflichten für den österreichischen Gynäkologen, Gynäkologisch-geburtshilfliche Rundschau 33 (1993) 2 ff.

[69] Dazu *Michael Memmer*, Eheähnliche Lebensgemeinschaften und Reproduktionsmedizin, JBl 1993, 297 (304 ff); *Viktor Steininger*, Interpretationsvorschläge für die neuen Normierungen im ABGB über die väterliche Abstammung, ÖJZ 1995, 121 (132 ff); *Schwimann*, StAZ 1993, 169 (180 f). Amerikanische Gerichte mussten schon häufig entscheiden, ob Samenspender das Recht haben, als Vater des Kindes festgestellt zu werden; siehe etwa *Jhordan C. v. Mary K.*, 179 Cal App 3d 386, 224 Cal Rptr 530 (1986); *In the Interest of R.C.*, 775 P2d 27 (Colo 1989); *McIntyre v. Crouch*, 98 Ore App 462, 780 P2d 239 (1989).

[70] So stand es etwa in den Fällen, die vom BGH (15. 5. 2013, XII ZR 49/11 GesR 2013, 511 = NJW 2013, 2589 = BGHZ 197, 242) und vom kalifornischen Court of Appeal in der

rechnen, als Vater in rechtliche Verantwortung genommen zu werden. Samenspender iSd § 148 Abs 4 Satz 2 ABGB sind hingegen vor einer Inanspruchnahme als Vater a priori gefeit. Das kann freilich in einigen – ganz wenigen – Fällen dazu führen, dass das Kind zum *filius nullius* wird, wie sich unschwer zeigen lässt.

Fall 1: Ein Ehemann stimmt in einer Krankenanstalt, die für die Durchführung aller in Österreich erlaubten Methoden medizinisch unterstützter Fortpflanzung zugelassen ist (§ 5 Abs 2 FMedG), einer IVF mit eigenem Samen zu.[71] Aufgrund eines Versehens wird der Samen des Wunschvaters aber mit dem Samen eines „Dritten" (§ 148 Abs 4 ABGB) vertauscht. Die IVF mit Samen des „Dritten" führt zur Geburt eines Kindes. Der Ehemann, der Vater nach § 144 Abs 1 Z 1 ABGB ist, stellt nun fristgerecht (§ 153 ABGB) einen Antrag nach § 151 ABGB. – Der Richter muss dem Antrag stattgeben, weil der Antragsteller ja nicht der Durchführung einer „medizinisch unterstützten Fortpflanzung mit Samen eines Dritten", sondern nur der Durchführung einer medizinisch unterstützten Fortpflanzung mit seinem eigenen Samen zugestimmt hat.

Fall 2: In einer nach § 5 Abs 2 FMedG für die Durchführung heterologer Inseminationen zugelassenen Krankenanstalt wird eine verheiratete Frau mit Samen eines Dritten inseminiert. Der verantwortliche Frauenarzt hat allerdings vergessen, die Wunschmutter und ihren Ehemann darüber aufzuklären, dass die beiden dem Eingriff auch in Notariatsaktsform (§ 8 Abs 1 FMedG) zustimmen müssen. Als Folge der Spenderinsemination, der der Wunschvater nur schriftlich (§ 886 ABGB), nicht aber in Form des § 8 Abs 1 FMedG zugestimmt hat, wird ein Kind geboren. Nun stellt dieser Mann, der Vater nach § 144 Abs 1 Z 1 ABGB ist, fristgerecht (§ 153 ABGB) einen Antrag nach § 151 ABGB. Nach der bislang vorliegenden – allerdings stark kritisierten – Rsp des OGH muss dem Antrag wohl stattgegeben werden.[72]

Rechtssache *Jhordan C. v. Mary K.* (179 Cal App 3d 386, 224 Cal Rptr 530 [1986]) entschieden worden sind.

[71] Die Zustimmung zur Vornahme einer homologen IVF muss nicht in Form eines Notariatsakts erklärt werden, wenn die Wunscheltern miteinander verheiratet sind, § 8 Abs 1 FMedG.

[72] Vgl OGH 13. 3. 1996, 7 Ob 527/96 JBl 1996, 717 (*Erwin Bernat*); dazu auch *Brigitta Lurger*, Fortpflanzungsmedizin und Abstammungsrecht, in Bernat (Hrsg), Die Fortpflanzungsmedizin am Prüfstand von Recht und Ethik (2000) 108 (135).

DIREITO DA SAÚDE

Fall 3: In einer für die Durchführung aller in Österreich erlaubten Methoden medizinisch unterstützter Fortpflanzung zugelassenen Krankenanstalt (§ 5 Abs 2 FMedG) wird eine alleinstehende, nicht verheiratete Frau mit Samen eines „Dritten" (§ 148 Abs 4 ABGB) – entgegen dem Verbot des § 2 Abs 1 FMedG – inseminiert. Im Zeitpunkt der Geburt des als Folge dieser Insemination gezeugten Kindes ist seine Mutter nach wie vor alleinstehend und nicht verheiratet.

Auf der einen Seite wird das Kind, das in diesen drei Fällen *filius nullius* ist, kaum verstehen, dass es nur deshalb ex lege zur Vaterlosigkeit verurteilt ist, weil sein biologischer Vater mit seiner Mutter keinen Geschlechtsverkehr hatte.[73] Auf der anderen Seite gibt es gute Gründe, das Vertrauen des Samenspenders auf sorgfältigen Umgang mit seinem Keimgut (Fall 1) und auf Einhaltung der speziellen Rechtsregeln, die Reproduktionsmediziner befolgen müssen (Fälle 2 und 3), zu schützen. Daher ist § 148 Abs 4 ABGB eine Norm, die verfassungsrechtlich und rechtspolitisch im Ergebnis durchaus vertretbar[74] – und aus utilitaristischer Sicht darüber hinaus sogar empfehlenswert erscheint.[75] Indes

[73] Vgl *Bernat*, Rechtsfragen medizinisch assistierter Zeugung (1989) 202 f.

[74] AA aber *Franz Bydlinski*, System und Prinzipien des Privatrechts, (1996) 385 (FN 406): „Zu rechtfertigen wäre die Unterscheidung [zwischen Geschlechtsverkehr und iatrogener Applizierung von Spendersamen] nur, wenn man die Verpflichtung des Vaters gegenüber dem Kind als eine Art Entgelt zugunsten Dritter für den von der Mutter gewährten Beischlaf verstehen wollte. Sollte dies tatsächlich hinter der begründungslosen Differenzierung des [§ 148 Abs 4 ABGB] stecken, wäre die Verschweigung des eigentlichen Arguments verständlich: Es richtet sich von selbst."

[75] Aus diesem Grund befürwortete die amerikanische „National Conference of Commissioners on Uniform State Laws" im Jahr 2000 sogar einen über § 148 Abs 4 ABGB hinausgehenden Schutz des Samenspenders. Siehe section 701 des Uniform Parentage Act (UPA) 2000: „A donor is not a parent of a child conceived by means of assisted reproduction." Dazu heißt es in den amtlichen Erläuterungen: „The Act does not continue the requirement that the donor provide the sperm to a licensed physician. This section of UPA (2000) further opts not to limit nonparenthood of a donor to situations in which the donor provides sperm for assisted reproduction by a married woman. This requirement is not realistic in light of present practices in the field of assisted reproduction. Instead, donors are to be shielded from parenthood in all situations in which either a married woman or a single woman conceives a child through assisted reproduction." Der UPA 2000 ist abgedruckt in Family Law Quarterly 35 (2001) 83 ff (hier 160); weiterführend *Marsha Garrison*, Law making for baby making: An interpretive approach to the determination of legal parenthood, Harvard L Rev 113 (2000) 835 (903 ff); *Richard F. Storrow*, Parenthood by pure intention: Assisted reproduction and the functional approach to parentage, Hastings L J 53 (2002) 597 ff.

DIE ZIVILRECHTLICHEN FOLGEN DER MEDIZINISCH UNTERSTÜTZTEN FORTPFLANZUNG

sollte erwogen werden, § 148 Abs 4 ABGB in all jenen Fällen teleologisch zu reduzieren, in denen das durch Samen eines Dritten gezeugte Kind de facto oder de jure keinen Vater hat und der Samenspender – im Einklang mit Mutter und Kind – bereit ist, ein Vaterschaftsanerkenntnis abzugeben.

Fall 4: Herr V und Frau M sind miteinander verheiratet und wollen, weil V zeugungsunfähig ist, eine heterologe Insemination vornehmen lassen. Sie bitten Herrn B, den Bruder von V, sich als Samenspender zur Verfügung zu stellen. Dieser willigt ein und spendet einer gem § 5 Abs 2 FMedG für die Durchführung heterologer Inseminationen zugelassenen Krankenanstalt seinen Samen. Bevor M in dieser Krankenanstalt der Samen ihres Schwagers B eingebracht wird, stimmen V und M dem Eingriff in Form eines Notariatsakts zu (§ 8 Abs 1 FMedG).[76] M wird als Folge der Spenderinsemination schwanger und neun Monate später von dem Kind K entbunden. V ist nach § 144 Abs 1 Z 1 ABGB dessen Vater. Zwei Jahre nach der Geburt von K stirbt V völlig unerwartet. Nun kommt es zwischen M und B, der der leibliche Vater von K ist, zu einer Liebesbeziehung. Die beiden heiraten – und wollen, dass B seinen Bruder V als Vater „ersetzt". § 148 Abs 4 ABGB steht einer Feststellung der Vaterschaft des B im Wege, weil B nach dem Wortlaut dieser Bestimmung „Dritter" ist. Die Exemtion des B von Vaterrechten und -pflichten ist freilich nur dann angemessen, wenn sich feststellen lässt, dass ein „Vätertausch", den B und M wünschen, entweder die mutmaßlichen Interessen des verstorbenen V oder die wohlverstandenen Interessen des Kindes K[77] verletzt. Ist weder das eine noch das andere der Fall, spricht nichts dagegen, sondern alles dafür, dass der biologische Vater (B) das Recht bekommt, den rechtlichen Vater (V) durch Abgabe eines „durchbrechenden" Vaterschaftsanerkenntnisses[78] zu ersetzen.

---

[76] Nach der Systematik des FMedG ist die heterologe Insemination auch dann zulässig, wenn die Wuncheltern der Krankenanstalt einen Samenspender „beistellen", der Samenspender gegenüber den Wunscheltern also gar kein Anonymus ist; dazu ausführlich *M. Steininger*, Reproduktionsmedizin und Abstammungsrecht. Fortpflanzung und Elternschaft als Rechtsgeschäft? (2014) 78 ff.

[77] Diese Interessen sind vom Jugendwohlfahrtsträger wahrzunehmen, der für die Zustimmung des minderjährigen Kindes zum „durchbrechenden" Vaterschaftsanerkenntnis dessen gesetzlicher Vertreter ist, § 147 Abs 4 ABGB.

[78] Siehe dazu genauer oben in FN 66.

DIREITO DA SAÚDE

Gem § 188 Abs 2 ABGB[79] kann das Gericht auf Antrag verschiedenster Personen einem Dritten, der „zu [einem minderjährigen] Kind in einem besonderen persönlichen oder familiären Verhältnis steht oder gestanden ist", das Recht auf persönliche Kontakte einräumen, wenn solche Kontakte „dem Wohl des Kindes dienen". Nach einem Urteil des EGMR vom 21. 12. 2010[80] verstößt es gegen Art 8 EMRK (Recht auf Achtung des Privat- und Familienleben), wenn nicht geprüft werden kann, ob ein Kontakt zwischen dem Kind und seinem leiblichen (aber nicht rechtlichen) Vater dem Kindeswohl entspricht.[81] Im Hinblick auf dieses Urteil ist auch ein nicht anonymer Samenspender, dessen Vaterschaft nicht festgestellt ist, „Dritter" iS des § 188 Abs 2 ABGB und hat folglich die in dieser Bestimmung erwähnten „Restrechte".[82] Für die nicht anonyme Eizellspenderin, die a priori von der Stellung als rechtliche Mutter ausgeschlossen ist (arg § 143 ABGB), gilt § 188 Abs 2 ABGB ebenso.

IV. DAS RECHT DES KINDES AUF KENNTNIS SEINER GENETISCHEN ABSTAMMUNG

Fassen wir zusammen: Kinder, die durch Samenspende gezeugt worden sind, werden nach den Zielvorstellungen des Gesetzgebers dem Wunschvater abstammungsrechtlich so zugerechnet, als wäre dieser ihr leiblicher Vater (§ 148 Abs 3, § 152 ABGB). Gleichzeitig „immunisiert" das Abstammungsrecht den Samenspender vor einer rechtlichen Verantwortung gegenüber dem mit seinen Keimzellen gezeugten Kind (§ 148 Abs 4 ABGB). Das soeben Gesagte gilt mutatis mutandis für Kinder eines lesbischen Paares (§ 144 Abs 2 ABGB iVm § 8 Abs 1 FMedG). Solche Kinder haben keinen Vater, sondern, wie das Gesetz sagt, einen „anderen Elternteil" (dh eine zweite Mutter), der den leiblichen Vater verdrängt (§ 148 Abs 4 ABGB).

---

[79] Die heute geltende Fassung des § 188 Abs 2 ABGB geht auf das KindNamRÄG 2013, BGBl I 2013/15, zurück.

80 EGMR 21. 12. 2010, 20.578/07, *Anayo gegen Deutschland*, EF-Z 2011/43 (*Marco Nademleinsky*).

[81] Ausdrücklich Bezug nehmend auf *Anayo gegen Deutschland* die ErläutRV KindNamRÄG 2013, 2004 BlgNR 24. GP 29.

[82] *Ferrari*, in Dutta/Schwab/Henrich/Gottwald (Hrsg), Künstliche Fortpflanzung und europäisches Familienrecht (2015) 181 (192 f).

DIE ZIVILRECHTLICHEN FOLGEN DER MEDIZINISCH UNTERSTÜTZTEN FORTPFLANZUNG

Allerdings hat der Gesetzgeber dem Kind das Persönlichkeitsrecht eingeräumt, die Identität seines leiblichen Vaters in Erfahrung zu bringen (§ 20 Abs 2 FMedG). Um dieses Recht entsprechend abzusichern, muss die Krankenanstalt die persönlichen Daten des Spenders dokumentieren (§ 15 Abs 1 FMedG).[83] Sie darf den Samen des Spenders nur dann verwenden, wenn sich dieser schriftlich (§ 886 ABGB) damit einverstanden erklärt, dass im Fall erfolgreicher Samenverwendung dem Kind ab Vollendung des 14. Lebensjahres auf dessen Verlangen Einsicht in die Spenderdokumentation gewährt und daraus Auskunft erteilt wird (§ 13 Abs 1 iVm § 20 Abs 2 FMedG). Hat das Kind entsprechend § 20 Abs 2 FMedG Auskunft bekommen, kann es mit seinem leiblichen Vater in Kontakt treten. Abstammungsrechtlich bleibt es freilich auch dann, wenn es von diesem Recht Gebrauch macht, ohne Wenn und Aber jenem Mann (bzw jener Frau) zugeordnet, der (die) der Verwendung des gespendeten Samens in der § 8 Abs 1 FMedG entsprechenden Form zugestimmt hat. Das Recht des durch Spenderinsemination gezeugten Kindes, mit dem leiblichen Vater in Kontakt zu treten und sich Kenntnis über die eigenen genealogischen Wurzeln zu verschaffen, führt also nur zur Befriedigung ideeller, nicht aber materieller Interessen. Nach Auffassung der amtlichen Erläuterungen zur Regierungsvorlage des FMedG ist die Verankerung dieses Informationsrechts durch die „Würde des Kindes" und sein „Recht auf freie Entfaltung der Persönlichkeit" geboten.[84] Das deutsche Bundesverfassungsgericht stuft dieses Recht sogar als einen aus der Verfassung ableitbaren Grundrechtsanspruch ein.[85] Wie dem auch immer sei. Das in § 20 Abs

---

[83] Nach dieser Vorschrift hat die Krankenanstalt, die den Samen eines Spenders (§ 148 Abs 4 ABGB) entgegennimmt, folgende Aufzeichnungen zu führen: Namen, Geburtstag und -ort, Staatsangehörigkeit und Wohnort (§ 15 Abs 1 Z 1 FMedG); Namen der Eltern des Spenders (§ 15 Abs 1 Z 2 FMedG); Zeitpunkt der Überlassung des Samens (§ 15 Abs 1 Z 3 FMedG); die Ergebnisse der Untersuchungen, die die Krankenanstalt gem § 12 FMedG durchzuführen hat (§ 15 Abs 1 Z 4 FMedG). Diese Untersuchungen haben sicherzustellen, dass der gespendete Samen fortpflanzungsfähig ist und durch seine „Verwendung keine gesundheitlichen Gefahren für die Frau oder das gewünschte Kind entstehen können" (§ 12 FMedG).

[84] 216 BlgNR 18. GP 23.

[85] Vgl schon BVerfG 31. 1. 1989, 1 BvL 17/87 BVerfGE 79, 256 NJW 1989, 891 = JZ 1989, 335 (*Christian Starck*); dazu einlässlich *Erwin Bernat*, Das Recht der medizinisch assistierten Zeugung 1990 – eine vergleichende Bestandsaufnahme, in Bernat, Fortpflanzungsmedizin

DIREITO DA SAÚDE

2 FMedG verankerte Recht des Kindes auf Kenntnis seiner genetischen Abstammung ist lediglich ein gegen die Krankenanstalt gerichtetes Auskunftsrecht. Klärt das Kind niemand über die besonderen Umstände seiner Zeugung auf, dann ist sein Auskunftsrecht von vornherein wertlos. Weiß das Kind hingegen, beispielsweise weil es von dritter Seite informiert worden ist, Bescheid, dass es mit gespendetem Samen gezeugt worden ist,[86] dann muss es, um die Identität des biologischen Vaters in Erfahrung zu bringen, zusätzlich wissen, in welcher Krankenanstalt die Spenderinsemination vorgenommen worden ist.[87] Das Kind hat gegen seine Mutter aber keinen Anspruch auf Preisgabe dieses Geheimnisses. Das gebietet ein Größenschluss zur entsprechenden Regelung des § 149 Abs 1 ABGB: Selbst ein Kind, das im Koitus gezeugt worden ist und ohne Kenntnis von der Identität seines Vaters *filius nullius* bleiben muss, hat nach dieser Bestimmung gegen seine Mutter kein Recht auf Bekanntgabe des Namens des Vaters.[88] Vielmehr hat die Mutter dem Kind gegenüber das Recht zu schweigen. Und da es die Mutter eines im Koitus gezeugten Kindes durch ihr Schweigerecht sogar in der Hand hat, das Kind um materielle Ansprüche (Unterhalt, Erbrecht etc) zu bringen, kann ihr ein Recht auf Verheimlichung der Krankenanstalt, in der die heterologe Insemination durchgeführt worden ist, umso weniger abgesprochen werden. Einerseits kann der Samenspender gar nicht als Vater im Rechtssinn festgestellt werden (arg § 148 Abs 4 ABGB) und andererseits ist dem durch heterologe Insemination gezeugten Kind ohnedies ein anderer Mann als Vater (§ 152, § 148 Abs 3 ABGB) bzw die Partnerin seiner biologischen Mutter als „anderer Elternteil" (§ 144 Abs 2 iVm § 8 Abs 1 FMedG) zugeordnet. Die Nachteile, die das Kind in Kauf nehmen muss, dessen Mutter sich weigert,

(1991) 65 (111 ff); *ders*, Der anonyme Vater im System der Fortpflanzungsmedizin: Vorfindliches, Rechtsethik und Gesetzgebung, in Bernat, Die Reproduktionsmedizin am Prüfstand von Recht und Ethik (2000) 161 (172 ff) jeweils mwN.

[86] Siehe dazu *Peter Husslein/Erwin Bernat*, Das durch Samenspende gezeugte Kind und die ärztliche Verschwiegenheitspflicht, RdM 2014, 328 ff.

[87] Ohne Problemverständnis die ErläutRV FMedRÄG 2015, 445 BlgNR 25. GP 11: „Durch Abs 2 ist gewährleistet, dass ein Kind nach Vollendung des 14. Lebensjahres – losgelöst von Informationen durch die Eltern – durch Anfragen an die in Frage kommenden Krankenanstalten [...] zu den Daten nach § 15 etwa über die Person des Spenders [...] gelangen kann."

[88] Vgl dazu schon *Bernat*, Rechtsfragen medizinisch assistierter Zeugung (1989) 145 f.

die Krankenanstalt bekanntzugeben, in der sie mit Samen eines Dritten befruchtet worden ist, sind also im Regelfall weit geringer als die Nachteile eines Kindes, das im Koitus gezeugt wurde und deshalb, weil ihm der Name seines leiblichen Vaters verschwiegen wird, zur (permanenten) Vaterlosigkeit verurteilt ist.

Das FMedRÄG 2015 hat den heterologen Embryotransfer nach Eispende legalisiert.[89] Das Recht des Kindes auf Kenntnis seiner genetischen Abstammung gem § 20 Abs 2 FMedG wurde daher konsequent erweitert. Dieses Recht sichert jetzt jedem aus einer Eispende entstandenen Kind den gleichen Auskunftsanspruch zu, der im Wege einer Samenspende gezeugten Kindern schon durch die Stammfassung des FMedG eingeräumt worden ist (§ 20 Abs 2 FMedG idF des FMedRÄG 2015).

In Österreich liegen bislang – mehr als 20 Jahre nach Inkrafttreten des FMedG – keine empirischen Studien vor, die darüber Auskunft geben, wie viele durch Samenspende gezeugte Kinder von ihrem Recht nach § 20 Abs 2 FMedG Gebrauch machen und welche Folgen das Kennenlernen des genetischen Vaters für das Kind und seine Familie eigentlich hat.[90] Wahrscheinlich lässt sich dies damit erklären, dass Eltern in Österreich wohl überwiegend nicht bereit sind, ihren durch Samen eines Dritten gezeugten Kindern reinen Wein einzuschenken, so dass diese Kinder – möglicherweise zeitlebens – annehmen, der Mann, der ihr sozialer Vater ist, sei auch ihr Erzeuger.[91]

V. MISCELLANEA

A. Die Aufgaben des Notars nach § 7 Abs 4, § 8 Abs 1 FMedG

§ 7 Abs 4, § 8 Abs 1 FMedG enthalten spezielles Berufsrecht der Notare, das sich aber mittelbar auch an den Reproduktionsmediziner richtet. Dieser hat sich nämlich vor Durchführung des Eingriffs zu vergewissern,

---

[89] Dazu oben unter I.C.

[90] Vgl dazu *Stefan Wehrstedt/Petra Thorn/Karin Werdehausen/Thomas Karotzke*, Vorschläge zur Vorgehensweise bei Auskunftsersuchen nach donogener Zeugung, Journal für Reproduktionsmedizin Endokrinologie 9/3 (2012) 1 ff; *Petra Thorn/Ken Daniels*, Pro und Kontra Kindesaufklärung nach donogener Insemination – Neuere Entwicklungen und Ergebnisse einer explorativen Studie, Geburtshilfe und Frauenheilkunde 67 (2007) 993 ff.

[91] Vgl schon *Bernat*, in Bernat (Hrsg), Die Reproduktionsmedizin am Prüfstand von Recht und Ethik (2000) 161 (167 ff).

DIREITO DA SAÚDE

ob die Wuncheltern tatsächlich vom Notar aufgeklärt worden sind und dem Eingriff in der § 8 Abs 1 FMedG entsprechenden Form zugestimmt haben. Führt der Reproduktionsmediziner eine medizinisch unterstützte Fortpflanzung durch, ohne dass § 7 Abs 4 oder § 8 Abs 1 FMedG entsprochen worden ist, begeht er eine Verwaltungsübertretung und kann mit einer Geldstrafe bis zu € 50.000,--, bei Uneinbringlichkeit mit Ersatzfreiheitsstrafe bis zu 14 Tagen bestraft werden.[92]

Unter II.B.1. wurde der Telos von § 7 Abs 4, § 8 Abs 1 FMedG schon kurz umrissen: Vor Durchführung einer heterologen Insemination (in vivo) muss der Notar die Wuncheltern ausführlich darüber aufklären, dass der dem Eingriff in Notariatsaktsform zustimmende Ehemann bzw Lebensgefährte der Mutter an die Stelle des biologischen Vaters tritt, dass er also familien- und erbrechtlich so gestellt sein wird, als hätte er das Kind gezeugt (§ 152, § 148 Abs 3 ABGB).

Durch das FMedRÄG 2015 wurde der Aufgabenbereich der Notare den neuen rechtlichen Zulässigkeitsgrenzen angepasst. Keine neuen Fragen treten auf, soweit der Notar über die Rechtsfolgen einer IVF mit (von dritter Seite) gespendetem Samen aufklären muss. Dieses Verfahren unterscheidet sich ja nur in technischen, nicht aber in abstammungsrechtlichen Belangen von der heterologen Insemination (in vivo). Im Fall der Eispende muss der Notar vor allem darüber aufklären, wer von Rechts wegen die Mutter (§ 143 ABGB) ist. Im Fall geplanter Elternschaft eines lesbischen Paares steht hingegen die Aufklärung über den juristischen Status der Co-Mutter („des anderen Elternteils") im Vordergrund (§ 144 Abs 2 ABGB).

Bedauerlicherweise hat der Gesetzgeber des FMedRÄG 2015 eine Regel beibehalten, die schon in der Stammfassung des FMedG enthalten war: Sind die Wuncheltern V und M nicht miteinander verheiratet und wollen die beiden eine Insemination oder IVF mit Samen des V durchführen lassen, müssen sie sich – wie vor einer heterologen Insemination – „eingehend" durch einen Notar über die rechtlichen Folgen ihrer Zustimmung beraten lassen und sodann die Zustimmung in Notariatsaktsform erklären. Da sich in diesen Fällen die rechtliche Zu-

---

[92] § 23 Abs 1 Z 1 lit d) und e) iVm § 23 Abs 2 Z 1 FMedG.

ordnung des Kindes mit der biologischen Elternschaft deckt, ist kaum ersichtlich, worüber der Notar eigentlich aufklären soll.[93]

Sind V und M, die eine Insemination oder IVF mit Samen des V durchführen lassen wollen, hingegen miteinander verheiratet, müssen sie dem Eingriff nicht in Notariatsaktsform zustimmen. Entgegen dem Wortlaut des § 8 Abs 1 FMedG idF BGBl 1992/275 unterliegen die an den Arzt adressierten Zustimmungserklärungen von Eheleuten zur Vornahme einer homologen Insemination oder IVF nach § 8 Abs 1 FMedG idF FMedRÄG 2015 nicht einmal mehr dem Schriftformgebot. Die unterschiedliche Rechtsstellung verheirateter und nicht verheirateter Wunscheltern ist mit Blick auf die homologen Varianten medizinisch unterstützter Fortpflanzung sachlich nicht gerechtfertigt. Sie sollte daher, wenn schon nicht aus Gründen des Art 7 B-VG, so doch aus Gründen der praktischen Vernunft beseitigt werden.[94]

1. Die nichteheliche Lebensgemeinschaft

Der Gesetzgeber verwendet nicht nur im FMedG den Begriff der Lebensgemeinschaft.[95] Darunter ist jede auf Dauer angelegte, umfassende Beziehung von zwei nicht miteinander verheirateten Personen zu verstehen, mögen sie nun gleichen oder verschiedenen Geschlechts sein.[96]

In der Praxis österreichischer Notare tritt nicht selten folgender Fall auf:

Herr V und Frau M sind beide österreichische Staatsbürger und seit geraumer Zeit durch eine nichteheliche Lebensgemeinschaft verbunden. Herr V ist zeugungsunfähig. Daher entschließen sich V und M, eine Spenderinsemination in einer nach § 5 Abs 2 FMedG zugelas-

---

[93] Sinnvoll aufklären kann der Notar hier allenfalls über die gesetzliche Regel, die besagt, dass die Zustimmung im Zeitpunkt der Vornahme der medizinisch unterstützten Fortpflanzung nicht älter als zwei Jahre alt sein darf (§ 8 Abs 5 FMedG) sowie darüber, dass sie jederzeit frei – ohne Angabe von Gründen – widerrufen werden kann (§ 8 Abs 4 FMedG).

[94] Sehr kritisch schon *Erwin Bernat*, Das Fortpflanzungsmedizingesetz: Neue Aufgaben für das Notariat, NZ 1992, 244 ff.

[95] Vgl *Erwin Bernat/Wolfgang Kleewein*, Anmerkung zu OGH 30. 11. 1988, 9 Ob A 262/88 WoBl 1991, 120 f.

[96] 216 BlgNR 18. GP 16; zur Definition des Begriffs nichteheliche Lebensgemeinschaft weiterführend *Susanne Kissich*, in Fenyves/Kerschner/Vonkilch (Hrsg), Klang-Kommentar[3] (2006) Rz 11 ff zu § 44; siehe auch EGMR 24. 7. 2003, 40.016/98, *Karner/Österreich*, ÖJZ 2004/2 (MRK).

DIREITO DA SAÚDE

senen Krankenanstalt durchführen zu lassen. Vor dem Eingriff werden in der Kanzlei des Notars Dr. N die persönlichen Daten von Herrn V und Frau M aufgenommen. Jetzt stellt sich heraus, dass Herr V ledig ist, Frau M hingegen mit Herrn D verheiratet. M ist vor zwei Jahren aus der gemeinsamen Ehewohnung ausgezogen, sie ist scheidungswillig, eine Scheidung scheiterte bislang aber am Widerstand des Herrn D.

Darf der Notar Dr. N einen Notariatsakt gem § 8 Abs 1 FMedG errichten? Zwar sind V und M durch eine nichteheliche Lebensgemeinschaft verbunden, doch erscheint die Vornahme einer heterologen Insemination in diesem speziellen Fall nur ganz ausnahmsweise erlaubt zu sein: Würde Frau M der Samen eines Spenders eingebracht werden, wäre die Vaterschaft des Herrn V (§ 148 Abs 3 FMedG) ja fürs erste von der Vaterschaft des Herrn D überlagert (§ 144 Abs 1 Z 1 ABGB). Das Kind hätte die soziale Stellung eines Ehebruchskindes. Und deshalb würde sich der Notar, der einen Notariatsakt gem § 8 Abs 1 FMedG errichtet, der „Mitwirkung am medizinischen Ehebruch" schuldig machen. Dies kann berufsrechtlich aber nur dann erlaubt sein, wenn der Ehemann der Wunschmutter gegenüber dem Notar erklärt, er sei mit dem „medizinischen Ehebruch" einverstanden.

Ist der Wunschvater einer nichtehelichen Lebensgemeinschaft (noch) mit einer anderen Frau verheiratet, gilt das soeben Gesagte mutatis mutandis: Der Notar dürfte am „medizinischen Ehebruch" nur mitwirken, wenn sich die Ehefrau des Wunschvaters dem Notar gegenüber damit einverstanden erklärt.

Ähnliche Fälle können nach Inkrafttreten des FMedRÄG 2015 auftreten, wenn Frau A mit Frau B eine Lebensgemeinschaft begründet hat, Frau A (oder Frau B) aber (noch) durch eine eingetragene Partnerschaft mit Frau C verbunden ist. Auch in diesen Fällen darf der Notariatsakt (§ 8 Abs 1 FMedG) nur errichtet werden, wenn Frau C dem Notar gegenüber eine entsprechende Einverständniserklärung abgibt.

2. Ausländische Wunscheltern

Von den ca 8,5 Millionen Menschen, die gegenwärtig in Österreich leben, besitzen mehr als eine Million nicht die österreichische Staatsbürgerschaft.[97] Deshalb müssen österreichische Notare nicht selten auch

---

[97] Siehe *Statistik Austria* (Hrsg), Statistisches Jahrbuch Österreichs 2015 (2014) 51.

ausländische Wunscheltern betreuen. Typisch ist etwa die folgende Konstellation:

Herr V ist Staatsangehöriger von Bosnien und Herzegowina und seit geraumer Zeit durch eine nichteheliche Lebensgemeinschaft mit Frau M verbunden, die ebenfalls Staatsangehörige von Bosnien und Herzegowina ist. Aufgrund von Zeugungsunfähigkeit des Herrn V entschließen sich V und M, eine Spenderinsemination in einer nach § 5 Abs 2 FMedG zugelassenen Krankenanstalt durchführen zu lassen. – Nachdem Notar Dr. N ermittelt hat, dass V und M Staatsangehörige von Bosnien und Herzegowina sind, stellt er sich die Frage, worüber er die beiden vor Errichtung des Notariatsaktes (§ 8 Abs 1 FMedG) „eingehend" beraten soll (§ 7 Abs 4 FMedG). Ein Hinweis auf die Rechtsfolgen, die nach § 148 Abs 3 ABGB eintreten, ist im Fall zweier Wunscheltern mit fremder Staatsangehörigkeit zweifelsohne unzutreffend, weil § 148 Abs 3 ABGB keine Eingriffsnorm ist. Vielmehr ist die kollisionsrechtliche Norm des § 25 IPRG anzuwenden. Danach sind die Voraussetzungen der Feststellung und der Anerkennung der Vaterschaft zu einem unehelichen Kind im Allgemeinen „nach dessen Personalstatut im Zeitpunkt der Geburt zu beurteilen" (§ 25 Abs 1 Satz 1 IPRG). Nach § 7 StbG 1985 erlangt ein Kind, das von einer Frau mit fremder Staatsangehörigkeit geboren worden ist, und dessen Vater ebenfalls nicht österreichischer Staatsbürger ist, niemals durch Geburt die österreichische Staatsbürgerschaft. Aller Wahrscheinlichkeit nach wird das durch gespendeten Samen gezeugte Kind von Frau M Staatsangehöriger von Bosnien und Herzegowina sein. Trifft diese Annahme zu, sind die Voraussetzungen der Feststellung und der Anerkennung der Vaterschaft nach dem Familienrecht von Bosnien und Herzegowina zu beurteilen.

Der Notar, der „eingehend" (§ 7 Abs 4 FMedG) über die abstammungsrechtlichen Folgen der heterologen Insemination aufklären soll, wird in Fällen mit Auslandsberührung freilich nur in den seltensten Fällen in der Lage sein, das fremde Recht, auf das § 25 IPRG verweist, ohne zeit- und kostenintensive Recherchen zu ermitteln. In der notariellen Praxis begnügt man sich daher häufig damit, auf die kollisionsrechtliche Norm hinzuweisen, die das fremde Sachrecht beruft, ohne auf den Inhalt der verwiesenen Sachrechtsnorm näher einzugehen. Ob

DIREITO DA SAÚDE

diese Praxis dem Sinn und Zweck des Gesetzes entspricht, ist allerdings fraglich.

B. Österreichische Wuncheltern und das im Ausland durch heterologe Insemination gezeugte Kind

Österreichische Gerichte mussten bislang nur sehr selten abstammungsrechtliche Fragen beurteilen, die durch die Möglichkeiten der medizinisch unterstützten Fortpflanzung auftreten.[98]

In einem Rechtsstreit, der vom OGH im Jahr 1996 entschieden worden ist, ging es um die Frage der Wirkungen einer nicht dem § 8 Abs 1 FMedG entsprechenden Zustimmungserklärung zur heterologen Insemination.[99] Folgender Sachverhalt lag der Entscheidung zugrunde:

Herr V und seine Ehefrau M sind österreichische Staatsbürger, deren Ehe bislang kinderlos geblieben ist. Deshalb entschlossen sich die beiden, eine künstliche Insemination mit Samen eines Spenders vornehmen zu lassen. Der Eingriff fand am 7. 6. 1993 – also knapp ein Jahr nach Inkrafttreten des FMedG – in der Praxis eines Münchener Gynäkologen statt. Vor Durchführung der Spenderinsemination unterfertigten V und M ein Vertragsformblatt, in dem es unter anderem heißt:

> „Das aus dieser Behandlung hervorgehende Kind soll in jeder Beziehung und mit allen rechtlichen Konsequenzen unser gemeinsames eheliches Kind sein. Wir wollen es im vollen Bewußtsein unserer elterlichen Verantwortung zu einem gesunden und lebensfrohen, tüchtigen und allseits gebildeten Menschen erziehen."

Frau M wurde als Folge der Spenderinsemination schwanger und am 10. 2. 1994 vom Kind K entbunden. Das ersehnte Familienglück dauerte allerdings nicht lange: Die Ehe von V und M wurde am 13. 12. 1994 vor dem BG Voitsberg im Einvernehmen von V und M geschieden (§ 55a EheG). Im Scheidungsvergleich verpflichtete sich V gegenüber dem nicht von ihm gezeugten Kind sogar zu monatlichen Unterhaltsleistungen idH von ATS 2000,--. Demgegenüber begehrte er am 23. 1.

---

[98] Vgl etwa OGH 16. 12. 1996, 1 Ob 2259/96d RdM 1997, 121 (*Erwin Bernat*) (zur Frage, ob ein Embryo in vitro zum gesetzlichen Erben des Verstorbenen werden kann).
[99] OGH 13. 3. 1996, 7 Ob 527/96 JBl 1996, 717 (krit *Erwin Bernat*).

1995 beim BG Voitsberg die Feststellung, dass das Kind K nicht von ihm abstamme. Sein Feststellungsbegehren sei fristgerecht (§ 153 ABGB; damals § 156 Abs 1 ABGB)[100] eingebracht worden. Weder sei er aufgrund von Unfruchtbarkeit in der Lage, ein Kind zu zeugen, noch sei er von einem Notar über die Folgen seiner Zustimmungserklärung zur heterologen Insemination eingehend aufgeklärt worden. Alle drei Instanzen stehen auf der Seite des V. Der OGH zieht aus § 156a ABGB (der Vorläuferbestimmung des § 152 ABGB) den Umkehrschluss: Nur der qualifizierten Zustimmung des Ehegatten „zu einer künstlichen Befruchtung seiner Frau mit dem Samen eines Dritten [sollen] abstammungsrechtliche Wirkungen [zukommen], weil nur dadurch gewährleistet ist, dass sich der Betroffene über die Bedeutung seiner Zustimmung im Klaren ist."[101]

Diese Begründung wird den Eigentümlichkeiten des Falles nicht gerecht. Die öffentlich-rechtlichen Vorschriften des FMedG gelten nur in Österreich (Territorialitätsprinzip). Deshalb waren weder der Münchener Gynäkologe noch die Wunscheltern in casu Normadressaten der § 7 Abs 4, § 8 Abs 1 FMedG. Allerdings hatte der Münchener Gynäkologe die Wunscheltern ohnedies sachrichtig aufgeklärt. Mehr musste er nach deutschem Recht, das nach wie vor kein dem österreichischen FMedG entsprechendes Gesetz kennt,[102] auch nicht tun.

---

[100] Nach § 156 Abs 1 ABGB idF vor Inkrafttreten des Familien- und Erbrechts-Änderungsgesetz 2004 (FamErbRÄG 2004, BGBl I 2004/58) betrug die Frist zur Anfechtung der Ehelichkeit des Kindes ein Jahr, heute beträgt sie zwei Jahre (§ 153 Abs 1 ABGB).

[101] OGH 13. 3. 1996, 7 Ob 527/96 JBl 1996, 717 (krit *Erwin Bernat*).

[102] Die Bemühungen, ein solches Gesetz zu verankern, reichen bis in die 1980er Jahre zurück; vgl Entschließung des Bundesrates zur Gen- und Fortpflanzungstechnologie, Bundesrats-Drucksache 382/85 v 23. 8. 1985; Sozialdemokratische Vorschläge zur Lösung von Problemen der Unfruchtbarkeit und der Anwendung gentechnologischer Methoden beim Menschen, in Politik. Aktuelle Informationen der Sozialdemokratischen Partei Deutschlands Nr 9/1985, 4 ff; Kabinettbericht zur künstlichen Befruchtung beim Menschen, Bundestags-Drucksache 11/1856 v 23. 2. 1988; Abschlussbericht der Bund-Länder-Arbeitsgruppe „Fortpflanzungsmedizin", Bundesanzeiger Nr 4a/1989; Gesetzentwurf der Abgeordneten Däubler-Gmelin et al zur Regelung von Problemen der künstlichen Befruchtung beim Menschen und bei Eingriffen in menschliche Keimzellen, Bundestags-Drucksache 11/5710 v 16. 11. 1989; *Ulrich Gassner/Jens Kersten/Matthias Krüger/Josef Franz Lindner/Henning Rosenau/Ulrich Schroth*, Fortpflanzungsmedizingesetz. Augsburg-Münchener-Entwurf (AME-FMedG), Tübingen 2013, 19 ff; aus der ehemaligen DDR: Vorschlag für eine Richtlinie zur

DIREITO DA SAÚDE

Obwohl in diesem Rechtsstreit aufgrund des § 21 IPRG[103] ohne Zweifel die österreichischen Sachrechtsnormen, also auch § 156a ABGB (heute: § 152 ABGB), maßgeblich waren, hätte der OGH die Wertung, die man aus dem österreichischen Formstatut ableiten kann, stärker in den Vordergrund rücken müssen:[104] § 8 Halbsatz 2 IPRG lässt es genügen, wenn die Formvorschriften des Staates, in dem die Rechtshandlung vorgenommen wird, eingehalten werden. Der Richter sollte aber auch in Fällen ohne Auslandsberührung stets prüfen, ob ein „formeller Zustimmungsmangel durch die tatsächlich erfolgte Beratung samt nachfolgender tatsächlicher Zustimmung zur medizinisch unterstützten Fortpflanzung im Wesentlichen als geheilt anzusehen ist."[105]

Nach dem Urteil des OGH v 13. 3. 1996[106] ging der Rechtsstreit zwischen V und K in die „nächste Runde". Nun führte K aufgrund des zwischen V und M abgeschlossenen Scheidungsvergleiches v 13. 12. 1994 Exekution gegen V, die V mit Oppositionsklage (§ 35 EO) bekämpfte. Mit dieser Klage begehrte V gegenüber K die Feststellung, dass das Urteil des OGH v 13. 3. 1996 zum Erlöschen seiner Verpflichtung, K Unterhalt zu leisten, geführt habe. Der OGH stellte sich im zweiten Verfahren auf die Seite des beklagten Kindes: Die im Scheidungsvergleich verankerte Unterhaltsverpflichtung des V bleibe trotz des Umstandes, dass V nicht mehr Vater im abstammungsrechtlichen Sinn ist, aufrecht.[107] Den eigentlichen Verpflichtungsgrund zur Leistung von Unterhalt erblickte das Höchstgericht allerdings in der Einwil-

---

Durchführung der artefiziellen donogenen Insemination (ADI), Deutsches Gesundheits-Wesen 38 (1983) 860 ff; Positionsbestimmung zur In-vitro-Fertilisierung und zum Embryotransfer beim Menschen, Zeitschrift für Klinische Medizin 40 (1985) 1815 ff.

[103] § 21 IPRG in der damals maßgeblichen Fassung (BGBl 1978/135) lautet: „Die Voraussetzungen der Ehelichkeit eines Kindes und deren Bestreitung sind nach dem Personalstatut zu beurteilen, das die Ehegatten im Zeitpunkt der Geburt des Kindes oder, wenn die Ehe vorher aufgelöst worden ist, im Zeitpunkt der Auflösung gehabt haben. Bei verschiedenem Personalstatut der Ehegatten ist dasjenige Personalstatut maßgebend, das für die Ehelichkeit des Kindes günstiger ist."

[104] Ebenso *Gerhard Hopf* in Koziol/Bydlinski/Bollenberger (Hrsg), Kurzkommentar zum ABGB[4] (2014), Rz 4 zu §§ 151–153 ABGB; *Constanze Fischer-Czermak*, Das Erbrecht des Kindes nach artifizieller Insemination, NZ 1999, 262 (265 f).

[105] So zutreffend *Steininger*, ÖJZ 1995, 121 (126, 130). Siehe schon oben im Fließtext unter III. bei und in FN 71.

[106] OGH 13. 3. 1996, 7 Ob 527/96 JBl 1996, 717 (krit *Erwin Bernat*).

[107] OGH 23. 7. 1997, 7 Ob 212/97w SZ 70/155 RdM 1998, 28 (*Erwin Bernat*).

DIE ZIVILRECHTLICHEN FOLGEN DER MEDIZINISCH UNTERSTÜTZTEN FORTPFLANZUNG

ligungserklärung zur heterologen Insemination. Dazu heißt es in den Entscheidungsgründen in Anlehnung an ein Urteil des BGH,[108] das 1995 erging:

„Die von den Wunscheltern unterfertigte Erklärung enthält nicht nur die Zustimmung zur Vornahme der heterologen Insemination, sondern auch das Versprechen, dass das aus dieser Behandlung hervorgehende Kind in jeder Beziehung und mit allen rechtlichen Konsequenzen das gemeinsame Kind der betroffenen Eheleute sein soll. Aus diesem Versprechen, dem künftigen Kind Unterhalt zu leisten, gewinnt das Kind im Zeitpunkt seiner Geburt einen vertraglichen Anspruch. Dieser Auffassung (*Bernat*, Rechtsfragen medizinisch assistierter Zeugung [1989] 169 f) ist beizupflichten, weil der der Fremdinsemination zustimmende Ehemann der Mutter mit seinem Verhalten einen Vorgang in Lauf gesetzt hat, der zur Geburt eines Kindes führt, dessen natürlicher Vater gemäß § 163 Abs 4 [heute: § 148 Abs 4] ABGB nicht festgestellt und damit auch nicht zu Unterhaltsleistungen herangezogen werden kann.“[109]

Dieses Urteil stellt im Einklang mit der überwiegenden deutschen Lehre[110] zu Recht klar, dass ein Mann, der in die Zeugung eines Kindes mit Samen eines Spenders – wenn auch nur formlos – einwilligt, die Verpflichtung zur Leistung von Kindesunterhalt nicht mehr beseitigen

---

[108] BGH 3. 5. 1995, XII ZR 29/94 BGHZ 129, 297 NJW 1995, 2028; zu dieser Entscheidung *Johannes Hager*, Die Stellung des Kindes nach heterologer Insemination (1997); iSv BGHZ 129, 297 und OGH SZ 70/155 auch die amerikanischen Entscheidungen *Gursky v. Gursky*, 39 Misc. 2d 1083, 242 N.Y.S.2d 406 (1963); *Anonymous v. Anonymous*, 41 Misc 2d 886, 246 NYS 2d 835 (1964) und *In re Marriage of Adams*, 174 Ill App 3d 595, 528 NE 2ed 1075 (1988), die den Unterhaltsanspruch des wankelmütigen Ehemannes auf „implied contract“ bzw die „rule of equitable estoppel“ (Verbot des venire contra factum proprium) zurückführen; dazu *Anne Reichman Schiff*, Frustrated intentions and binding biology: Seeking AID in the law, Duke L J 44 (1994), 524 ff; siehe vor dem Urt des BGH v 3. 5. 1995, XII ZR 29/94 BGHZ 129, 297, schon die Entscheidung des LG Duisburg 10. 10. 1986, 4 S 229/86 NJW 1987, 1485 = FamRZ 1987, 197 (*Dagmar Coester-Waltjen*); zuletzt BGH 23. 9. 2015, XII ZR 99/14 NJW 2015, 3434 = NZFam 2015, 1055.
[109] OGH 23. 7. 1997, 7 Ob 212/97w SZ 70/155 RdM 1998, 28 (*Erwin Bernat*).
[110] Vgl schon *Hans Dölle*, Die künstliche Samenübertragung. Eine rechtsvergleichende und rechtspolitische Skizze, in FS Rabel I (1954) 187 (204); *Dagmar Coester-Waltjen*, Die künstliche Befruchtung beim Menschen – Zulässigkeit und zivilrechtliche Fragen. Gutachten B für den 56. DJT (1986) 56 f.

DIREITO DA SAÚDE

kann. Richtiger Auffassung zufolge bleibt daher ein solcher Mann selbst dem durch sog „Becherspende" gezeugten Kind vermögensrechtlich wie ein Erzeuger des Kindes gebunden, obwohl er als Vater abstammungsrechtlich gar nicht unumstößlich in Verantwortung genommen werden kann (arg § 152 ABGB e contrario). Das gleiche gilt mutatis mutandis im Fall einer sog „Becherspende", der die Partnerin der biologischen Mutter zugestimmt hat.

C. Die rechtliche Zuordnung eines Kindes, das von einer ausländischen Leihmutter im Ausland geboren worden ist

Das FMedG verbietet nicht nur die künstliche Insemination einer Leihmutter mit Samen des Wunschvaters („partial surrogacy"), sondern auch die Übertragung eines aus den Keimzellen der Wuncheltern entstandenen Embryos auf eine Frau, die bereit ist, das Kind nach dessen Geburt an die Wuncheltern herauszugeben („full surrogacy") (§§ 2, 3 FMedG).[111] Diese Verbote gelten freilich nur innerhalb des Bundesgebietes der Republik Österreich. Aus diesem Grund stellt sich die Frage, welchen familienrechtlichen Status ein aus den Keimzellen inländischer Wuncheltern entstandenes Kind hat, das in vitro gezeugt und von einer im Ausland niedergelassenen Leihmutter ausgetragen und geboren worden ist. Diese Frage stand bereits zweimal auf dem Prüfstand des österreichischen VfGH.

Fall 1:[112] V ist italienischer Staatsangehöriger und M Österreicherin. Die beiden leben in Österreich und haben zwei Kinder, die von ihnen abstammen. Diese Kinder wurden im amerikanischen Gliedstaat Georgia von einer Leihmutter ausgetragen und dort am 19. 8. 2006 bzw 10.

---

[111] Zu sämtlichen iZm „partial and full surrogocy" auftretenden ethischen und gesellschaftspolitischen Fragen siehe *Karen Busby/Delaney Vun*, Revisiting the *handmaid's tale*: Feminist theory meets empirical research on surrogate mothers, Canadian J of Family L 26 (2010) 13 ff; *Christine L. Kerian*, Surrogacy: A last resort alternative or a commodification of women's bodies and children? Wisconsin Women's L J 12 (1997) 113 ff; *Catherine London*, Advancing a surrogate-focused model of gestational surrogacy contracts, Cardozo Journal of Law and Gender 18 (2012) 391 ff; *Ruth Macklin*, Surrogates & Other Mothers (1994); *Jerry Menikoff*, Law and Bioethics. An Introduction (2001) 84 ff; *Elie Spitz*, Trough her I too shall bear a child. Birth surrogates in Jewish law, Journal of Religious Ethics 24 (1996) 65 ff; *Alan Wertheimer*, Two questions about surrogacy and exploitation, Philosophy & Public Affairs 21 (1992) 211 ff.

[112] VfGH 14. 12. 2011, B 13/11 RdM 2012, 104 (*Erwin Bernat*).

4. 2009 geboren. Vor ihrer Geburt wurde durch Beschluss eines sachlich zuständigen Gerichts dieses amerikanischen Gliedstaats festgestellt, dass V der genetische und rechtmäßige Vater („genetic and legal father") und M die genetische und rechtmäßige Mutter („genetic and legal mother") des jeweiligen zu erwartenden Kindes sei und dass weder die Leihmutter noch deren Ehemann genetische oder rechtmäßige Eltern der Kinder seien. Die Kinder erhielten aufgrund gleichlautender Geburtsurkunden je einen Staatsbürgerschaftsnachweis (v 5. 9. 2006 bzw 30. 4. 2009), aus dem hervorgeht, dass sie die österreichische Staatsbürgerschaft besitzen. – Nachdem im Zuge der Beantragung des Kinderbetreuungsgeldes hervorgekommen ist, dass die Kinder, die von V und M abstammen, von einer amerikanischen Leihmutter geboren worden sind, eröffnete der Magistrat Wien das Verfahren zur Überprüfung der Staatsbürgerschaft beider Kinder und erließ am 15. 11. 2010 einen Bescheid, worin festgestellt wird, dass die beiden Kinder weder durch Abstammung von M noch auf andere Art die österreichische Staatsbürgerschaft erworben hätten: Ihre Mutter sei ja aufgrund des § 143 ABGB nicht M, sondern eine Staatsangehörige der Vereinigten Staaten von Amerika.

Fall 2:[113] V und M sind österreichische Staatsbürger. Die beiden leben in Österreich und haben Zwillinge, die von ihnen abstammen. Diese Kinder wurden von einer ukrainischen Leihmutter in der Ukraine ausgetragen und im Juni 2010 in der Ukraine geboren. Auf der Grundlage ukrainischer Geburtsurkunden stellte ein österreichisches Standesamt den Zwillingen österreichische Geburtsurkunden aus, in denen M als ihre Mutter und V als ihr Vater eingetragen sind. Im Gegensatz zu Fall eins wurde die Elternschaft von V und M in der Ukraine nicht im Wege eines gerichtlichen Verfahrens, sondern bloß durch Registrierung im Geburtenbuch festgestellt. Diese Praxis beruht offenbar auf einer unmittelbaren Anwendung von Art 123 Abs 2 des Familiengesetzbuchs der Ukraine durch die dortigen Personenstandsbehörden. Die Bestimmung hat folgenden Wortlaut: „Im Fall einer Übertragung der Leibesfrucht, die von den Ehegatten unter Anwendung von Reproduktionstechnologien erzeugt wurde, in den Organismus einer anderen Frau sind die Ehegatten die Eltern des Kindes." – Nachdem

---

[113] VfGH 11. 10. 2012, B 99/12 ua RdM 2013, 38 (*Erwin Bernat*).

DIREITO DA SAÚDE

hervorgekommen ist, dass die Kinder von einer ukrainischen Leihmutter ausgetragen worden sind, stellte die Wiener Landesregierung mit Bescheid v 7. 12. 2011 fest, dass sie nicht österreichische Staatsbürger sind: Ihre Mutter sei ja aufgrund des § 143 ABGB nicht M, sondern eine Staatsangehörige der Ukraine.

Der VfGH gab der Bescheidbeschwerde der Kinder und ihrer genetischen Eltern (Art 144 B-VG) in beiden Fällen statt und stellte fest, dass die Beschwerdeführer im verfassungsgesetzlich gewährleisteten Recht auf Achtung des Familienlebens (Art 8 EMRK)[114] bzw im ebenfalls verfassungsgesetzlich gewährleisteten Recht auf Gleichheit aller Staatsbürger vor dem Gesetz (Art 7 B-VG)[115] verletzt worden seien. Die Entscheidungen des VfGH beruhen im Wesentlichen auf zwei Überlegungen: Zum einen verstoße die Leihmutterschaft ungeachtet des Umstandes, dass sie in Österreich verboten ist (§§ 2, 3 FMedG), nicht gegen den ordre public. Und zum anderen seien nicht nur die amerikanischen Gerichtsbeschlüsse, sondern auch die auf Grundlage des ukrainischen Geburtenregisters ausgefertigten Geburtsurkunden anerkennungsfähig.

Die Auffassung, dass die Leihmutterschaft nicht gegen den ordre public verstoße, ist mE zutreffend, sie entspricht dem Geist der Rsp des EGMR, der das im französischen Recht verankerte Verbot, zwischen dem biologischen Vater und seinem im Wege der Leihmutterschaft im Ausland gezeugten Kind rechtlich ein Vater-Kind-Verhältnis herzustellen, sogar als Verletzung des Rechts eines solchen Kindes auf Achtung seines Privatlebens (Art 8 EMRK) beurteilt.[116] Zuletzt hat auch der BGH betont, dass allein aus dem Umstand, dass eine ausländische Entscheidung im Fall der Leihmutterschaft die rechtliche Elternschaft zu dem Kind den Wunscheltern zuweise, „jedenfalls dann kein Verstoß gegen den ordre public [folge], wenn ein Elternteil – im Unterschied zur Leihmutter – mit dem Kind genetisch verwandt ist."[117] Umso weniger

---

[114] So der VfGH im Erk v 11. 10. 2012, B 99/12 ua RdM 2013, 38 (*Erwin Bernat*).

[115] So der VfGH im Erk v 14. 12. 2011, B 13/11 RdM 2012, 104 (*Erwin Bernat*).

[116] Vgl EGMR 26. 6. 2014, 65192/11, *Mennesson/Frankreich*, NLMR 2014, 221 (*Philip Czech*) = FamRZ 2014, 1525 (*Rainer Frank*); EGMR 26. 6. 2014, 65941/11, *Labassée/Frankreich*, FamRZ 2014, 1526 (*Rainer Frank*).

[117] BGH 10. 12. 2014, XII ZB 463/13 NZFam 2015, 112 (*Finn Zwißler*) = NJW 2015, 479 (*Bettina Heiderhoff*); zu dieser Entscheidung *Dagmar Coester-Waltjen*, Ausländische Leihmütter

liegt richtiger Auffassung zufolge ein ordre public-Verstoß vor, wenn, wie in den österreichischen Fällen, die Keimzellen beider Wunscheltern zum Entstehen des Kindes beigetragen haben.

Die Ausführungen des VfGH zur Anerkennungsfähigkeit der amerikanischen Gerichtsbeschlüsse sowie der auf der Grundlage des ukrainischen Geburtenregisters ausgefertigten Geburtsurkunden sind indes weit weniger überzeugend ausgefallen als seine Beurteilung der Leihmutterschaft im Hinblick auf ihre Vereinbarkeit mit dem ordre public. Ja, dem VfGH wurde nicht zu Unrecht der Vorwurf gemacht, seiner rechtlichen Beurteilung mangele es in diesem Punkt an Problembewusstsein.[118]

Die von einer ukrainischen Leihmutter geborenen Kinder wurden den österreichischen Wunscheltern nicht durch die Entscheidung eines Gerichts, sondern bloß durch einen verfahrensfreien Verwaltungsakt (Registrierung im Geburtenbuch) zugeordnet. Aus der Sicht der österreichischen Rechtsordnung liegt daher von vornherein kein anerkennungsfähiger Rechtsakt vor, weil eine *verfahrensrechtliche* Anerkennung iSd §§ 79 ff EO voraussetzt, dass die Begründung der rechtlichen Elternstellung durch eine *gerichtliche* Entscheidung zumindest deklarativ festgestellt wird. Im Fall der von der ukrainischen Leihmutter geborenen Kinder ist folglich das auf ihre Abstammung anwendbare Recht nach den Regeln des österreichischen Kollisionsrechts zu ermitteln. Das österreichische internationale Verfahrensrecht spielt in diesem Fall keine Rolle.

Anders mag die Rechtslage im Fall der beiden Kinder zu beurteilen sein, die von einer Leihmutter im amerikanischen Gliedstaat Georgia ausgetragen und geboren worden sind. In diesem Fall wurden die biologischen Eltern der Kinder (eine Österreicherin und ein Italiener) durch

---

– Deutsche Wunscheltern, FF 2015, 186 ff; *Dieter Henrich*, Leihmütter: Wessen Kinder? IPrax 2015, 229 ff; *Claudia Mayer*, Verfahrensrechtliche Anerkennung einer ausländischen Abstammungsentscheidung zugunsten eingetragener Lebenspartner im Falle der Leihmutterschaft, StAZ 2015, 33 ff; *Suhr,* Ausländische Leihmutterschaft: Eintragung homosexueller Lebenspartner als rechtliche Eltern in das Geburtenregister, Der Gynäkologe 48 (2015) 473 ff; aA aber das schweizerische Bundesgericht in einem Entscheid v 21. 5. 2015, 5A_748/2014; vgl dazu *Alexandra Rumo-Jungo*, Kindesverhältnisse im Zeitalter vielfältiger Familienformen und medizinisch unterstützter Fortpflanzung, FamPra.ch 2014, 838 ff.
[118] So *Bettina Heiderhoff*, Rechtliche Abstammung im Ausland geborener Leihmutterkinder, NJW 2014, 2673 (2678, FN 37).

DIREITO DA SAÚDE

Gerichtsbeschluss („Order of Declaratory Judgment") als rechtmäßige Eltern (besser: als Eltern im Rechtssinn) anerkannt. Fraglich ist allerdings, ob die Entscheidungen des amerikanischen Richters nach §§ 79 ff EO anerkennungsfähig sind, weil die Anerkennungsfähigkeit nach dem Wortlaut des § 79 Abs 2 EO auf dem Prinzip der Gegenseitigkeit beruht und die „Gegenseitigkeit durch Staatsverträge oder durch Verordnungen verbürgt" sein muss:[119] Weder hat Österreich völkerrechtliche Verträge abgeschlossen, die die Anerkennungsfähigkeit von Gerichtsentscheidungen betreffend den familienrechtlichen Status eines von einer ausländischen Leihmutter geborenen Kindes zum Gegenstand haben, noch gibt es in Österreich Rechtsregeln des internationalen Zivilverfahrensrechts, die diesen Fragenkomplex autonom regeln. Eine Stütze gewinnt das Erkenntnis des österreichischen VfGH zum Fall der von einer amerikanischen Leihmutter im Staate Georgia geborenen Kinder allerdings durch eine Entscheidung des OGH v 27. 11. 2014.[120] Danach sollen die §§ 91a ff AußStrG (verfahrensrechtliche Anerkennung ausländischer Entscheidungen über die Adoption eines Kindes)[121] analog für die Frage der Anerkennungsfähigkeit von ausländischen Abstammungsentscheidungen herangezogen werden.[122] Folgt man dieser Auffassung auch in Fällen von Entscheidungen, die zum familienrechtlichen Status von im Ausland geborenen Leihmutterkindern ergangen sind, so gelangt man mit Blick auf die von einem Richter

---

[119] Nach *Michael Schwimann* (Landesbericht Österreich, in Bergmann/Ferid [Hrsg], Internationales Ehe- und Kindschaftsrecht, 124. Lieferung, 93 [FN 39]) verbietet sich aufgrund des Wortlauts des § 79 Abs 2 EO die autonome, also nicht auf Gegenseitigkeit (Staatsverträge oder Verordnungen) beruhende Anerkennung von Entscheidungen ausländischer Gerichte in Personen- und Familienrechtssachen. Dagegen: BMJ, Erlass v 5. 2. 1991, GZ 20.124/1-I 9/91, ÖStA 1991, 49 ff; *Viktor Hoyer/Roland Loewe* in Neumann/Lichtblau (Hrsg), Kommentar zur EO I⁴, 771 f; *Jakusch* in Angst (Hrsg), EO², Rz 5 zu § 79.

[120] OGH 27. 11. 2014, 2 Ob 238/13h iFamZ 2015, 86. – Die Entscheidung des 2. Senats v 27. 11. 2014 (iFamZ 2015, 86) wurde unlängst vom 8. Senat bestätigt (OGH 27. 5. 2015, 8 Ob 53/15z iFamZ 2015, 172): Die Anerkennungsregeln der §§ 91a ff AußStrG seien „aufgrund der besonderen Sachnähe als geeignete Analogiegrundlage zur Anerkennung ausländischer Entscheidungen in Abstammungsangelegenheiten heranzuziehen".

[121] Diese Regeln wurden durch Art IV des Familienrechts-Änderungsgesetzes 2009 (FamRÄG 2009), BGBl I 2009/75, verankert.

[122] Im Rechtsstreit, der zur E des OGH v 27. 11. 2014, 2 Ob 238/13h iFamZ 2015, 86 führte, ging es um die Frage der verfahrensrechtlichen Anerkennung einer Entscheidung eines kenianischen Gerichts, mit der die Vaterschaft festgestellt worden ist.

in Georgia erlassenen Beschlüsse, die der VfGH im Erkenntnis v 14. 12. 2011[123] auf den Prüfstand stellte, zu folgendem Ergebnis: Die Anerkennung der amerikanischen Gerichtsbeschlüsse dient dem Wohl der Kinder, deren genetische Eltern sich nichts sehnlicher wünschen, als eigene Kinder zu haben. Sie verstößt auch nicht gegen den verfahrensrechtlichen ordre public (§ 91a Abs 2 Z 1 AußStrG). Da die amerikanische Leihmutter die Kinder nach der Geburt offenbar freiwillig an die genetischen Eltern herausgegeben hat, ist nicht entscheidend, ob ihr rechtliches Gehör in den beiden Verfahren, die im amerikanischen Gliedstaat Georgia stattgefunden haben, gewahrt worden ist (§ 91a Abs 2 Z 2 AußStrG).[124] Den Beschlüssen des amerikanischen Richters hätte die Anerkennung allerdings versagt werden müssen, wenn dieser Richter bei spiegelbildlicher Anwendung der österreichischen Regeln über die internationale Zuständigkeit nicht zuständig gewesen wäre (§ 91a Abs 2 Z 4 AußStrG) („Spiegelbildprinzip").[125] Hiefür ist § 108 Abs 3 JN (inländische Zuständigkeit in Abstammungssachen) maßgeblich. Nach dieser Bestimmung ist die „inländische Gerichtsbarkeit für [Abstammungsangelegenheiten] gegeben, wenn das Kind, der festgestellte oder festzustellende Vater oder die Mutter des Kindes österreichischer Staatsbürger ist oder das Kind oder der festgestellte oder festzustellende Vater seinen gewöhnlichen Aufenthalt im Inland hat." Bei spiegelbildlicher Anwendung des § 108 Abs 3 JN ist der Richter des amerikanischen Gliedstaates Georgia nicht unzuständig gewesen, weil jeder Mensch, der auf amerikanischem Boden geboren wird, kraft seiner Geburt automatisch die Staatsangehörigkeit der Vereinigten Staaten von Amerika erwirbt (ius soli).[126] – Der VfGH ist im Erkenntnis v 14. 12. 2011 also zu einem Ergebnis gekommen, das auf der Grundlage des österreichischen internationalen Zivilverfahrensrechts durchaus vertretbar erscheint.

---

[123] Erk v 14. 12. 2011, B 13/11 RdM 2012, 104 (*Erwin Bernat*).

[124] Ob das rechtliche Gehör der Leihmutter in den Verfahren, die zu den am 3.8.2006 und am 10.2.2009 ergangenen „Orders of Declaratory Judgment" geführt haben, gewahrt wurde, lässt sich dem Erkenntnis des VfGH v 14. 12. 2001, B 13/11-10 RdM 2012, 104 (*Erwin Bernat*) nicht entnehmen.

[125] Vgl *Martin Spitzer* in Gitschthaler/Höllwerth (Hrsg), AußStrG, Rz 4 zu § 91a.

[126] Siehe Amendment XIV (1868) Section 1 Satz 1 der Verfassung der Vereinigten Staaten von Amerika: „All persons born or naturalized in the United States, and subject to the jurisdiction thereof, are citizens of the United States and of the State wherein they reside."

DIREITO DA SAÚDE

Erwirbt das von einer ausländischen Leihmutter im Ausland geborene Kind nicht automatisch die Staatsangehörigkeit seines Geburtslandes oder wird es den Wunscheltern nur durch einen (verfahrensfreien) Verwaltungsakt zugeordnet, muss die Frage, welche Personen die rechtlichen Eltern dieses Kindes aus österreichischer Sicht sind, nach den Regeln des Kollisionsrechts geprüft werden.

Nach der klassischen Konzeption des Kollisionsrechts, die auf *Friedrich Carl von Savigny* zurückgeht, ist das IPR reines Rechtsanwendungsrecht.[127] Es regelt „Sachverhalte mit Auslandsberührung" (§ 1 Abs 1 IPRG) nicht unmittelbar, sondern dadurch, dass es eine der berührten Rechtsordnungen für anwendbar erklärt. Der Fall mit Auslandsberührung wird auf der Grundlage jener Rechtsordnung gelöst, auf die die kollisionsrechtliche Regel „verweist". Im Grunde ist das IPR hinsichtlich des materiellen Entscheidungsergebnisses also „wertneutral", es ist kein „politisches Recht".[128] Daher ist es überhaupt nicht außergewöhnlich, wenn eine Norm des österreichischen Kollisionsrechts das Sachrecht eines anderen Staates für anwendbar erklärt, dessen einschlägige Normen eine ganz andere Moral inkorporieren als die entsprechenden österreichischen Sachrechtsnormen. Die Basiswertung, dass es dem IPR nur darum gehe, „die räumlich beste Rechtsordnung"[129] auszuwählen, gilt allerdings nicht uneingeschränkt. Sie wird vom IPR mehrfach durchbrochen[130] und vom „kollisionsrechtlichen Anerkennungsprinzip" (Theorie von der Rechtslagenanerkennung)[131] ergänzt. Nach dem kollisionsrechtlichen

---

[127] *Friedrich Carl von Savigny*, System des heutigen Römischen Rechts VIII (1849) 1 ff (Wiederabdruck in: Picone/Wengler [Hrsg], Internationales Privatrecht [1974] 2–20).

[128] Vgl *Eckard Rehbinder*, Zur Politisierung des Internationalen Privatrechts, JZ 1973, 151 ff.

[129] *Rehbinder*, JZ 1973, 151.

[130] Siehe etwa § 4 Abs 2, § 6, § 9 Abs 1 Satz 2 IPRG. Nach diesen Bestimmungen wird dem österreichischen Recht tw aus Gründen der Effizienz, tw aus moralischen Überlegungen der Vorzug gegeben.

[131] Dazu *Dagmar Coester-Waltjen*, Anerkennung im Internationalen Personen-, Familien- und Erbrecht und das Europäische Kollisionsrecht, IPrax 2006, 392 ff; *dies*, Das Anerkennungsprinzip im Dornröschenschlaf? in FS Jayme I (2004) 121 ff; *Brigitta Lurger*, Anerkennung im internationalen Familien- und Erbrecht, in Studiengesellschaft für Wirtschaft und Recht (Hrsg), Anerkennungs-/Herkunftslandprinzip in Europa (2009) 139 ff; *Heinz-Peter Mansell*, Anerkennung als Grundprinzip des Europäischen Rechtsraums. Zur Herausbildung eines europäischen Anerkennungs-Kollisionsrechts: Anerkennung statt

Anerkennungsprinzip „wird eine im Ausland aufgrund eines privaten oder eines behördlichen Aktes geschaffene Rechtslage unabhängig von der Anwendung der eigenen Kollisionsnormen des Anerkennungsstaates und auch unabhängig von der Frage des im Ursprungsstaat angewandten Rechts im Anerkennungsstaat als wirksam betrachtet."[132] Indes kann es de lege lata wenig überzeugen, diese Theorie auf die Fälle zu übertragen, in denen das von der Leihmutter geborene Kind seinen Wunscheltern nur durch einen (verfahrensfreien) Verwaltungsakt zugeordnet wird. Einerseits sind die wenigen Regeln des geltenden Rechts, denen die Theorie von der Rechtslagenanerkennung zugrundeliegt,[133] nicht verallgemeinerungsfähig,[134] und andererseits würde man durch eine allzu großzügige Anerkennung von Rechtslagen „ein kollisionsrechtliche Erwägungen ganz außer Acht lassendes und damit viel zu breites Einfallstor für ausländisches Recht öffnen."[135] Aus diesem Grund wird in Österreich wohl überwiegend die Meinung vertreten, dass die Lösung ausländischer Leihmutterschaftsfälle dann, wenn im Ausland keine anerkennungsfähige gerichtliche Entscheidung ergangen ist, über den Weg der kollisionsrechtlichen Verweisungsnormen gefunden werden muss.[136]

Keine Rechtsordnung kann wollen, dass ein Kind seiner genetischen Mutter, die das Kind haben will, vorenthalten und vielleicht sogar zum

---

Verweisung als neues Strukturprinzip des Europäischen Internationalen Privatrechts? RabelsZ 70 (2006) 651 ff.

[132] *Coester-Waltjen*, IPrax 2006, 392 (393).

[133] Vgl etwa Art 23 Abs 1 Satz 1 des Haager Übereinkommens über die internationale Adoption (HÜIntAdop) v 29. 5 1993, BGBl III 1999/145: „Eine Adoption wird in den anderen Vertragsstaaten kraft Gesetzes anerkannt, wenn die zuständige Behörde des Staates, in dem sie durchgeführt worden ist, bescheinigt, dass sie gemäß dem Übereinkommen zustande gekommen ist."

[134] Ebenso *Heiderhoff*, NJW 2014, 2673 (2678); aA *Lurger*, IPrax 2013, 282 (287 f), die die Beachtung des „kollisionsrechtlichen Anerkennungsprinzips" in Leihmutterschaftsfällen ua unter dem Blickwinkel der Personenfreizügigkeit (Art 21 AEUV) einmahnt. Zur Rolle der Personenfreizügigkeit im Namensrecht einlässlich *Volker Lipp*, Die „Anerkennung" des ausländischen Namens eines Bürgers der Europäischen Union – Von „Konstantinidis" bis „Runevič-Vardyn/Wardyn", in Essays in Honour of Spyridon Vrellis (2014) 539 ff.

[135] *Heiderhoff*, NJW 2014, 2673 (2678).

[136] *Erwin Bernat*, RdM 2012, 107 ff; *ders*, RdM 2013, 38 f; *Lukas Herndl*, Die Abstammung des Kindes einer Leihmutter und ihre Auswirkungen im internationalen Erbrecht, NZ 2014, 253 ff; *Florian Aspöck*, Anerkennung der Leihmutterschaft in Österreich!? Zak 2013, 371 ff.

DIREITO DA SAÚDE

filius nullius wird, nur weil seine genetischen Eltern das im Forumstaat geltende Verbot der Leihmutterschaft umgangen haben.[137] Deshalb sollte sich die Auslegung der für Leihmutterschaftsfälle einschlägigen kollisionsrechtlichen Nomen stets am verfassungsrechtlich garantierten Anspruch auf Achtung des Privat- und Familienlebens (Art 8 EMRK) orientieren.[138] An diesem Anspruch haben sowohl die genetischen Wunscheltern als auch ihr von einer ausländischen Leihmutter geborenes Kind teil. Da das Personalstatut der österreichischen Wunschmutter die ausländische Leihmutter, das Personalstatut der ausländischen Leihmutter aber die österreichische Wunschmutter als Mutter im Rechtssinn erfasst, ist nach dem sog Günstigkeitsprinzip auf jenes Sachrecht abzustellen, das es ermöglicht, das Kind der österreichischen Wunschmutter zuzuweisen.[139] In dem vom VfGH (nur im Ergebnis) richtig entschiedenen Fall der von einer ukrainischen Leihmutter in der Ukraine geborenen Kinder ist das das Sachrecht der Ukraine (Art 123 Abs 2 Familiengesetzbuch der Ukraine). Zu eben diesem Ergebnis führt auch eine direkte Anwendung des Grundsatzes der stärksten Beziehung (§ 1 Abs 1 IPRG): Zum Personalstatut der Leihmutter besteht deshalb eine stärkere Beziehung als zum Personalstatut der Wunschmutter, weil die Wunscheltern die Dienste dieser im Ausland niedergelassenen Frau nur wegen des Rechts des Staates, dem sie angehört, in Anspruch genommen haben. Für eine Berücksichtigung dieses Rechts spricht des Weiteren das Motiv, das den Gesetzgeber zur Anknüpfung an das Recht des Registerorts beim Tatbestand Eingehung einer eingetragenen Partnerschaft (§ 27a IPRG) bewogen hat. In den amtlichen Erläuterungen zu dieser Bestimmung heißt es:

---

[137] So auch unmissverständlich *Fritz Sturm*, Dürfen Kinder ausländischer Leihmütter zu ihren genetischen Eltern nach Deutschland verbracht werden? in FS Kühne (2009) 919 (930 f).
[138] Vgl *Verschraegen* in Rummel (Hrsg), Kommentar zum ABGB³, Rz 1 zu § 21 IPRG: „Im Kindschaftsrecht muss nicht nur formal korrekt angeknüpft werden, sondern – in einem zweiten Schritt – muss jede Entscheidung daraufhin überprüft werden, ob sie dem Wohl des Kindes dient oder ob sie dem Kindeswohl zumindest nicht entgegensteht."
[139] Das Günstigkeitsprinzip war in § 21 Satz 2 IPRG bis zum Inkrafttreten des Kindschaftsrechts-Änderungsgesetzes (KindRÄG 2001), BGBl I 2000/135, ausdrücklich verankert: „Bei verschiedenem Personalstatut der Ehegatten ist dasjenige Personalstatut maßgebend, das für die Ehelichkeit des Kindes günstiger ist." Dazu *Brigitta Lurger*, Kollisionsrechtliche Gerechtigkeit und Ehelichkeitsbestreitung durch einen türkischen Vater, JAP 3 (1992/93) 178 ff.

„Würde auch für die Begründung der eingetragenen Partnerschaft auf das Personalstatut der Partner verwiesen oder auf das Recht ihres gewöhnlichen Aufenthaltsorts, so wären in vielen Fällen in Österreich lebende ausländische Staatsangehörige oder im Ausland lebende Österreicher von der Begründung einer eingetragenen Partnerschaft ausgeschlossen, wenn das Recht des Personalstatuts oder des gewöhnlichen Aufenthalts eine eingetragene Partnerschaft nicht kennt."[140]

Eine Novelle zum Staatsbürgerschaftsgesetz, die der Gesetzgeber erst verabschiedet hat, nachdem die beiden VfGH-Entscheidungen in Sachen Leihmutterschaft ergangen sind,[141] bekräftigt das Ergebnis, das der VfGH in diesen beiden Entscheidungen erzielt hat, wenigstens teilweise. Unbeschadet des § 7 Abs 1 StbG[142] erwerben nun Kinder, die im Ausland geboren werden, die österreichische Staatsbürgerschaft, „wenn 1. im Zeitpunkt der Geburt ein österreichischer Staatsbürger nach dem Recht des Geburtslandes Mutter oder Vater des Kindes ist, und 2. sie ansonsten staatenlos sein würden" (§ 7 Abs 3 StbG). – Diese Norm, die der Gesetzgeber ganz sicher nicht mit Blick auf Leihmutterschaftsfälle verankert hat,[143] könnte dazu führen, dass österreichische Paare vermehrt Leihmütter aus jenen Staaten in Dienst nehmen, die die Staatsbürgerschaft nicht automatisch an alle Kinder verleihen, die auf ihrem Staatsgebiet geboren werden.

VI. SCHLUSSWORT

Das Recht der Fortpflanzungsmedizin wurde seit Verabschiedung des Fortpflanzungsmedizingesetzes im Jahr 1992 lange nicht,[144] vor kurzem

---

[140] ErläutRV zu § 27a IPRG, der durch Art V Z 1 des EPG (BGBl I 2009/135) eingefügt worden ist: 485 BlgNR 24. GP 17.

[141] BG v 30. 7. 2013, mit dem das Staatsbürgerschaftsgesetz 1985 geändert wird, BGBl I 2013/136.

[142] Nach § 7 Abs 1 Satz 1 StbG erwerben Kinder die Staatsbürgerschaft mit dem Zeitpunkt der Geburt, „wenn in diesem Zeitpunkt 1. die Mutter gemäß § 143 ABGB Staatsbürgerin ist, 2. der Vater gemäß § 144 Abs 1 Z 1 ABGB Staatsbürger ist, 3. der Vater Staatsbürger ist und dieser die Vaterschaft gemäß § 144 Abs 1 Z 2 ABGB anerkannt hat, oder 4. der Vater Staatsbürger ist und dessen Vaterschaft gemäß § 144 Abs 1 Z 3 ABGB gerichtlich festgestellt wurde."

[143] Vgl die ErläutRV zum BG v 30. 7. 2013, BGBl I 2013/136: 2303 BlgNR 24. GP 7.

[144] Die erste Novelle zum FMedG stammt aus dem Jahr 2004 (Fortpflanzungsmedizingesetz-Novelle 2004 – FMedGNov 2004, BGBl I 2004/163).

DIREITO DA SAÚDE

hingegen deutlich liberalisiert.[145] Allerdings beruht diese Entwicklung überwiegend auf Wegmarken, die vom Europäischen Gerichtshof für Menschenrechte und dem Verfassungsgerichtshof gesetzt worden sind. Politisch hochbrisante Entscheidungen führten zu einem „von außen aufgenötigten" Umdenkprozess und setzten den österreichischen Gesetzgeber unter starken Zugzwang.[146] Durch die rechtliche Regelung der Fortpflanzungsmedizin kam es aber auch zu einer Verbesserung der rechtlichen Stellung von Paaren, die ärztliche Hilfe benötigen, um sich den Kinderwunsch zu erfüllen. Schon in der Stammfassung des FMedG findet sich die Regel, dass die Frau, die das Kind gebiert, stets Mutter des Kindes ist (§ 143 ABGB), und dass Männer, die der Verwendung von Samen eines Spenders in besonders solenner Form (§ 8 Abs 1 FMedG) zustimmen, von Rechts wegen so behandelt werden, als hätten sie das Kind gezeugt (§ 152, § 148 Abs 3 ABGB). In Ergänzung dieses rechtspolitischen Programms hat der Gesetzgeber den Samenspender von jeglicher juristischer Verantwortung gegenüber dem mit seinen Keimzellen gezeugten Kind freigestellt (§ 148 Abs 4 ABGB). Die eigentliche „kopernikanische Wende" wurde erst in jüngerer Vergangenheit vollzogen. Das Adoptionsrechts-Änderungsgesetz 2013[147] markiert den ersten Schritt. Mit diesem Gesetz erfuhr der Rechtsbegriff „Eltern eines Kindes" einen Bedeutungswandel. Er erfasst nun auch gleichgeschlechtliche Paarbeziehungen, mögen sie durch eine eingetragene Partnerschaft verbunden sein oder nicht. Der zweite – und vorläufig letzte – Schritt folgte mit dem Fortpflanzungsmedizinrechts-Änderungsgesetz 2015, das den mit dem Adoptionsrechts-Änderungsgesetz 2013 vollzogenen Paradigmenwandel verstärkt: Die Partnerin der Frau, die einer medizinisch unterstützten Fortpflanzung in Form des § 8 FMedG zugestimmt hat, wird so gestellt, als hätte sie das Kind gezeugt (§ 144 Abs 2 ABGB). Das Kind hat zwar keinen Vater (§ 148 Abs 4 ABGB), dafür aber zwei Mütter.

---

[145] FMedRÄG 2015, BGBl I 2015/35.

[146] Siche nochmals VfGH 14. 10. 1999, G 91/98, G 116/98 MedR 2000, 389 (*Erwin Bernat*) = VfSlg 15.632; EGMR 3. 11. 2011 (GK), 57.813/2000, *S.H. ua/Österreich*, EF-Z 2012, 24 (*Erwin Bernat*) = iFamZ 2012, 5 (*Markus Vašek*) = RdM 2012, 70 (*Magdalena Pöschl*); zuletzt VfGH 10. 12. 2013, G 16/2013 ua RdM 2014, 65 (*Christian Kopetzki*) = MedR 2014, 567 (*Erwin Bernat*).

[147] AdRÄG 2013, BGBl I 2013/179. Auch dieses Gesetz verdankt seine Entstehung einem Urteil aus Straßburg; siehe nochmals EGMR 19. 2. 2013 (GK), 19.010/07, *X ua/Österreich*, EF-Z 2013, 115 (*Barbara Simma*) = iFamZ 2013, 70 (*Ulrich Pesendorfer*).

Die meisten Rechtsfragen, die die Fortpflanzungsmedizin im Abstammungsrecht aufwirft, können heute mithilfe des Gesetzes recht eindeutig und klar beantwortet werden. Dazu zählt die Frage des familienrechtlichen Status von Kindern, die von einer ausländischen Leihmutter im Ausland geboren worden sind, bedauerlicherweise nicht. Ob es ratsam ist, das im FMedG verankerte Verbot der Leihmutterschaft zu lockern oder in diesem Bereich völkerrechtliche Regeln zu schaffen, die zu „internationaler Entscheidungsgerechtigkeit" führen, wird in nächster Zeit sicherlich noch Gegenstand zahlreicher Diskussionen sein.[148]

---

[148] Die internationale Literatur zu diesem Thema ist in den letzten Jahren stark angewachsen. Siehe bloß *Karen Busby*, Of surrogate mothers born: Determinations in Canada and elsewhere, Canadian J of Women & L 25 (2013) 284 ff; *Austin Caster*, Don't split the baby: How the U.S. could avoid uncertainty and unnecessary litigation and promote equality by emulating the British surrogacy law regime, Connecticut Public Interest L J 10 (2011) 477 ff; *Dagmar Coester-Waltjen*, Justizielle Zusammenarbeit, ein Allheilmittel gegen „Justizkonflikte" – auch bei der Abstammung? in FS Stürner (2013) 1197 ff; *Nina Dethloff*, Leihmütter, Wunscheltern und ihre Kinder, JZ 2014, 922 (931 f); *Alexander Diel*, Leihmutterschaft und Reproduktionstourismus (2014); *Anatol Dutta*, Künstliche Fortpflanzung in „Anbieterrechtsordnungen" – ein Blick über Europa hinaus, in Dutta/Schwab/Henrich/Gottwald/Löhnig (Hrsg), Künstliche Fortpflanzung und europäisches Familienrecht (2015) 355 ff; *Martin Engel*, Internationale Leihmutterschaft und Kindeswohl, ZEuP 2014, 539 (560 f); *Yasmine Ergas*, Babies without borders: Human rights, human dignity, and the regulation of international commercial surrogacy, Emory Int'l L Rev 27 (2013) 117 ff; *Esther Farnós Amorós*, Surrogacy arrangements in a global world: The case of Spain, International Family Law 2013, 68 ff; *Claire Fenton-Glynn*, Human rights and Private International Law: Regulating international surrogacy, Journal of Private Int'l L 10 (2014) 157 ff; *Daniel Gruenbaum*, Foreign surrogate motherhood: Mater semper certa erat, American J of Comparative L 60 (2012) 475 ff; *Tobias Helms*, „Kinderwunschmedizin" – Reformvorschläge für das Abstammungsrecht, in Coester-Waltjen/Lipp/Schumann/Veit (Hrsg), „Kinderwunschmedizin" – Reformbedarf im Abstammungsrecht? 13. Göttinger Workshop zum Familienrecht 2014 (2015) 47 (55 ff); *Louise Johnson/Eric Blyth/Karin Hammarberg*, Barriers for domestic surrogacy and challenges of transnational surrogacy in the context of Australians undertaking surrogacy in India, Journal of Law and Medicine 22 (2014) 136 ff; *Mary Keyes*, Cross-border surrogacy agreements, Australian Journal of Family Law 26 (2012) 28 ff; *Anil Malhotra/Ranjit Malhotra*, All aboard for the fertility express, Commonwealth Law Bulletin 38 (2012) 31 ff; *Sarah Mortazavi*, It takes a village to make a child: Creating guidelines for international surrogacy, Georgetown L J 100 (2012) 2249 ff; *Amrita Pande*, "At least I am not sleeping with anyone": Resisting the stigma of commercial surrogacy in India, Feminist Studies 36 (2010) 292 ff; *Usha Rengachary Smerdon*, The baby market: Crossing bodies, crossing borders: International surrogacy between the United States and India, Cumberland L Rev 39 (2008/09) 15 ff; *Margaret Ryznar*, International commercial surrogacy and its parties, John Marshall L Rev 43 (2010) 1009 ff; *Sheela Saravanan*, Global justice, capabilities approach and commercial surrogacy in India, Medicine Health

Care and Philosophy 18 (2015) 295 ff; *Andreas Spickhoff,* Maternity for another, in German National Reports to the 18th International Congress of Comparative Law (2010) 63 (71 f); *Richard F. Storrow,* Quests for conception: Fertility tourists, globalization and feminist legal theory, Hastings L J 57 (2005) 295 ff; *Katarina Trimmings/Paul Beaumont* (Hrsg), International Surrogacy Arrangements. Legal Regulation at the International Level (2013).

Procriação medicamente assistida

ALBERTO BARROS[*]

Introdução

A incapacidade reprodutiva de um casal, contrariando o seu "instinto procriativo" e impossibilitando a sua continuidade biológica, tem sido uma perspectiva, muitas vezes concretizada, que tem acompanhado todas as gerações desde os primórdios da História. Ao longo desta, se a fertilidade sempre foi fundamental para a sobrevivência das populações e, por isso, socialmente aceite e encorajada, a infertilidade era, pelo contrário, considerada como uma doença vergonhosa, até mesmo uma maldição dos deuses, que era necessário conjurar com rituais religiosos e mágicos, sendo a mulher quem, em regra, era inculpada e muitas vezes desprezada, odiada e maltratada pela circunstância de não ter filhos.

A infertilidade conjugal, definível como a ausência de gravidez após um ano de actividade sexual regular sem qualquer prática contraceptiva, é uma realidade crescente, envolvendo cerca de 15% dos casais em idade procriativa.

Do ponto de vista médico, a infertilidade é, porventura, uma situação única, na qual cada membro do casal integra uma "unidade infértil", e é esta unidade que deve ser estudada e tratada. Na realidade, os factores

---

[*] Prof. Catedrático de Genética, Faculdade de Medicina da Universidade do Porto
Director do Centro de Genética da Reprodução Prof. Alberto Barros, S.A.

DIREITO DA SAÚDE

de causa masculina e feminina distribuem-se em partes semelhantes, do que resulta que o diagnóstico de uma eventual causa da infertilidade num dos membros do casal não deve excluir o estudo pormenorizado do outro.

O estudo do casal infértil tem como objectivos fundamentais identificar estes factores de infertilidade, estabelecer um prognóstico e definir a metodologia terapêutica mais adequada, devendo os casais ser informados de que, apesar dos enormes avanços científicos e técnicos, não é possível diagnosticar a causa em cerca de 5 a 10% dos casos, permanecendo um longo e árduo caminho para que os múltiplos factores que podem resultar em infertilidade sejam integralmente conhecidos, compreendidos e vencidos.

O espectacular avanço das ciências médicas permitiu que muito se conheça sobre o complexo processo da reprodução e, sendo verdade que mesmo após a aplicação de toda a panóplia tecnológica, a esperança, o entusiasmo e o aplauso despertados por esta evolução são muitas vezes seguidos de uma grande decepção e tristeza, envolvendo doentes e médicos, perante o insucesso da terapêutica realizada, não é menos indiscutível que existe uma capacidade de intervenção progressivamente maior, que veio permitir criar legítimas expectativas de gravidez em muitos casais que, anteriormente, só teriam uma solução procriativa no domínio do "milagre biológico".

A noção inequívoca de que a excelência desta intervenção deve ser uma preocupação constante deverá ser materializada pelo investimento na área da investigação e pela qualificação dos colaboradores que integram os centros de procriação medicamente assistida (PMA).

Este texto constituirá um percurso simples, objectivo e rigoroso, sobre alguns aspectos de maior relevo da procriação humana e das respectivas técnicas de PMA, mas chamando a atenção para que a situação concreta de cada casal pode distinguir-se significativamente da abordagem genérica aqui desenvolvida e que esta abordagem reflecte uma posição pessoal e de grupo, o que significa que outras metodologias podem ser igualmente correctas.

Fecundação In Vivo

A fecundação é o processo pelo qual o espermatozóide e o ovócito se unem, possibilitando a formação de um ovo (zigoto) e de um embrião.

Esta união ocorre nas trompas de Falópio, assim como as primeiras divisões celulares, chegando o embrião ao útero cerca de 5 dias após a fecundação para a respectiva implantação (nidação). Esta capacidade do embrião penetrar no endométrio ocorrerá por volta do 7º dia do desenvolvimento embrionário.

Para que a fecundação e a gravidez aconteçam, entre muitos outros factores, é necessário que:

- Em cada mês, um dos ovários desenvolva um folículo (uma "bolinha" de líquido que vai crescendo e que, ao atingir cerca de 17 mm de diâmetro, conterá um ovócito maduro) e ocorra a ovulação (rotura do folículo, com a possibilidade de passagem do ovócito para a trompa).
- A produção de espermatozóides pelos testículos seja normal ou próxima dos valores normais. É interessantíssima a constatação da enorme diferença relativamente à produção de gâmetas entre os dois sexos: para que a capacidade reprodutiva seja normal, para a mulher é suficiente que um dos ovários produza um ovócito por mês, enquanto que para o homem é necessário que os testículos produzam milhões de espermatozoides... por dia.

Entre os vários parâmetros a avaliar no estudo do esperma continuam a ser preponderantes o número, a morfologia e a motilidade dos espermatozóides, sendo os valores de referência mínimos: 20 milhões de espermatozóides por ml, morfologia normal de 5% (de acordo com os valores de referência sugeridos, em 2010, pela World Health Organization) e motilidade progressiva rápida de 25%.

Na altura do nascimento, cada ovário poderá possuir um milhão de folículos primordiais, contendo ovócitos imaturos, mas, a partir da puberdade e até ao fim da vida reprodutiva (menopausa), apenas 400-500 ovócitos atingirão a sua maturidade ovulatória. O homem nasce com células estaminais germinativas nos testículos e começa a produzir espermatozóides a partir da puberdade. Esta produção mantém-se durante toda a vida devido à presença das células estaminais, muito embora com uma tendência para a diminuição da concentração, morfologia normal e motilidade dos espermatozóides a partir da 5ª – 6ª década da vida.

- A relação sexual aconteça em "período fértil".
- As trompas estejam permeáveis à passagem dos espermatozóides e também funcionalmente normais para a captação do ovócito e para "transportarem" o embrião para a cavidade uterina.

DIREITO DA SAÚDE

– O ovócito e o espermatozóide sejam estrutural e funcionalmente normais de modo a possibilitar a fecundação e a evolução embrionária (a maioria dos embriões terá anomalias cromossómicas pelo que, em regra, a selecção natural inviabiliza o seu desenvolvimento).
– O endométrio esteja receptivo à implantação do embrião.

A riqueza e a complexidade dos mecanismos reprodutivos são tais que, mesmo nos casais em que tudo está aparentemente bem, a probabilidade mensal de alcançar uma gravidez de forma natural ronda os 25% (esta taxa natural de gravidez é a mais baixa do reino animal).

O Estudo e a Orientação do Casal Infértil

Os factores de infertilidade, isto é, tudo aquilo que dá origem ou contribui para a diminuição ou ausência da aptidão procriativa, são muito diversos e com uma incidência que varia de acordo com as diferentes populações e indivíduos. Todavia, de uma forma global, podemos apontar como mais significativos (numa sequência arbitrária): ausência de ovulação; obstrução das trompas; endometriose (focos de endométrio – epitélio que reveste a cavidade uterina – presentes fora da sua localização normal, como nos ovários, trompas, parede intestinal, ...); alterações do número, morfologia ou motilidade dos espermatozóides; patologia endócrina (aumento da prolactina ou de androgénios, doenças da tiróide, ...); factores imunológicos; causas genéticas; hábitos alcoólicos ou tabágicos; estupefacientes; radiações ionizantes; doenças víricas e venéreas; ...

Devido à frequência e consequências do seu uso, é importante assinalar que é generalizadamente entendido que o deixar de fumar deve fazer parte do tratamento da infertilidade: o fumo do tabaco contém centenas de substâncias, incluindo a nicotina, monóxido de carbono e mutagéneos, existindo evidências muito fortes de que estas substâncias afectam negativamente todos os elementos da fertilidade, incluindo o desenvolvimento folicular e a ovulação, a produção e a qualidade estrutural dos ovócitos e dos espermatozóides, a fertilização e o desenvolvimento embrionário e fetal. Alguns estudos indicam, inclusivamente, que a grávida fumadora pode pôr em risco a futura fertilidade do seu feto (masculino ou feminino).

Na avaliação da infertilidade é fundamental obedecer ao conceito de que os dois membros do casal devem ser estudados em simultâneo. As análises e os exames a realizar ao casal dependerão do caso em con-

PROCRIAÇÃO MEDICAMENTE ASSISTIDA

creto, devendo o médico definir criteriosamente os que são necessários para além daqueles que constituem o eixo fundamental do estudo, como a avaliação da função ovárica através dos doseamentos hormonais, o cariótipo (estudo cromossómico) do casal, os marcadores víricos da hepatite B, C e VIH, a pesquisa de anticorpos anti-HTLV I/II, a serologia da toxoplasmose, rubéola e sífilis, a avaliação dos órgãos pélvicos através da ecografia transvaginal, a histerosalpingografia (introdução de um produto de contraste para observar a cavidade uterina e a permeabilidade das trompas) e/ou a histeroscopia (endoscopia da cavidade uterina) e o espermograma (análise do número, morfologia e motilidade dos espermatozóides, para além de outros elementos de carácter funcional, bem como a pesquisa de leucócitos – para o despiste de uma eventual inflamação ou infecção).

Para além do cariótipo de linfócitos de alta resolução, os exames genéticos que devem ser criteriosamente considerados no estudo da causa de uma infertilidade ou a realizar antes da procriação medicamente assistida são, fundamentalmente, o estudo molecular do cromossoma Y, o estudo molecular da fibrose cística, o estudo da fragmentação do ADN dos espermatozóides e o estudo cromossómico dos espermatozóides por FISH (Fluorescent In Situ Hybridization).

Antes de iniciar um ciclo de procriação medicamente assistida está indicado realizar o cariótipo aos dois membros do casal, bem como o estudo molecular do cromossoma Y (nos casos de diminuição grave do número de espermatozóides ou de azoospermia secretora) ou da fibrose cística (na azoospermia obstrutiva, quando excluídas as causas traumáticas, infecciosas, iatrogénicas, ...), com o objectivo de identificar uma eventual infertilidade de causa genética para o consequente aconselhamento genético.

O estudo cromossómico dos espermatozóides por FISH e o estudo da fragmentação do ADN dos espermatozóides são outros exames genéticos que podem ser realizados antes da procriação medicamente assistida, não só pelo seu potencial contributo para o esclarecimento da causa da infertilidade como pelos argumentos que podem proporcionar para, respectivamente, a decisão de realizar o diagnóstico genético pré-implantação ou para fazer a colheita de espermatozóides por biopsia testicular (pela expectativa de os espermatozóides obtidos directamente dos testículos apresentarem uma percentagem de fragmentação do ADN inferior à dos espermatozóides do ejaculado).

DIREITO DA SAÚDE

O conhecimento das situações de origem genética – génica e cromossómica – que produzem infertilidade e, sobretudo, a capacidade de as interpretar correctamente é de importância indiscutível para uma prática médica correcta. Isto porque, ao contrário das outras inúmeras causas de infertilidade resultantes da acção nefasta de agentes biológicos, químicos ou físicos e cujo combate, em regra, terá uma tradução positiva em termos individuais e de espécie, a infertilidade de causa genética poderá constituir um mecanismo biológico automático de eliminação de genes ou cromossomas anómalos pelo que a hipótese do seu combate deve ser exaustivamente analisada e ponderada.

A situação de infertilidade pode despoletar reacções emocionais e sintomatologia psicossomática variável (cefaleias, insónias, irritabilidade, dificuldades de concentração, problemas de sono, fadiga, sensação de tristeza e "de vazio", perda ou excesso de apetite, perda de interesse ou de prazer nas relações sexuais) que justificarão o apoio especializado de um psicólogo clínico.

Alternativas Terapêuticas

Após a correcta avaliação clínica e laboratorial de um casal – e considerando também aspectos tão importantes como a idade da mulher, o tempo de infertilidade e os antecedentes pessoais e familiares –, havendo uma perspectiva minimamente consistente de sucesso através de uma metodologia mais simples, mais fisiológica e menos intervencionista, deverá ser esta a eleita para uma primeira abordagem terapêutica.

A forma mais simples de intervenção terapêutica é a Estimulação da Ovulação, em que a doente é submetida a uma estimulação hormonal suave dos ovários, normalmente com a hormona folículo-estimulante (FSH), através de injecções subcutâneas (permitem uma aprendizagem fácil, de tal modo que, frequentemente, é a própria senhora ou o marido que fazem a respectiva aplicação, o que tem a vantagem de proporcionar uma desejável autonomia). A resposta dos ovários a esta estimulação hormonal deve ser controlada, nomeadamente por ecografia (monitorização ecográfica), de modo a ajustar a dosagem do medicamento e a definir o dia em que irá ocorrer a ovulação, o que permitirá esclarecer o casal relativamente aos períodos mais indicados para terem relações sexuais.

O número de ciclos em que é correcto proceder a este método é variável, dependendo da resposta ovárica obtida e dos muitos factores que envolvem a infertilidade do casal, podendo ser tão correcto fazer apenas uma estimulação, como ir até às seis, sendo o limite definido individualmente, em cada caso concreto.

Se a indução da ovulação não permitir alcançar a gravidez, ou se o estudo realizado ao casal não legitimar a tentativa de resolver o problema da forma mais simples, estará indicado o recurso à Procriação Medicamente Assistida: inseminação artificial intrauterina, fertilização in vitro ou fertilização in vitro com microinjecção intracitoplasmática.

A escolha da técnica a realizar tem também em conta os princípios gerais já enunciados, o que significa que, sempre que a probabilidade de sucesso seja minimamente consistente, a inseminação intrauterina será o primeiro patamar a percorrer. As técnicas mais intervencionistas – a fertilização in vitro e a microinjecção intracitoplasmática – deverão situar-se no limite da intervenção médica: apenas quando os métodos mais simples não resolveram o problema ou se a sua aplicação é a única atitude medicamente correcta face à gravidade dos factores de infertilidade presentes.

Um breve olhar histórico conduz-nos a 1770 (Londres), quando John Hunter realizou a primeira inseminação artificial intraconjugal, e a 1884 (Filadélfia), altura em que Pancoast iniciou a prática da inseminação artificial com esperma de dador. Estes métodos, de carácter rudimentar porque traduziram apenas uma manipulação do esperma total, sem qualquer preparação dos espermatozóides, deram origem à metodologia contemporânea em que é realizada a lavagem e a capacitação dos espermatozóides, com a sua posterior introdução na cavidade uterina – Inseminação Artificial Intrauterina.

A inseminação intraconjugal tem indicações ainda indiscutivelmente actuais: malformações do pénis, impotência, vaginismo, ejaculação retrógrada, volume de esperma muito reduzido, alterações moderadas do número, morfologia e motilidade dos espermatozóides, formação de anticorpos anti-espermatozóides, muco cervical hostil e infertilidade de causa desconhecida.

A perspectiva de sucesso da inseminação intrauterina é de cerca de 15% por ciclo, probabilidade que não constitui mais do que um valor de referência já que é inevitavelmente influenciada pela individualidade de cada situação de infertilidade conjugal. A taxa de gravidez gemelar é inferior a 10%.

DIREITO DA SAÚDE

O limite máximo de ciclos a realizar deverá também ser definido individualmente, rondando os 3-4, mas sendo correcto alargar para 6, nos casos de melhor prognóstico. A frequência destes ciclos poderá ser mensal ou de dois em dois meses.

A definição do dia em que se deve realizar a inseminação intrauterina resulta da mesma metodologia referida para a estimulação da ovulação, nomeadamente a monitorização ecográfica. No dia em que ocorrer a ovulação, o marido deverá fazer uma colheita de esperma para, após a respectiva preparação, os espermatozóides serem colocados na cavidade uterina. Esta introdução é realizada com uma sonda (catéter) fina, tem uma curta duração e é indolor, não requerendo qualquer sedação.

As senhoras permanecem deitadas cerca de meia hora. Em seguida, podem regressar à sua actividade normal, habitualmente medicadas com uma progesterona (de aplicação intravaginal), para além do ácido fólico. Passadas cerca de três semanas, se a menstruação não tiver ocorrido, deve ser recolhida uma amostra de urina para realizar um teste de gravidez.

A inseminação artificial com espermatozóides de dador tem actualmente indicações muito mais restritas do que até meados da década de 90, uma vez que um enorme número de situações que conduziam à sua aplicação, como a azoospermia (ausência de espermatozóides no ejaculado) de causa obstrutiva, muitas das azoospermias secretoras (em que a ausência de espermatozóides no esperma não tem como causa uma obstrução à sua passagem mas uma patologia que atinge os testículos) e as anomalias graves ou muito graves do número, morfologia e motilidade dos espermatozóides têm, desde então, uma consistente via de solução através da microinjecção intracitoplasmática.

As indicações actuais da inseminação artificial com espermatozóides de dador circunscrevem-se fundamentalmente às azoospermias secretoras (quando a biopsia testicular múltipla não permitiu encontrar espermatozóides ou espermatídeos – células que, após diferenciação, dão origem aos espermatozóides), às doenças génicas (para as quais não é possível fazer diagnóstico genético pré-implantação ou diagnóstico pré-natal) e às situações de azoospermia consequentes ao tratamento cirúrgico, citostático ou com radiações ionizantes de neoplasias malignas, em que não foi realizada previamente criopreservação do esperma em azoto líquido e em que a biopsia testicular não permitiu a colheita de espermatozóides.

A grande motivação da Fertilização In Vitro (FIV) foi ultrapassar a impossibilidade de engravidar devido à obstrução ou à ausência bilateral das trompas.

A prática da FIV estendeu-se rapidamente a outras indicações de carácter ginecológico, como a endometriose, incluindo também a insuficiência ovárica prematura (vulgarmente designada de "menopausa precoce", em que a única solução médica para a resolução da infertilidade é a doação de ovócitos) e as situações em que a infertilidade era causada por alterações moderadas do número, morfologia ou motilidade dos espermatozóides.

Todavia, esta técnica não demonstrou capacidade para resolver os numerosíssimos casos em que estes factores masculinos assumiam uma gravidade significativa.

Neste contexto de incapacidade surgiu a fertilização in vitro com Microinjecção Intracitoplasmática (injecção, sob controlo microscópico, de um único espermatozóide no interior do ovócito).

A microinjecção intracitoplasmática (ICSI: Intracytoplasmic Sperm Injection) tem proporcionado a resolução de muitas situações de:

- Anomalias graves ou muito graves do número, morfologia ou motilidade dos espermatozóides.
- Fertilização in vitro anterior com uma taxa de fecundação nula ou muito baixa.
- Alterações morfológicas dos ovócitos, concretamente ao nível da zona pelúcida (revestimento do ovócito).
- Azoospermia obstrutiva.

A colheita dos espermatozóides é feita por biopsia testicular, realizada com anestesia local, sendo, em regra, bem tolerada. Em caso de hipersensibilidade do doente é possível recorrer a uma sedação (necessária muito raramente).Os fragmentos de tecido, de 2-4 mm, são colhidos em zonas diferentes do testículo e imediatamente observados ao microscópio, terminando a biopsia logo que se encontrem espermatozóides ou espermatídeos.

Nas situações de melhor prognóstico, a biopsia testicular é realizada através da aspiração com uma agulha.

O potencial fecundante dos espermatozóides congelados, mesmo obtidos directamente dos testículos, faz com que a sua criopreservação, em azoto líquido (196ºC negativos), seja uma prática possível para uma

DIREITO DA SAÚDE

eventual utilização posterior. No entanto, é de realçar que esta criopreservação só é realizável se a quantidade/qualidade dos espermatozóides obtidos o permitir. A repetição da biopsia testicular antes de decorridos 6 meses pode diminuir a possibilidade de colheita dos espermatozóides e aumenta o risco de desvascularizar de forma permanente algumas áreas testiculares.

– Azoospermia secretora.

Os doentes com azoospermia secretora, identificada por biopsia testicular diagnóstica, podem ser submetidos a uma biopsia testicular bilateral múltipla, com o objectivo de encontrar um ou mais focos de espermatozóides ou de espermatídeos. De facto, são muitas as situações em que, após uma primeira biopsia testicular de diagnóstico, em que a retirada de 2 ou 3 fragmentos de testículo não permitiu encontrar qualquer espermatídeo ou espermatozóide, a realização posterior de uma biopsia testicular com a colheita de múltiplos pequenos fragmentos (o número é variável, nomeadamente em função do volume testicular) pode permitir a obtenção de espermatozóides ou espermatídeos. A frequente não-coincidência entre estas duas biopsias tem como justificação o facto de a massa testicular não ser invariavelmente homogénea no seu conteúdo, podendo a maioria do testículo ser um deserto relativamente às células germinativas mas existirem focos de produção destas células no tecido restante. É importante referir que, apesar do estudo clínico, imagiológico, hormonal e genético constituírem elementos de grande relevo na avaliação global da azoospermia, a biopsia testicular continua a ser, em regra, indispensável. O conhecimento rigoroso desta realidade e a persistência, imprescindível para uma pesquisa que pode durar muitas horas, têm permitido encontrar espermatozóides em casos anteriormente declarados como "impossíveis", como é exemplo a síndrome de Klinefelter (cariótipo 47,XXY, quase sempre com azoospermia), em que esta pesquisa tem sucesso em cerca de 45% dos casos. Apesar de todo este potencial, a azoospermia secretora está associada a um risco significativo de não se encontrarem espermatozóides ou espermatídeos na biopsia testicular múltipla, pelo que os casais são esclarecidos sobre a alternativa da inseminação artificial ou da fertilização in vitro com espermatozóides de dador.

– Ejaculação retrógrada.

Nestes casos, o esperma não se exterioriza mas vai para a bexiga; os espermatozóides são recolhidos na urina, através de micção após masturbação.

– Anejaculação.

A ausência de ejaculação pode ser de causa psicogénica ou por lesão da medula (caso dos paraplégicos) ou dos nervos periféricos pélvicos, em consequência de uma cirurgia oncológica ou de doenças neurodegenerativas e neurovasculares (ex: diabetes).

A colheita dos espermatozóides pode ser feita por biopsia testicular ou por estimulação eléctrica da ejaculação, através de uma sonda endorectal.

Em qualquer dos casos, a técnica de PMA a utilizar será a microinjecção intracitoplasmática. De facto, a qualidade dos espermatozóides obtidos com a estimulação eléctrica endorectal é, em regra, baixa, com alterações graves ou muito graves do número, morfologia ou motilidade, devido à própria electroestimulação ou à doença subjacente, não existindo condições minimamente satisfatórias para a realização da inseminação artificial ou da fertilização in vitro. A microinjecção intracitoplasmática poderá ter a vantagem adicional de, exigindo apenas um pequeno número de espermatozóides, permitir a congelação em azoto líquido dos espermatozóides restantes, em múltiplas fracções, o que evitará a necessidade de repetir a biopsia testicular ou a electroejaculação.

– Portadores do vírus da imunodeficiência humana (VIH positivos) ou portadores do vírus da hepatite B ou C.

A microinjecção intracitoplasmática é realizada com os espermatozóides previamente criopreservados em azoto líquido, após a respectiva "lavagem" e preparação, e só após a confirmação da não-detecção dos vírus por estudos de biologia molecular.

Para a realização da fertilização in vitro, com ou sem microinjecção intracitoplasmática, é necessária uma estimulação ovárica mais intensa, também com injecções subcutâneas, com os respectivos controlo ecográfico e doseamento hormonal sanguíneo, que têm como objectivo ajustar as doses dos medicamentos, evitar os efeitos secundários e definir o dia mais aconselhado para a colheita dos ovócitos (designada de punção folicular).

A punção folicular é antecedida, cerca de 36 horas, por uma injecção de gonadotrofina coriónica, para a maturação ovocitária. O conteúdo

DIREITO DA SAÚDE

folicular é aspirado, sob controlo ecográfico (ecografia transvaginal), procedendo-se imediatamente à identificação microscópica do número de ovócitos (que poderá não corresponder ao número de folículos aspirados) e à sua caracterização, nomeadamente a sua integridade e maturidade. A punção é realizada com sedação, de modo a ser totalmente indolor (esta sedação exige um jejum de 6 horas), permanecendo a doente deitada cerca de 2 horas.

Após a identificação da existência de ovócitos, o marido faz a colheita do esperma, sendo aconselhável que a abstinência sexual não seja superior a 7 dias.

Durante o ciclo de PMA, os casais serão esclarecidos sobre as limitações à sua actividade sexual, nomeadamente para prevenir uma gravidez espontânea, por mais improvável que esta seja.

É importante salientar que o constrangimento resultante da necessidade de colheita do esperma por masturbação e a ansiedade inerente ao decurso do ciclo terapêutico podem ter como consequência uma dificuldade adicional e, por vezes, até a impossibilidade da colheita do esperma. Deste modo, para evitar a situação angustiante de não ter espermatozóides para a respectiva tentativa de fecundação dos ovócitos obtidos, os doentes são esclarecidos da possibilidade de criopreservação dos espermatozóides em azoto líquido, antes do início do ciclo. Esta medida profilática, a decidir pelo casal, permite tranquilizar os doentes mais susceptíveis pois sentem a segurança do recurso aos espermatozóides congelados no caso de não conseguirem fazer a colheita do esperma no dia da punção.

Em função da circunstância concreta de cada caso, cerca de 4-6 horas após a colheita dos ovócitos procede-se à fertilização in vitro (em que à volta de cada ovócito são colocados cerca de 50 000–100 000 espermatozóides com motilidade progressiva rápida) ou à microinjecção intracitoplasmática (em que um espermatozóide é injectado no interior de cada ovócito).

Esta é a diferença essencial entre estes dois métodos, decorrendo os restantes procedimentos, clínicos e laboratoriais, de forma semelhante.

Decorridas cerca de 16-18 horas, todos os ovócitos são observados com o objectivo de identificar a respectiva fecundação. Em média, 70-75% dos ovócitos fecundam, os quais, na sua esmagadora maioria, chegam a embrião. O número de ovócitos, a taxa de fecundação e o número e a qualidade dos embriões obtidos são significativamente variáveis, consequência óbvia da situação única de cada casal.

A cultura dos ovócitos, espermatozóides e embriões realiza-se em incubadoras programadas para manter uma temperatura estável de 37°C e uma atmosfera humidificada de 5% de oxigénio, 5-6% de dióxido de carbono e 90% de azoto.

A transferência dos embriões para a cavidade uterina pode realizar-se 2 a 5 dias após a colheita dos ovócitos, dependendo de vários factores, nomeadamente do número e da qualidade dos ovócitos obtidos, da perspectiva do número de embriões a obter, da sua dinâmica de desenvolvimento e da sua integridade estrutural.

A este respeito, a linha de orientação que defendemos é, sempre que os factores citados o permitam, fazer a cultura prolongada dos embriões, para uma melhor caracterização e identificação dos que terão uma maior probabilidade de implantação.

Em alguns casos (ex: mulheres com idade igual ou superior a 38 anos, mínimo de duas transferências sem sucesso e aumento da densidade da zona pelúcida), antes da transferência embrionária pode realizar-se a eclosão assistida (assisted hatching), que consiste na abertura de um pequeno orifício no invólucro de cada embrião (zona pelúcida), com o objectivo de facilitar a exteriorização do embrião e a sua implantação uterina.

A transferência é um procedimento breve e indolor, pelo que não é necessária qualquer sedação. Os embriões são colocados no interior do útero através de uma sonda, sob controlo ecográfico (para este efeito, é útil a bexiga estar cheia). Imediatamente após a transferência, a sonda é observada à lupa para confirmar que não há qualquer embrião retido.

A doente permanece deitada durante 20-30 minutos, podendo seguidamente regressar a casa (não obstante estarem na cavidade uterina, os embriões não caiem para o exterior porque a cavidade uterina é virtual, ou seja, as paredes tocam-se, não deixando sair os embriões).

Apesar da ausência de argumentos científicos sólidos, aconselha-se repouso (relativo), em casa, durante cerca de 5 dias, sugerindo-se também que, para além destes dias iniciais, as senhoras mantenham uma actividade física moderada.

Para além da manutenção do ácido fólico, a regra terapêutica inclui a introdução vaginal de progesterona com o objectivo de manter um bom

DIREITO DA SAÚDE

ambiente uterino, isto é, uma boa receptividade do endométrio à chegada do embrião.

Cerca de 12 dias após a transferência, deve ser realizado um teste de gravidez (doseamento sanguíneo da ßhCG) e o respectivo resultado comunicado ao Centro. Nesta altura, independentemente do resultado, será marcada uma ecografia pélvica de controlo, ovárico e uterino. No caso de ter sido feito um diagnóstico bioquímico de gravidez (ßhCG igual ou superior a 20), o objectivo é também o diagnóstico de gravidez clínica (confirmação da presença de um embrião) e a identificação do número de embriões presentes na cavidade uterina.

O número de embriões a transferir é variável em função de vários parâmetros, como a idade da mulher, a qualidade estrutural e a dinâmica de desenvolvimento dos embriões. De uma forma geral, salvaguardando as modificações resultantes da individualidade de cada caso, o critério do meu grupo de trabalho é transferir 1 a 2 embriões em mulheres até aos 40 anos e considerar a transferência de 3 embriões apenas nas mulheres entre os 41 e os 44 anos (é de realçar que a transferência de 3 embriões deve assumir cada vez mais um carácter excepcional).

A ideia base e fundamental é estabelecer o maior paralelismo possível entre a maior taxa de sucesso e o menor risco de gravidez gemelar, sem colocar significativamente em causa o sucesso do tratamento.

Com este critério, e de acordo com os nossos resultados, a probabilidade de gravidez clínica por ciclo com transferência é de cerca de 35-45% para a ICSI e de 45-55% para a FIV, sendo a frequência de gravidez gemelar de 20-25% e a de gravidez tripla inferior a 1%. A maior probabilidade de sucesso com a FIV, apesar de ser uma técnica menos avançada do que a ICSI, tem a ver com o facto de se aplicar nas situações de menor gravidade (nomeadamente de factores masculinos), pelo que a qualidade e a consequente capacidade de implantação e de evolução dos embriões será também maior.

As taxas de gravidez das técnicas de PMA constituem valores de referência que permitem situar o casal numa determinada probabilidade de sucesso, a qual será, inevitavelmente, influenciada pela qualidade do trabalho laboratorial e clínico do respectivo centro mas também pela individualidade de cada situação de infertilidade conjugal (ex: a idade da mulher, a quantidade e a qualidade dos ovócitos e dos espermatozóides, ...).

PROCRIAÇÃO MEDICAMENTE ASSISTIDA

Na esmagadora maioria das situações a gemelaridade é dizigótica, o que significa que os gémeos resultam da implantação de mais do que um dos embriões transferidos para o útero (estes gémeos podem ser tão diferentes como irmãos nascidos com anos de intervalo, sendo popularmente designados de gémeos "falsos"); em situações raras, habitualmente inferiores a 1% das gravidezes, os gémeos podem resultar da divisão em dois de um mesmo embrião, quase sempre nos primeiros 5 dias de desenvolvimento: são os designados gémeos monozigóticos, vulgarmente conhecidos como "verdadeiros" pela sua aparência idêntica.

De acordo com a boa prática médica e com a legislação portuguesa (Lei nº 32/2006, de 26 de Julho), os embriões não transferidos para a cavidade uterina, e cuja caracterização morfológica traduza viabilidade, devem ser criopreservados (em azoto líquido, a 196ºC negativos).

A vantagem deste procedimento é permitir uma nova tentativa de gravidez de um modo muito menos intervencionista. Todavia, é de referir que, privilegiando uma metodologia de estimulação ovárica moderada e de cultura prolongada dos embriões para uma selecção "natural" do desenvolvimento embrionário, na maioria das situações não se identificam embriões com qualidade suficiente para criopreservar.

Esta avaliação criteriosa é importante já que mesmo os embriões com uma boa qualidade aparente podem degenerar no decurso do processo de congelação e descongelação, pelo que não seria legítimo congelar embriões com sinais de inviabilidade, criando nos casais uma expectativa inconsistente.

A definição do prognóstico de alcançar uma gravidez – obviamente muito influenciada pela qualidade do trabalho realizado no respectivo Centro onde o tratamento é realizado, mas também pelos factores tão numerosos que rodeiam cada situação de infertilidade – pode situar-se na referida probabilidade de êxito por cada ciclo mas também pode considerar-se uma taxa cumulativa de sucesso, isto é, a probabilidade de ocorrência de gravidez após 4-5 tratamentos, a qual, pelos motivos já suficientemente assinalados, pode atingir valores variáveis, incluindo uma perspectiva superior a 80%.

Apesar de cerca de 90-95% dos tratamentos de fertilização in vitro, com ou sem microinjecção intracitoplasmática, permitirem a transferência de embriões, há ciclos em que a punção de vários folículos, com dimensões suficientes para a correspondente existência de ovócitos, não

DIREITO DA SAÚDE

proporciona a recolha de qualquer ovócito (as ecografias não permitem visualizar os ovócitos, pois estes são de tamanho microscópico). Há também casos em que é necessário proceder ao cancelamento do ciclo devido a uma má resposta ovárica (número de folículos escasso ou nulo) ou a uma resposta excessiva (hiperestimulação ovárica) e há situações em que não se obtém qualquer embrião com viabilidade suficiente para a respectiva transferência embrionária.

O número limite de tratamentos que é possível fazer é uma pergunta recorrentemente feita pelos casais. A resposta imediata deverá ser a de que o limite é estabelecido pela análise, o mais objectiva possível, dos vários parâmetros, clínicos e laboratoriais, decorrentes de cada passo do tratamento (resposta ovárica, número e qualidade dos ovócitos, caracterização embrionária, ...).

A grande variabilidade das situações faz com que seja igualmente correcto realizar cinco ou mais tratamentos, como fazer dois e não ser aceitável continuar. Há situações em que, apesar da pressão exercida pelo casal no sentido de prosseguir, resultante da sua grande ansiedade e até angústia, o médico deve explicar-lhes que é preciso "saber parar", desde que a análise da situação resulte na conclusão de que a probabilidade de vir a ter sucesso não é minimamente consistente.

A intervenção terapêutica da microinjecção intracitoplasmática assume um relevo inquestionável, por constituir a concretização do que esteve, até há pouco tempo, no domínio da utopia. Todavia, a sua indicação deve ser muito criteriosamente definida, evitando que a sua fantástica capacidade de resolver situações gravíssimas condicione uma tendência precipitada e imprudente à sua prática generalizada.

A nível mundial, já se realizam anualmente mais de 1 milhão de ciclos de fertilização in vitro, com ou sem microinjecção intracitoplasmática. Há países em que as crianças nascidas em consequência destas técnicas de procriação medicamente assistida já constituem cerca de 5% do número global de recém-nascidos.

Embora a maioria dos estudos não tenha detectado um aumento da frequência de malformações congénitas nos recém-nascidos resultantes da inseminação intrauterina, fertilização in vitro ou microinjecção intracitoplasmática, essa possibilidade não pode ser completamente excluída, pelo que é importante a avaliação, imediata e a longo prazo, das crianças nascidas.

A frequência dos abortamentos espontâneos é semelhante à observada na população geral (cerca de 15% das gestações diagnosticadas), existindo também o risco de 2% de ocorrer uma gravidez ectópica (gestação fora da cavidade uterina, quase sempre na trompa).

O aconselhamento genético do casal deve incluir a abordagem das indicações e dos riscos do diagnóstico pré-natal. A gestação deve ser considerada de alto risco, não apenas por ter sido alcançada com alta tecnologia mas também atendendo à infertilidade subjacente, pelo que a monitorização fetal assume um relevo ainda mais significativo, nomeadamente através do rastreio genético e ecográfico. O resultado deste rastreio pode constituir um elemento muito importante na decisão de realizar o diagnóstico pré-natal.

Após o diagnóstico de gravidez, os casais devem levar dois modelos de relatório médico, a devolver ao Centro de PMA, que obedecem aos parâmetros definidos pelo Conselho Nacional de Procriação Medicamente Assistida (CNPMA): um, a preencher pelo médico assistente, descrevendo as condições da gravidez e do parto e as características do recém-nascido; outro, a ser devolvido depois de preenchido pelo pediatra ou médico de família assistente no final do primeiro ano de vida da criança.

Os casais devem também informar o Centro de PMA sobre qualquer elemento relevante, a curto, médio ou longo prazo, relativo ao desenvolvimento físico e psico-motor da criança.

Para além dos modelos de relatório médico atrás referidos, a legislação portuguesa (Lei nº 32/2006) exige que os beneficiários das técnicas de PMA prestem o consentimento para a sua realização, sendo válidos apenas os consentimentos informados aprovados pelo CNPMA

Doação de Espermatozóides e Ovócitos

Apesar de todos os avanços científicos e técnicos, há situações de infertilidade que não podem ser solucionadas com os gâmetas (espermatozóides ou ovócitos) do casal. Nestes casos, para além da adopção, o casal pode recorrer à inseminação artificial ou fertilização in vitro com espermatozóides de dador ou à fertilização in vitro com ovócitos de dadora, consoante o problema se centre na ausência de produção ou na má qualidade de espermatozóides ou ovócitos, respectivamente.

DIREITO DA SAÚDE

O recurso à doação de ovócitos tem por base a incapacidade funcional os ovários – cuja manifestação máxima é a "menopausa precoce" (fim da função ovárica antes dos 40 anos), que atinge cerca de 1% das mulheres – mas também, e porventura de forma crescente, a má qualidade ovocitária que resulta na formação de embriões sem viabilidade.

Embora raramente, a doação de ovócitos também está indicada para evitar a transmissão de doenças génicas graves ligadas ao ADN das mitocôndrias ("fábricas produtoras da energia das células"), que ocorre apenas através da mãe. Nestes casos, através da técnica de transferência nuclear, a doação é parcial pois há apenas uma "doação de mitocôndrias" – o núcleo de cada ovócito doado é retirado para ser substituído pelo núcleo (normal) da mulher que tem as mitocôndrias com o ADN anormal. Esta técnica permite que o embrião resultante contenha a informação genética dos núcleos do pai e da mãe (que têm mais de 99,99% dos genes) e o citoplasma da dadora (onde se encontram as mitocôndrias normais).

A realização das técnicas de PMA com doação de gâmetas é possível desde que as indicações para as mesmas cumpram as exigências legais e da arte médica e exista um dador compatível (etnia, grupos sanguíneos ABO/Rh, altura, cor da pele, cor dos olhos e cor do cabelo).

A selecção dos dadores envolve critérios claramente definidos, nomeadamente a ausência de história pessoal e familiar de doenças hereditárias, a ausência de história pessoal de doenças infecciosas transmissíveis, a normalidade dos testes de rastreio obrigatórios e os limites de idade (não é aceitável um dador de espermatozóides com mais de 44 anos nem uma dadora de ovócitos com idade superior a 34 anos).

É importante referir a dificuldade em recrutar dadores, pelo que há um apelo permanente ao espírito de dádiva altruísta. As normas legais portuguesas definem que a doação de gâmetas é voluntária, de carácter benévolo e não remunerada (embora os dadores possam receber uma compensação estritamente limitada ao reembolso das despesas efectuadas ou dos prejuízos directa e imediatamente resultantes da dádiva).

A procriação medicamente assistida com doação de ovócitos pode ser realizada com ovócitos frescos ou com ovócitos criopreservados.

A observação de resultados semelhantes relativamente às taxas de gravidez (cerca de 60%) e à normalidade das crianças nascidas, comparando a utilização de ovócitos criopreservados por vitrificação com ovócitos frescos, tem levado ao aumento progressivo do recurso a ovócitos vitrificados nos tratamentos com ovócitos de dadora.

Time-Lapse (EmbryoScope)

A preocupação permanente em melhorar as taxas de sucesso conduz também à constante atenção a todas as variáveis que possam influenciar positivamente a qualidade dos espermatozóides, ovócitos e embriões.

Neste sentido, alguns centros passaram a realizar a cultura in vitro dos gâmetas e embriões num ambiente muito mais próximo do existente in vivo nas trompas e útero, isto é, uma atmosfera proporcionada pela utilização de azoto (N2) em que a concentração de oxigénio é apenas de 5% (5% O2, 89% N2, 6% CO2), muito inferior à concentração de O2 existente na atmosfera resultante da tradicional mistura de ar (que contém cerca de 21% de O2) e 6% de CO2, ainda hoje a mais utilizada pela maioria dos centros a nível mundial, presumivelmente pelo seu muito menor custo já que permite prescindir do azoto.

As incubadoras de última geração vieram permitir acrescentar a esta atmosfera fisiológica de 5% de oxigénio a cultura dos espermatozóides, ovócitos e embriões num espaço (volume) muitíssimo menor do que o existente nas incubadoras tradicionais, do que resulta uma estabilidade muitíssimo maior da temperatura e da concentração dos gases referidos.

Uma destas incubadoras – EmbryoScope – permite adicionalmente usufruir do sistema time-lapse, em que a conjugação da incubadora, de um microscópio e de uma máquina fotográfica incorporada proporciona a obtenção de múltiplas imagens de todos os embriões presentes na incubadora, sem necessidade de retirar as placas de cultura. A partir destas imagens, o sistema cria um vídeo contínuo do desenvolvimento dos embriões, desde a fecundação até à transferência para o útero.

A óbvia expectativa é que todos estes recursos, pela melhoria da qualidade dos embriões e da cada vez mais fundamentada avaliação e interpretação da sua morfologia e dinâmica de desenvolvimento, conduzam ao aumento significativo da probabilidade de gravidez.

Diagnóstico Genético Pré-Implantação

A microinjecção intracitoplasmática é a técnica de eleição para a obtenção de embriões quando a finalidade é a realização do Diagnóstico Genético Pré-Implantação (DGPI), método muito precoce de diagnóstico

DIREITO DA SAÚDE

pré-natal para os casais com um elevado risco de transmissão de uma doença génica (ex: polineuropatia amiloidótica familiar (PAF) ou "doença dos pézinhos") ou cromossómica (ex: trissomia 21 ou "mongolismo").

O DGPI pode realizar-se após a remoção (biopsia) de uma ou duas células de embriões no 3º dia de desenvolvimento (número total de células variável entre 6 e 12) ou após a biopsia na fase de blastocisto (5º dia), com posterior diagnóstico de uma patologia génica ou cromossómica. O objectivo é a transferência de embriões geneticamente normais no que respeita à patologia estudada.

A necessidade de combinar as tecnologias de micromanipulação gamética e embrionária com as de biologia molecular ou citogenética molecular em célula única é o grande motivo que justifica que o DGPI ainda seja realizado num número limitado (embora significativamente crescente) de centros em todo o mundo.

A principal limitação desta técnica reside no número reduzido de células que podem ser retiradas do embrião pelo que o rigor diagnóstico não pode ser igual ao permitido pelo diagnóstico pré-natal. Por este motivo, embora o risco de erro diagnóstico seja baixo, há a opinião generalizada de que a confirmação do resultado é recomendável em todos os casos. Outra limitação do DGPI é a possível diminuição da taxa de gravidez por ciclo de microinjecção intracitoplasmática, provavelmente não como consequência da biopsia embrionária mas porque os embriões disponíveis para a respectiva transferência serão em menor número devido à exclusão daqueles em que são diagnosticadas anomalias genéticas (génicas ou cromossómicas).

Estas limitações não são motivo para que não se perspective um aumento crescente da prática do diagnóstico genético pré-implantação, pela possibilidade de prevenir a doença genética e o seu impacto em gerações futuras e também pelo facto de não haver aumento da incidência de malformações congénitas nas gestações em que o DGPI foi realizado. Por outro lado, permitindo evitar a implantação de embriões anormais, a selecção embrionária in vitro poderá eliminar a necessidade de uma futura interrupção de gravidez.

No âmbito do DGPI existe o Rastreio de Aneuploidias Pré-Implantação (PGS – Preimplantation Genetic Screening) cujo objectivo fundamental é a detecção de anomalias cromossómicas de número (aneuploidias) no embrião. Estas anomalias cromossómicas, sobretudo as

PROCRIAÇÃO MEDICAMENTE ASSISTIDA

trissomias (situação em que se verifica a existência de um cromossoma em excesso), podem ser responsáveis pelo nascimento de uma criança com malformações e são uma causa muito frequente de abortamentos espontâneos e de insucesso das técnicas de PMA.

A evolução das técnicas de biologia molecular aplicadas ao estudo da patologia genética, permitindo o estudo de todos os cromossomas – array comparative genomic hybridization (array-CGH) e next-generation sequencing (NGS) –, associada à biopsia do embrião em blastocisto (de que resultará uma amostra de 5-10 células da camada celular externa do embrião, designada de trofoectoderme, a partir da qual se formará a placenta), tem proporcionado um crescendo de expectativa na utilidade do PGS nos casos de abortamentos de repetição, insucessos repetidos de implantação e de idade materna avançada.

O carácter de um estudo a nível embrionário provoca uma inevitável polémica à volta da sua realização. Os riscos inevitáveis que todos os avanços científicos e técnicos comportam de desvios perversos não devem constituir a imagem mais forte que chega à sociedade e, sobretudo, ao poder legislativo. Este tem a responsabilidade de não se deixar envolver por posições ético-filosóficas excessivas que, prevalecendo, poderão resultar na indignidade de não fazermos o que será possível para diminuir a doença, não no sentido negativo e pejorativo da manipulação perseguindo a eugenia mas com a nobreza de quem tem como obrigação fazer com que as próximas gerações possam ter menos doenças graves.

Comentário final

A infertilidade é reconhecida cada vez mais generalizadamente como uma forma de doença – não uma doença que mata ou incapacita mas que pode angustiar corrosivamente -, assumindo também rápida e progressivamente uma grande importância social e não apenas individual, atendendo à diminuição dramática da taxa de natalidade. Em Portugal, em 2013, o índice sintético de fecundidade foi de 1,21 (índice sintético de fecundidade: número médio de crianças vivas nascidas por mulher em idade fértil; o número de 2,1 crianças por mulher é considerado o nível mínimo de substituição de gerações).

A complexidade científica, ética, filosófica e religiosa das técnicas de procriação medicamente assistida, e as suas implicações, torna natural e até desejável que surjam as interrogações e o debate se mantenha

DIREITO DA SAÚDE

presente, desde que fundamentado e intelectualmente sério, mas nunca perdendo de vista o casal, a pessoa, o seu sofrimento, a sua angústia e a legitimidade das suas expectativas.

A propagação cada vez mais galopante da informação, tendo uma utilidade clara, não deixa de conter os riscos inerentes às mensagens demagógicas e perigosas, em que os avanços científicos e técnicos podem surgir como panaceias, induzindo uma falsa tranquilidade. Um exemplo recente destes perigos é que ao esclarecimento rigoroso e preocupado de salientar a importância da idade da mulher como um elemento essencial no prognóstico do sucesso procriativo, sejam apresentadas "soluções", como a congelação dos ovócitos, que podem induzir a mulher a adiar tranquila mas perigosamente a sua gravidez...

A exaltação final à competência rigorosa dos profissionais, não só nos actos que praticam mas também na informação que divulgam, e às medidas profiláticas decorrentes dos comportamentos da população (ex: práticas de vida saudável e as senhoras iniciarem as tentativas de gravidez antes dos 30 anos), justifica-se pela possibilidade real de não acrescentar factores de insucesso aos muitos de ordem biológica já inevitavelmente existentes, tantas vezes inimigos desconhecidos ou de combate infrutífero.

Da obrigação de informar em diagnóstico pré-natal e diagnóstico genético pré-implantação – as acções de "*wrongful birth*" e "*wrongful life*" e o instituto da responsabilidade civil

Luís Duarte Baptista Manso*

KEYWORDS: Reproductive Health Care; Prenatal Diagnosis; Termination of Pregnancy; Medically Assisted Reproduction; Preimplantation Genetic Diagnosis; Transfer of Embryo; Duty to Inform; Risks of Fetal (Embryonic) Abnormality; Wrongful Birth; Wrongful Life.

1. Enquadramento Temático

Está hoje consagrado o consentimento informado na prestação de cuidados de saúde, enquanto manifestação do direito ao *desenvolvimento da personalidade*, inscrito no artº 26º, nº 1, da CRP, e que se traduz, aqui, no direito do paciente a ser devidamente esclarecido antes de se autodeterminar em relação à prossecução ou não de certo tratamento médico e/ou intervenção cirúrgica.

---

* Licenciado em Direito pela Universidade de Coimbra
Mestre em Direito Civil pela Universidade de Coimbra
Doutorando em Direito Civil pela Universidade de Coimbra

DIREITO DA SAÚDE

No âmbito da saúde reprodutiva e do planeamento familiar, a falha do dever de informação em Diagnóstico Pré-Natal (DPN) e Diagnóstico Genético Pré-Implantação (DGPI) tem permitido a emergência de uma tipologia específica de acções de responsabilidade civil médica, denominadas de *wrongful birth* e *wrongful life*.

As acções de *wrongful birth* (*nascimento indevido* ou *indesejado*) são intentadas por um ou ambos os *progenitores* contra os médicos e/ou clínicas e/ou laboratórios pelo não cumprimento ou cumprimento defeituoso da prestação de informação dos riscos de anomalia fetal (ou embrionária), que se, em momento prévio, fossem conhecidos por aqueles, teriam, certamente, motivado, em DPN, a interrupção da gravidez, ao abrigo da lei, ou, na Procriação Medicamente Assistida (PMA) e DGPI, a não implantação do embrião *in utero*, evitando, como tal, o *nascimento indesejado* de uma criança portadora de deficiências[1].

Destarte, os pais requerem, por norma, a indemnização de *danos patrimoniais* correspondentes às despesas médicas e de internamento hospitalar, custos de sustento de uma criança com anomalia congénita e perda de rendimento familiar, e *danos não patrimoniais*, respeitantes ao sofrimento, dor e angústia padecidos em todo esse contexto.

Por outro lado, as acções de *wrongful life* (*vida indevida* ou *indesejada*)[2] são demandadas pela *criança*, via de regra, com representação legal da autoridade parental, contra os médicos e/ou clínicas e/ou laboratórios, no pressuposto de que, se não tivesse havido falha no dever de informação acerca dos riscos de anomalia fetal (ou embrionária), *não existiria*, já que, se tal fosse do conhecimento dos seus pais, em DPN, a gravidez teria sido, provavelmente, interrompida, nos termos e prazo legalmente

---

[1] A este propósito, consideram-se os *laboratórios* tomados em sentido amplo, integrando, designadamente, os respectivos médicos patologistas que executam/analisam os exames de rastreio ou diagnóstico e estão sujeitos ao dever de informação.

[2] A expressão *"wrongful life"* surge, em 1963, num litígio dos EUA, *Zepeda v. Zepeda*, 41 Ill. App.2d 240, 190 N.E.2d 849 (App.Ct.), no Tribunal de Apelação de Illinois, embora num cenário distinto daquele que ora se analisa, e respeitante, por sua vez, a uma vida insatisfatória ou (*dissatisfied life*). Trata-se de uma acção interposta pelo filho saudável contra o progenitor por força de ter nascido de uma relação ilegítima; nesta matéria, RICARDO DE ÁNGEL YÁGÜEZ, *Diagnósticos Genéticos Prenatales y Responsabilidad* (Parte I), *in Revista de Derecho y Genoma Humano*, nº 4, Janeiro-Junho, Bilbao, 1996, *pág. 110*, nota de rodapé 13; VERA LÚCIA RAPOSO, *Responsabilidade Médica em Sede de Diagnóstico Pré-Natal (Wrongful Life e Wrongful Birth)*, *in Revista do Ministério Público*, Outubro-Dezembro de 2012, *pág. 77*.

estabelecidos, ou, em PMA e DGPI, não seria autorizada a transferência do embrião *in utero*, prevenindo-se, assim, uma *vida indevida*.

Na verdade, a criança fundamenta-se, em geral, num "direito à não existência" e remete a sua pretensão indemnizatória para os *danos patrimoniais* consubstanciados, sobretudo, nas despesas médicas e de tratamento e custos gerais e extraordinários afectos ao seu sustento, e *danos não patrimoniais*, relativos à experiência difícil, sacrificante e de angústia que constitui a sua *própria* vida, sendo, portanto, desejável não viver ou, *rectius*, não ter *nascido*[3].

Importa, ainda, destacar que, nas acções de *wrongful birth* e *wrongful life*, a anomalia congénita em apreço não resulta de lesão *directa* ou *causal* do médico. Em rigor, do que se trata é de que, no âmbito da prestação de cuidados de saúde reprodutiva, existem lacunas ou falhas no processo de esclarecimento ou de veiculação da informação e que acabam, nesta medida, por permitir o *nascimento* de uma criança portadora de deficiências.

Com efeito, a violação da obrigação de informar pode, desde logo, verificar-se, por negligência, quando exista um total incumprimento ou ausência de informação pelos médicos da condição de saúde do nascituro; o esclarecimento é prestado de modo defeituoso, com violação do dever cuidado e zelo exigíveis em sede de apresentação ou transmissão dos resultados dos exames de rastreio ou de DPN. Finalmente, em PMA e DGPI, por falta de diligência na execução das respectivas técnicas, é seleccionado e implantado um embrião portador de anomalia congénita, e/ou ocorre falha do dever de informação quanto aos riscos de patologia do embrião transferido[4].

---

[3] *Cfr.*, sobre o conceito de "não existência", nas acções de *wrongful life*, Dean Stretton, *The Birth Torts: Damages for Wrongful Birth and Wrongful Life*, in Deakin Law Review, Vol. 10, nº 1, 2005, *págs. 354 a 356.*

[4] *Cfr.*, para mais desenvolvimentos, Andrea Macía Morillo, *La Responsabilidad Médica por Los Diagnósticos Preconceptivos y Prenatales (Las Llamadas Acciones de Wrongful Birth y Wrongful Life)*, Tirant lo Blanch, Valencia, 2005, *págs. 72 a 74*; Luís Duarte Manso, *Responsabilidade Civil em Diagnóstico Pré-Natal – O Caso das Acções de "Wrongful Birth"*, in Lex Medicinae, Ano 9, nº 18, 2012, *págs. 161 e ss.*; ainda, num estudo aprofundado das acções de *wrongful birth* e *wrongful life*, André Dias Pereira, *O Consentimento Informado na Relação Médico-Paciente*, Estudo de Direito Civil, Coimbra Editora, 2004, *págs. 375 e ss.*; *Direitos dos Pacientes e Responsabilidade Médica*, Coimbra Editora, 2015, *págs. 250 e ss.*.

DIREITO DA SAÚDE

2. Breves Considerações sobre a Posição Jurisprudencial

A orientação da jurisprudência nos diferentes Ordenamentos Jurídicos em Direito Comparado tem caminhado no sentido de acolher as acções de *wrongful birth*, pese embora figurarem algumas divergências quanto à extensão da indemnização[5].

No que tange às acções de *wrongful life*, e exceptuadas escassas decisões, os Tribunais têm-se pronunciado de forma negativa, considerando que não merece tutela jurídica um direito da criança à "não existência" e que, portanto, não pode conceber-se a vida como um dano.

Por outro lado, são também avançados obstáculos, desde logo, ao nível do preenchimento dos requisitos de responsabilidade civil, *maxime*, a propósito da falta de nexo de causalidade entre o facto e o dano, e, ainda, pelo reconhecimento de que o instituto em apreço não se revela adequado para julgar este tipo de acções[6].

---

[5] Deixe-se a nota de referência para os EUA, *Jacobs v. Theimer* 519 S.W. 2d 846 (Tex. 1975); *Gallagher v. Duke*, 638 F. Supp. 979 (M.D.N.C. 1986), 852 F.2d 773 (4th Cir. 1988); *Siemieniec v. Lutheran General Hospital*, 117 Ill. 2d 230, 512 N.E.2d 691 (1987), *in www.leagle.com*; Reino Unido, *Rand v. East Dorset Health Authority* [2000] 56 BMLR 39; *Lee v. Taunton and Somerset NHS Trust* [2001] 1 FLR 419; Bélgica, *Arrêt* do *Tribunal de Première Instance* de Bruxelas, de 21 de Abril de 2004, JT 2004, 716; Alemanha, BGH de 18 de Janeiro de 1983, BGHZ, 86, 240 a 255; BGH de 16 de Novembro de 1993, BGHZ, 124, 128 a 146; Áustria, OGH de 25 de Maio de 1999, 1 Ob 91/99k, SZ 72/91; OGH de 11 de Dezembro de 2007, 5 Ob 148/07m, RdM 2008, 47; Itália, Cassazione Civile, Sezione III, de 2 de Outubro de 2012, nº 16754, FI, nº 1, 2013, 181; Cassazione Civile, Sezione III, de 22 de Março de 2013, nº 7269, *in www.cortedicassazione. it*; Espanha, STS de 18 de Maio de 2006, RJ 2006/4724; Holanda, *Hoge Raad*, de 18 de Março de 2005, NJ 2006, 606 (Kelly Molenaar).

[6] Neste apartado, indique-se, nos EUA, *Proffitt v. Bartolo*, 162 Mich App 35, 412 NW2d 232 (1987); *Viccaro v. Milunsky* 551 N.E.2d 8 (Mass. 1990), *in www.leagle.com*; Reino Unido, *McKay v. Essex Area Health Authority* [1982] QB 1166; Alemanha, BGH de 18 de Janeiro de 1983, BGHZ, 86, 240 a 255; Áustria, OGH de 25 de Maio de 1999, 1 Ob 91/99k, SZ 72/91; Itália, Cassazione Civile, Sezione III, de 29 de Julho de 2004, nº 14488, FI, nº 12, 2004, 3327; Cassazione Civile, Sezione III, 14 de Julho de 2006, nº 16123, RCP, Vol. LXXII, nº 1, 2007, 56; Espanha, STS de 6 de Julho de 2007, RJ 2007/3658; em sentido contrário, julgando procedentes as acções de *wrongful life*, nos EUA, *Curlender v. Bio-Science Laboratories* 106 Cal. App 3d 811 (1980), *in www.leagle.com*; Bélgica, *Arrêt* do *Tribunal de Première Instance* de Bruxelas, de 21 de Abril de 2004, JT 2004, 716; Holanda, *Hoge Raad*, de 18 de Março de 2005, NJ 2006, 606 (Kelly Molenaar); Itália, Cassazione Civile, Sezione III, de 2 de Outubro de 2012, nº 16754, FI, nº 1, 2013, 181; Espanha, STS de 18 de Maio de 2006, RJ 2006/4724, e STS de 16 de Junho de 2010, 4403/2008, Sala de Contencioso Administrativo, *in www.poderjudicial.es*.

Em relação ao Direito Interno, a jurisprudência perfilha do entendimento maioritário traçado no Direito Comparado, mostrando-se favorável à procedência das acções de *wrongful birth* e rejeitando as acções de *wrongful life*[7].

Ora, a este respeito, cumpre indicar o Acórdão do STJ, de 19 de Junho de 2001, que convoca uma acção de *wrongful life*, em que foi negado provimento à pretensão da criança, já que, no parecer do Tribunal, existia falta de "conformidade entre o pedido e a causa de pedir", porquanto a criança invoca a privação de interrupção da gravidez como fundamento da sua pretensão indemnizatória quando, em rigor, essa é uma "faculdade que seria concedida à mãe (ou aos pais)".

Além disso, não se aceita um "direito à não existência", sendo, destarte, impossível quantificar o dano enquanto "prejuízo de viver com a deficiência, comparado com a vantagem de não viver de todo"[8].

No Acórdão do Tribunal da Relação de Lisboa, de 10 de Janeiro de 2012, num caso de *wrongful birth* e *wrongful life*, foi julgada procedente a demanda dos progenitores, e autorizado o ressarcimento de danos morais, tendo, doutro passo, sido vedada a pretensão da criança[9].

Por sua vez, no Acórdão do STJ, de 17 de Janeiro de 2013, que se reporta a uma acção de *wrongful birth* e *wrongful life*, foi concedido provimento à pretensão da progenitora e rejeitada a da criança.

De facto, o Supremo Tribunal de Justiça considera que o médico e a respectiva clínica assumiram uma obrigação de meios para com a paciente, no âmbito do contrato de prestação de serviços médicos, previsto nos termos do artº 1154º, do Código Civil, e que se destinava, aqui, *inter alia*, ao diagnóstico de anomalias fetais e vigilância da gravidez.

Neste pressuposto, a falha do dever informação quanto ao diagnóstico das respectivas malformações fetais prefigurou uma "conduta ilícita

---

[7] Não obstante, refira-se o Acórdão do Tribunal Administrativo e Fiscal de Coimbra, de 9 de Maio de 2011, Processo nº 533/97, Relator: Joaquim Cruzeiro, em que o Tribunal autorizou a indemnização aos progenitores, por *wrongful birth*, de danos patrimoniais e não patrimoniais, e, de *wrongful life*, quanto aos danos não patrimoniais sofridos pela criança até ao seu falecimento.

[8] *Cfr.* Acórdão do STJ, de 19 de Junho de 2001, *in Revista de Legislação e de Jurisprudência*, Ano 134º, nº 3933, Coimbra Editora, 2002, *págs. 371 a 377*, e Anotação de ANTÓNIO PINTO MONTEIRO, *Direito a não Nascer?, págs. 377 a 384*.

[9] *Cfr.* Acórdão do Tribunal da Relação de Lisboa, de 10 de Janeiro de 2012, Relator: Rui Vouga, *in www.dgsi.pt*.

DIREITO DA SAÚDE

e culposa" em clara violação do dever de cuidado e dos ditames traçados pelas *leges artis*, tendo, assim, impedido a mãe de autorizar, como tal, a interrupção da gravidez.

Ante o exposto, dita, ainda, que "a conduta dos Réus foi decisiva para o resultado produzido, qual foi o de possibilitarem" o nascimento da criança com as deficiências, "o que não teria acontecido se aqueles mesmos Réus tivessem agido de forma diligente", pelo que se pronunciou, assim, de modo favorável no que toca à pretensão da progenitora em sede de *wrongful birth*.

Em relação à demanda da criança, por *wrongful life*, nega a sua viabilidade, desde logo, porquanto não pode acolher-se "o ressarcimento do dano pessoal de se ter nascido", nem merece tutela jurídica um "*direito à não vida*", o qual colide com "princípios constitucionais estruturantes plasmados nos artigos 1º, 24º e 25º da CRPortuguesa, no que tange à protecção da dignidade, inviolabilidade e integridade da vida humana, quer na vertente do «ser», quer na vertente do «não ser».".

Por outro lado, defende que a violação do dever de informação respeita apenas à progenitora, justamente porque o nascituro não é parte no contrato de prestação de serviços médicos.

A este propósito, rejeita o apelo ao contrato com eficácia de protecção para terceiros, que permitiria "abarcar as situações de violação de deveres específicos de protecção e cuidado", designadamente, em relação ao nascituro, já que, ao abrigo do artº 66º, nº 1, do Código Civil, este não dispõe de personalidade jurídica, "sem prejuízo da Lei lhe atribuir alguns direitos"[10].

Na verdade, temos que a posição do Aresto em apreço, que julga improcedente a acção de *wrongful life*, acompanha, em rigor, o entendimento prefigurado pelo Acórdão de 19 de Junho de 2001, no sentido de que, no respectivo Ordenamento Jurídico, a criança não tem, assim, um "direito à não existência" e, desta feita, a ser indemnizada pelo facto de ter *nascido*.

---

[10] *Cfr.* Acórdão do STJ, de 17 de Janeiro de 2013, Relator: Ana Paula Boularot, *in www.dgsi.pt.*

3. Análise da Questão no Plano dos Requisitos de Responsabilidade Civil – Posição Adoptada

No que concerne às acções de *wrongful birth*, o entendimento da doutrina e jurisprudência tem-se apresentado, em regra, favorável à sua procedência[11].

Pela nossa parte, defendemos que se encontram reunidas, no terreno jurídico, todas as condições para a admissibilidade, no Direito Português, das acções de *wrongful birth*, pelo que, embora seja exigível, invariavelmente, uma análise casuística para apuramento da respectiva circunstância factual, temos que não se vislumbram, desde logo, em sede dogmática, quaisquer entraves quanto aos pressupostos de responsabilidade civil, previstos no artº 483º, nº1, do Código Civil.

Destarte, a falha do dever de informação, em DPN ou DGPI, dos riscos de anomalia fetal (ou embrionária), em desrespeito pelas *leges artis*, consubstancia um *facto ilícito*, no plano *extracontratual*, ao abrigo do epigrafado nos art.ᵒˢ 156º e 157º, do Código Penal, além da ofensa à integridade física e moral da pessoa humana, subsumível no artº 25º, nº 1, da CRP, ao direito ao desenvolvimento da personalidade, no artº 26º, nº 1, da CRP, e direito à autodeterminação (negativa) de planeamento familiar, projectado no artº 70º, nº 1, do Código Civil, sendo que, no domínio *contratual*, cabe, aqui, a violação dos deveres e obrigações resultantes do contrato de prestação de serviços médicos.

Em acréscimo, o médico que, por falta de diligência, zelo e cuidado, ou desprovido dos necessários conhecimentos ou de competência física e intelectual para o exercício das suas funções, viola o dever de informação, e, desta feita, não comunica aos progenitores os riscos de anomalia fetal (ou embrionária), actua com *culpa*, de forma negligente, atento, neste passo, o disposto no artº 487º, nº 2, do Código Civil.

Por outro lado, no palco das consequências jurídicas do facto ilícito praticado pelo médico, podem enunciar-se *danos patrimoniais*, corres-

---

[11] *Cfr.* Paulo Mota Pinto, *Indemnização em Caso de "Nascimento Indevido" e de "Vida Indevida" ("Wrongful Birth" e "Wrongful Life"), in Nos 20 anos do Código das Sociedades Comerciais – Homenagem aos Profs. Doutores A. Ferrer Correia, Orlando de Carvalho e Vasco Lobo Xavier*, Vol. 3, Coimbra Editora, 2007, *págs. 927 a 946*; Vera Lúcia Raposo, *As Wrong Actions no Início da Vida (Wrongful Conception, Wrongful Birth e Wrongful Life) e a Responsabilidade Médica, in Revista Portuguesa do Dano Corporal*, Ano XIX, nº 21, 2010, *págs. 88 e ss.*; André Dias Pereira, *Direitos dos Pacientes e Responsabilidade Médica, ob. cit., págs. 250 a 262 e 276 a 288.*

DIREITO DA SAÚDE

pondentes às despesas médicas e custos *especiais* de sustento e educação de uma criança portadora de anomalia congénita, e *danos não patrimoniais*, assentes na ofensa do direito de autodeterminação reprodutiva da mulher (casal), em face da privação da interrupção da gravidez, nos termos legais, ou da não implantação do embrião *in utero*, e, bem assim, no choque emocional, sofrimento e angústia pelo nascimento e acompanhamento de um filho com deficiência e graves limitações.

Finalmente, em respeito ao *nexo de causalidade entre o facto e o dano*, cumpre evidenciar que o médico ou a instituição de saúde, *latu sensu*, não *causam*, ou melhor, não são responsáveis pela deficiência, mas pelo *nascimento com deficiência*, já que o incumprimento ou cumprimento defeituoso na prestação de informação dos riscos de anomalia fetal (ou embrionária) privou a mulher (casal) da oportunidade de tomar uma decisão informada e esclarecida quanto à interrupção da gravidez, em DPN, ou à não transferência do embrião para a cavidade uterina, em PMA e DGPI[12].

Por sua vez, no que tange às acções de *wrongful life*, a posição doutrinal e jurisprudencial maioritária, que perfilhamos, tem caminhado no sentido de rejeitar, em absoluto, a sua viabilidade, sendo expendidos argumentos de recusa num plano ético-jurídico e ao nível dos pressupostos de responsabilidade civil, inscritos no artº 483º, nº 1, do Código Civil[13].

---

[12] *Cfr.*, a este propósito, Guilherme De Oliveira, *O Direito do Diagnóstico Pré-Natal, in Temas de Direito da Medicina*, 2ª Edição, Coimbra Editora, 2005, *pág. 230*, que defende que, além das hipóteses de causa *directa* de lesões no feto (*prenatal injury*), ou já, quando ocorra "má interpretação culposa de resultados" que conduza à "eliminação de um feto saudável", também nos demais, em que figura uma "causalidade indirecta ou mediata", designadamente, quando "intervenham, de permeio, outros factores – sejam factores naturais sejam factos praticados pelo lesado" e conquanto que "(...) induzidos pelo facto inicial, segundo um juízo de probabilidade", pode admitir-se a existência de uma relação de causalidade entre o *facto* e o *dano*. Por conseguinte, tratando-se de um falso resultado negativo, em virtude de um DPN executado indevidamente, que impediu, como tal, a grávida de interromper a gravidez, "(...) pode dizer-se que a conduta culposa do médico foi a causa do nascimento com a deficiência grave que não foi diagnosticada.".

[13] *Cfr.*, nomeadamente, António Pinto Monteiro, Anotação ao Acórdão do STJ, de 19 de Junho de 2001, *Direito a não Nascer?, ob. cit., págs. 377 a 384*; Fernando Pinto Monteiro, *"Direito à não Existência, Direito a não Nascer", in Comemorações dos 35 anos do Código Civil e dos 25 anos da Reforma de 1977*, Vol. II, A Parte Geral do Código e a Teoria Geral do Direito Civil, Coimbra Editora, 2006, *págs. 131 a 138*; Manuel Carneiro Da Frada, *Direito*

DA OBRIGAÇÃO DE INFORMAR EM DIAGNÓSTICO PRÉ-NATAL ...

De facto, cumpre referir que, no âmbito da responsabilidade civil, e, em concreto, do *facto ilícito* do agente, não resistem dúvidas de que a falha do dever de informação aos *progenitores* dos riscos de anomalia fetal (ou embrionária) prefigura um acto antijurídico e traduz um incumprimento ou cumprimento defeituoso por parte do médico da respectiva prestação de cuidados de saúde.

Não obstante, a questão que se coloca em sede de *wrongful life* passa por aferir em que medida tal facto ilícito importa consequências jurídicas à criança deficiente, no sentido de que a própria venha a ser ressarcida pelos competentes danos patrimoniais e não patrimoniais.

Com efeito, o principal obstáculo que pode levantar-se, e que, na verdade, trará implicações na dificuldade ou impossibilidade de apuramento de dano e de nexo de causalidade, jaz no facto de que a petição da criança portadora de anomalia congénita se consubstancia na privação da *interrupção da gravidez*, ou da *não implantação do embrião in utero*, e, como tal, faz intervir um direito de autodeterminação reprodutiva que, em rigor, apenas se reporta à mãe ou ao casal.

Doutro passo, o alegado "direito a não existir" ou à "não existência", que, em geral, pode decantar-se do teor ou substrato da pretensão

---

Civil, Responsabilidade Civil, O Método do Caso, Almedina, 2006, *pág. 91*; *A Própria Vida como Dano? – Dimensões Civis e Constitucionais de uma Questão-Limite –*, in *Pessoa Humana e Direito*, (Coordenação de Diogo Leite de Campos e Silmara Juny de Abreu Chinellato), Almedina, 2009, *págs. 260 a 294*; ANTÓNIO MENEZES CORDEIRO, *Tratado de Direito Civil*, Vol. IV, Parte Geral, Pessoas, 3ª Edição, Almedina, 2011, *págs. 344 e ss.*; MARTA NUNES VICENTE, *Algumas Reflexões Sobre as Acções de Wrongful Life: A Jurisprudência Perruche*, in *Lex Medicinae*, Ano 6, nº11, 2009, *págs. 117 a 141*; CARLOS ALMEIDA RODRIGUES, *A Problemática Inerente às Wrongful Life Claims – A Sua (Não) Admissibilidade pela Jurisprudência Portuguesa*, in *Lex Medicinae*, Ano 10, nº19, 2013, *págs. 171 a 188*; em Direito Comparado, ANDREA MACÍA MORILLO, *La Responsabilidad Civil Médica. Las Llamadas Acciones de Wrongful Birth y Wrongful Life*, in *Revista de Derecho*, Universidad del Norte, nº 27, 2007, *págs. 24 a 29*; por outro lado, mostrando-se favoráveis às acções de *wrongful life*, GUILHERME DE OLIVEIRA, *O Direito do Diagnóstico Pré-Natal*, in *Temas de Direito da Medicina, ob. cit., págs. 217 e ss.*; FERNANDO ARAÚJO, *A Procriação Assistida e o Problema da Santidade da Vida*, Coimbra, Almedina, 1999, *págs. 96 e ss.*; PAULO MOTA PINTO, *Indemnização em Caso de "Nascimento Indevido" e de "Vida Indevida" ("Wrongful Birth" e "Wrongful Life")*, in *Nos 20 anos do Código das Sociedades Comerciais, ob. cit., págs. 915 a 946*; VERA LÚCIA RAPOSO, *As Wrong Actions no Início da Vida (Wrongful Conception, Wrongful Birth e Wrongful Life) e a Responsabilidade Médica*, in *Revista Portuguesa do Dano Corporal, ob. cit., págs. 91 a 93*; ANDRÉ DIAS PEREIRA, *Direitos dos Pacientes e Responsabilidade Médica, ob. cit., págs. 273 a 288*.

DIREITO DA SAÚDE

da criança, não é aceite, nem merece tutela jurídica no Ordenamento Português, pelo que, ante o exposto, poderia estar arredada, desde já, qualquer viabilidade indemnizatória através do instituto da responsabilidade civil[14].

No terreno confinado ao nexo de imputação do facto ao lesante e, portanto, quanto à análise do requisito da *culpa*, não se registam divergências doutrinais, já que, embora a omissão de diligência ou de cuidado do médico em relação à prestação de informação prefigure uma conduta negligente, ao abrigo do critério estabelecido no artº 487º, nº 2, do Código Civil, a realidade é que os entraves que possam, aqui, ser colocados são reconduzidos ao domínio da ilicitude, em sede da qual, a violação de direitos ou interesses legalmente protegidos respeita, apenas, à esfera jurídica da mãe ou do casal.

Aqui chegados, refira-se que, também no palco do *dano*, a doutrina maioritária tem esgrimido argumentos que refutam as acções de *wrongful life*, na medida em que estas, via de regra, assentam num alegado "direito a não existir" ou à "não existência", em que a vida é, em rigor, tomada como um dano ou prejuízo, no sentido de que seria preferível não viver a viver com a anomalia congénita[15].

Ora, atendendo que a vida é um bem jurídico protegido, afigura-se manifestamente incoerente a criança fazer-se valer da respectiva tutela jurídica e reconverter a vida num prejuízo indemnizável.

Na verdade, tal implicaria entregar à *disposição* um bem jurídico que, *ex natura*, é indisponível, facto esse que se mostra inaceitável no nosso Direito, já que compreende uma *degradação da vida humana* deficiente e uma ofensa ao princípio da dignidade da pessoa humana[16].

Em acréscimo, é, ainda, expendido o argumento de que a indemnização do lesado poderia conhecer percalços na fixação do respectivo

---

[14] *Cfr.*, também, FERNANDO PINTO MONTEIRO, *"Direito à não Existência, Direito a não Nascer"*, in *Comemorações dos 35 anos do Código Civil e dos 25 anos da Reforma de 1977*, Vol. II, *ob. cit., pág. 137.*
[15] *Cfr.* ANTÓNIO MENEZES CORDEIRO, *Tratado de Direito Civil*, Vol. IV, Parte Geral, Pessoas, *ob. cit., págs. 350 e 351.*
[16] *Cfr.* ANTÓNIO PINTO MONTEIRO, Anotação ao Acórdão do STJ, de 19 de Junho de 2001, *Direito a não Nascer?, ob. cit., pág. 383,* nota de rodapé 18, destacando a posição da jurisprudência alemã; MANUEL CARNEIRO DA FRADA, *A Própria Vida como Dano? – Dimensões Civis e Constitucionais de uma Questão-Limite –, in Pessoa Humana e Direito, ob. cit., pág. 270;* ainda, ANTÓNIO MENEZES CORDEIRO, *Tratado de Direito Civil*, Vol. IV, Parte Geral, Pessoas, *ob. cit., págs. 351 e 352.*

montante, uma vez considerando, no terreno dos danos patrimoniais, a reconstituição natural prevista no artº 562º, do Código Civil, e, depois, o princípio da diferença consignado no artº 566º, nº 2, do Código Civil, e cuja aplicação se afigura *impossível* de concretizar.

Desta feita, ter-se-ia que comparar a situação actual do lesado, isto é, a vida, ou melhor, a vida com deficiência, com a "não existência", o que tornaria *inexequível* a tarefa de apuramento do *quantum* indemnizatório[17].

No que tange aos danos não patrimoniais, apesar de se tratar, *rectius*, de uma *compensação*, e, portanto, o respectivo cálculo não obedecer aos ditames do princípio da diferença, a verdade é que acaba por implicar, na prática, uma análise comparativa entre o *antes* e o *depois*, desembocando na própria existência da criança deficiente como um dano, pelo que deve ser rejeitada a sua indemnização, nos termos do artº 496º, nº 1, do Código Civil.

Por outro lado, não se encontra preenchido, igualmente, o requisito do *nexo de causalidade entre o facto e o dano*, já que, mesmo descartado um "direito a não existir", temos que a pretensão da criança portadora de deficiências reside na violação do dever de informação e, como tal, na privação da oportunidade de interromper a gravidez ou de não autorizar a transferência do embrião *in utero*, pelo que o dano que subjaz da lesão do direito à autodeterminação reprodutiva de planeamento familiar respeita apenas à esfera jurídica da mulher (casal)[18].

---

[17] *Cfr.* ANDREA MACÍA MORILLO, *La Responsabilidad Médica por Los Diagnósticos Preconceptivos y Prenatales (Las Llamadas Acciones de Wrongful Birth y Wrongful Life), ob. cit., págs. 410 a 415*; MARTA NUNES VICENTE, *Algumas Reflexões Sobre as Acções de Wrongful Life: A Jurisprudência Perruche, in Lex Medicinae, ob. cit., págs. 133 e 134*; MANUEL CARNEIRO DA FRADA, *A Própria Vida como Dano? – Dimensões Civis e Constitucionais de uma Questão-Limite –, in Pessoa Humana e Direito, ob. cit., págs. 270 e 271*, que refere que, se, uma vez "ocorrido um dano, a indemnização tem por escopo, de acordo com a teoria da diferença, colocar o sujeito na situação que existiria se não fosse o evento que conduz à reparação", aquele "teria de comparar a sua situação actual (de viver) com a situação hipotética de não viver, o que significaria invocar em benefício próprio uma situação em que lhe não assistiria personalidade ou capacidade jurídica capaz de ancorar qualquer pretensão indemnizatória.".

[18] *Cfr.* Acórdão do STJ, de 19 de Junho de 2001, *in Revista de Legislação e de Jurisprudência*, Ano 134º, nº 3933, *ob. cit., pág. 371*, que, tal-qualmente se referiu *supra*, dita, em sede de um litígio de *wrongful life*, que existe uma falta de "conformidade entre o pedido e a causa de pedir, pois o autor invoca danos por si sofridos mas assenta o seu eventual direito à indemnização na supressão de uma faculdade que seria concedida à mãe (ou aos pais)".

DIREITO DA SAÚDE

Ora, ante o exposto, facilmente se conclui não estarem cumpridos os pressupostos de responsabilidade civil extracontratual, vincados no artº 483º, nº 1, do Código Civil.

No palco da responsabilidade contratual, parte da doutrina favorável às acções de *wrongful life* propugna pela intervenção da figura do *contrato com eficácia de protecção para terceiros,* no pressuposto de que este inclui no âmbito da respectiva eficácia jurídica a salvaguarda ou tutela de interesses do progenitor e, bem assim, do nascituro[19].

De facto, o recurso à figura do contrato com eficácia de protecção para terceiros pode determinar alguma abertura no que respeita ao preenchimento da *ilicitude* e do *nexo de causalidade.*

Não obstante, cremos que, em sede de *dano,* se afigura difícil suprir os obstáculos ditados pelo apuramento do *quantum* indemnizatório, pelo que, desta feita, autorizar o ressarcimento, e, portanto, a viabilidade das acções de *wrongful life,* implicaria remeter, aqui, o instituto da responsabilidade civil, em exclusivo, a uma função *assistencial,* que, em rigor, compete à Segurança Social[20].

4. Notas Finais

Em nosso parecer, defendemos a viabilidade das acções de *wrongful birth,* na medida em que se encontram preenchidos os respectivos pressupostos de responsabilidade civil, exigidos pelo artº 483º, nº 1, do Código Civil.

Por conseguinte, advogamos que os progenitores devem ser indemnizados por *danos patrimoniais* concernentes às despesas médicas que tenham lugar em sede do nascimento e pelos *previsíveis* cuidados de saúde hospitalares, e, outrossim, dos custos *adicionais* ou *extraordinários* de sustento e educação de uma criança com malformações congénitas. No que respeita aos *danos não patrimoniais,* acolhemos o ressarcimento decorrente da ofensa do direito à autodeterminação reprodutiva da mulher (casal) nos cuidados de saúde, consubstanciada na privação da interrupção da gravidez ou da não implantação do embrião *in utero,* e

---

[19] *Cfr.* PAULO MOTA PINTO, *Indemnização em Caso de "Nascimento Indevido" e de "Vida Indevida" ("Wrongful Birth" e "Wrongful Life"), in Nos 20 anos do Código das Sociedades Comerciais, ob. cit., págs. 932 e 933;* ANDRÉ DIAS PEREIRA, *Direitos dos Pacientes e Responsabilidade Médica, ob. cit., pág. 285.*

[20] *Cfr.,* também, MANUEL CARNEIRO DA FRADA, *A Própria Vida como Dano? – Dimensões Civis e Constitucionais de uma Questão-Limite –, in Pessoa Humana e Direito, ob. cit., págs. 271 e ss. e 274 e ss..*

pelo sofrimento, dor e sacrifício pessoais, evitáveis, da experiência difícil do *nascimento* e *acompanhamento* de um filho portador de anomalia congénita.

Doutro passo, refira-se que as acções de *wrongful life* devem ser julgadas improcedentes, justamente por força do não cumprimento dos requisitos de responsabilidade civil, inscritos no artº 483º, nº 1, do Código Civil.

Na verdade, cremos que, *de jure condendo*, a questão em apreço deve ser objecto de regulamentação específica por parte do legislador, por forma a remeter, desde logo, à Segurança Social, o papel de *apoio geral* às crianças portadoras de deficiências, no âmbito da violação do dever de informação, em *wrongful life*.

Bibliografia

Araújo, Fernando, *A Procriação Assistida e o Problema da Santidade da Vida*, Coimbra, Almedina, 1999.

Cordeiro, António Menezes, *Tratado de Direito Civil*, Vol. IV, Parte Geral, Pessoas, 3ª Edição, Almedina, 2011.

Frada, Manuel Carneiro da, *Direito Civil, Responsabilidade Civil, O Método do Caso*, Almedina, 2006.

— *A Própria Vida como Dano? – Dimensões Civis e Constitucionais de uma Questão--Limite –, in Pessoa Humana e Direito*, (Coordenação de Diogo Leite de Campos e Silmara Juny de Abreu Chinellato), Almedina, 2009, págs. 259 a 294.

Manso, Luís Duarte, *Responsabilidade Civil em Diagnóstico Pré-Natal – O Caso das Acções de "Wrongful Birth", in Lex Medicinae*, Revista Portuguesa de Direito da Saúde, Ano 9, nº 18, 2012, págs. 161 a 182.

Monteiro, António Pinto, Anotação ao Acórdão do STJ, de 19 de Junho de 2001, *Direito a não Nascer?, in Revista de Legislação e de Jurisprudência*, Ano 134º, nº 3933, Coimbra Editora, 2002, págs. 377 a 384.

Monteiro, Fernando Pinto, *"Direito à não Existência, Direito a não Nascer", in Comemorações dos 35 anos do Código Civil e dos 25 anos da Reforma de 1977*, Vol. II, A Parte Geral do Código e a Teoria Geral do Direito Civil, Coimbra Editora, 2006, págs. 131 a 138.

Morillo, Andrea Macía, *La Responsabilidad Médica por Los Diagnósticos Preconceptivos y Prenatales (Las Llamadas Acciones de Wrongful Birth y Wrongful Life)*, Tirant lo Blanch, Valencia, 2005.

— *La Responsabilidad Civil Médica. Las Llamadas Acciones de Wrongful Birth y Wrongful Life, in Revista de Derecho*, Universidad del Norte, nº 27, 2007, págs. 3 a 37.

DIREITO DA SAÚDE

OLIVEIRA, Guilherme de, *Temas de Direito da Medicina*, 2ª Edição, Coimbra Editora, 2005.

PEREIRA, André Dias, *O Consentimento Informado na Relação Médico-Paciente, Estudo de Direito Civil*, Coimbra Editora, 2004.

— *Direitos dos Pacientes e Responsabilidade Médica*, Coimbra Editora, 2015.

PINTO, Paulo Mota, *Indemnização em Caso de "Nascimento Indevido" e de "Vida Indevida" ("Wrongful Birth" e "Wrongful Life")*, in *Nos 20 anos do Código das Sociedades Comerciais – Homenagem aos Profs. Doutores A. Ferrer Correia, Orlando de Carvalho e Vasco Lobo Xavier*, Vol. 3, Coimbra Editora, 2007, págs. 915 a 946.

RAPOSO, Vera Lúcia, *As Wrong Actions no Início da Vida (Wrongful Conception, Wrongful Birth e Wrongful Life) e a Responsabilidade Médica*, in *Revista Portuguesa do Dano Corporal*, Ano XIX, nº 21, 2010, págs. 61 a 99.

— *Responsabilidade Médica em Sede de Diagnóstico Pré-Natal (Wrongful Life e Wrongful Birth)*, in *Revista do Ministério Público*, Outubro-Dezembro de 2012, págs. 71 a 125.

RODRIGUES, Carlos Almeida, *A Problemática Inerente às Wrongful Life Claims – A Sua (Não) Admissibilidade pela Jurisprudência Portuguesa*, in *Lex Medicinae, Revista Portuguesa de Direito da Saúde*, Ano 10, nº 19, 2013, págs. 171 a 188.

STRETTON, Dean, *The Birth Torts: Damages for Wrongful Birth and Wrongful Life*, in *Deakin Law Review*, Vol. 10, nº 1, 2005, págs. 319 a 364.

VICENTE, Marta Nunes, *Algumas Reflexões Sobre as Acções de Wrongful Life: A Jurisprudência Perruche*, in *Lex Medicinae*, Revista Portuguesa de Direito da Saúde, Ano 6, nº 11, 2009, págs. 117 a 141.

YÁGÜEZ, Ricardo de Ángel, *Diagnósticos Genéticos Prenatales y Responsabilidad (Parte I)*, in *Revista de Derecho y Genoma Humano*, nº4, Janeiro-Junho, Bilbao, 1996, págs. 105 a 117.

Sites Consultados:

www.cortedicassazione.it
www.dgsi.pt
www.leagle.com
www.poderjudicial.es

Embriões criopreservados – que destino?

MARGARIDA SILVESTRE[*]

Introdução

As técnicas de Procriação Medicamente Assistida (PMA) surgiram com o intuito de resolver um problema de saúde – a infertilidade. Esta entidade, reconhecida como doença pela Organização Mundial de Saúde, define-se pela ausência de gravidez ao fim de um ano de relações sexuais desprotegidas e regulares. Atinge atualmente cerca de 10 a 15% dos casais, e a sua prevalência tem vindo a aumentar. A infertilidade é considerada um problema de saúde pública, tanto pela perturbação do bem-estar individual e familiar que acarreta, como também pela dificuldade de inserção social que condiciona.

Segundo Figueiredo, a fertilidade é vista como um valor máximo, pelo que a falência do processo reprodutivo põe em causa o projeto existencial e de auto-realização do casal, com consequente frustração pessoal e social.[1] Para a *European Society of Human Reproduction and Embriology – Task Force on Ethics and Law* (ESHRE-TFEL), os tratamentos de fertilidade permitem às pessoas expressar a sua autonomia, através da

---

* Especialista em Ginecologia-Obstetrícia e subespecialista em Medicina da Reprodução – Serviço de Medicina da Reprodução do Centro Hospitalar e Universitário de Coimbra. Doutorada em Bioética pela Universidade Católica Portuguesa. Professora de Ética, Deontologia e Direito Médicos – Faculdade de Medicina da Universidade de Coimbra.
[1] **Figueiredo H** (2005). *A procriação medicamente assistida e as gerações futuras,* p. 70.

DIREITO DA SAÚDE

realização das suas escolhas reprodutivas, aumentando assim substancialmente o seu bem-estar.[2] Biscaia considera que os cuidados médicos em reprodução poderão ser vistos como um dom feito primeiro aos dois (casal), pelo progresso dos conhecimentos, depois de um ao outro, pela aceitação da sua incapacidade de geração, e por último dos dois ao filho, que se deseja como verdadeira dádiva, criada para ser, por sua vez, oferecida.[3]

O grande marco na história da PMA foi o nascimento de Louise Brown, em 1978, após realização de uma fecundação *in vitro*. A partir deste momento, a ciência médica passou a possibilitar a dissociação entre a sexualidade e a fecundação. A evolução técnico-científica subsequente obrigou os médicos, os doentes e a sociedade em geral a repensar uma bioética em constante mudança, analisando novos factos, refletindo sobre as suas consequências, ponderando os seus riscos e finalmente, em liberdade, em consciência e com a necessária responsabilidade, a tomar decisões. E tendo em conta a autonomia e a responsabilidade parental, faremos uma análise e reflexão acerca da criação e destino de embriões excedentários.

Criação e destino de embriões excedentários

Na sequência da realização de técnicas de PMA em que há criação de embriões "*in vitro*", e quando a sua criopreservação é permitida por lei, é frequente os casais pretenderem criar e criopreservar embriões excedentários, com o intuito de os transferirem posteriormente, procurando assim evitar um novo ciclo terapêutico e minimizar as consequências físicas, psicológicas e económicas de todo o processo. Contudo, a criação de embriões excedentários deve ser considerada "um efeito colateral negativo da Procriação Medicamente Assistida"[4], ou seja, um "efeito não desejado, e não um objetivo deliberadamente procurado"[5] através do recurso a estas técnicas.

---

[2] **ESHRE Task Force on Ethics and Law et al.** (2008). Taskforce on Ethics and Law 14: Equity of access to assisted reproductive technology. *Human Reproduction*; 23(4), p. 772.

[3] **Biscaia J** (2001). O casal e a fecundidade. *Novos desafios à Bioética.*, p. 65.

[4] **Conselho Nacional de Ética para as Ciências da Vida** (2004a). *Relatório. Procriação medicamente assistida*, p. 32.

[5] **Conselho Nacional de Procriação Medicamente Assistida** (2013). *Criopreservação de embriões. Consentimento Informado*, p.1.

Todavia, vários fatores, como problemas conjugais, familiares, profissionais ou de saúde, podem fazer desistir deste projeto. Ficam então os embriões sem projeto parental, a aguardar a decisão dos seus progenitores quanto ao seu destino. Árdua tarefa esta de decidir! Os caminhos de ação são vários: reconsiderar a transferência para o útero materno, optar pela destruição, doar a outros casais, doar para investigação ou manter a sua criopreservação, indefinidamente ou até ao limite permitido por lei (o que na prática significa adiar a decisão). Contudo, é frequente nenhum ser considerado uma opção pelo casal, que preferiria não ser confrontado com a necessidade de tomar uma decisão.[6]

Neste caso, podem também surgir divergências entre os membros do casal. Segundo a ESHRE-TFEL, em caso de desacordo acerca do destino dos embriões (incluído separação e divórcio), quatro opções podem ser consideradas: mantém-se o acordo inicial, recorre-se a uma decisão judicial, mantêm-se os embriões criopreservados até novo acordo ou procede-se à sua destruição.[7] Para evitar dúvidas, incertezas e o abandono dos embriões, o *Ethics Committee of the American Society for Reproductive Medicine* (EC-ASRM) recomenda que os centros de PMA requeiram instruções por escrito aos casais que procedem à criopreservação de embriões, relativamente ao destino dos mesmos, em caso de morte, divórcio, separação, incumprimento no pagamento das despesas de criopreservação, desacordo futuro ou prolongada ausência de contacto com o centro.[8]

Em Portugal, os casais submetidos a técnicas de PMA com criação de embriões *in vitro* são informados por escrito que "todos os embriões viáveis não transferidos serão criopreservados",[9] tendo que declarar, no formulário de consentimento informado, se consentem ou não "na possível criação de mais embriões do que os que serão transferidos e na criopreservação dos restantes embriões que cumpram critérios técnicos

---

[6] **Silvestre M** (2015). *Embriões excedentários: entre a Técnica, a Lei e a Ética*, p. 91-92.

[7] **Shenfield F et al.** (2001). II. The cryopreservation of human embryos. *Human Reproduction*;16(5), p. 1050.

[8] **Ethics Committee of the American Society for Reproductive Medicine** (2013a). Disposition of abandoned embryos: a committee opinion. *Fertility and Sterility*;99(7), p. 1848.

[9] **Conselho Nacional de Procriação Medicamente Assistida** (2012). *Fertilização In Vitro ou Microinjeção Intracitoplasmática de Espermatozoides. Consentimento Informado*, p. 1.

DIREITO DA SAÚDE

para tal".[10] Este documento alerta também para a necessidade de tomar uma decisão, num prazo definido, relativamente ao destino dos embriões: "De acordo com a escolha do casal, os embriões criopreservados poderão ser utilizados posteriormente pelo casal, ou doados a outros casais e/ou para investigação científica. Na ausência de qualquer uma destas opções e decorrido o prazo de três anos previsto na Lei, os embriões serão descongelados e eliminados".[11]

Antes de prosseguir para a análise dos cursos de ação disponíveis relativamente aos embriões excedentários, assim como das motivações que regem as escolhas dos casais, afigura-se necessário fazer uma breve referência ao **estatuto do embrião**. Começando, desde logo pela sua definição: entende-se como estatuto do embrião o conjunto de afirmações que se deduzem do seu ser biológico e ontológico, assim como o conjunto de valores, direitos e obrigações a que dá lugar a sua relação com o meio que o rodeia.[12] Contudo, os conceitos e as definições têm consequências – ou mesmo causas – que escapam à dimensão meramente teórica dos problemas.[13] Consequentemente, qualquer decisão acerca do destino dos embriões dependerá dos valores que lhe são atribuídos pelo casal. Se por um lado a ciência biológica não ignora quando começa a vida humana, por outro não se pode pronunciar sobre o início da pessoa humana, pois esta já é uma questão de âmbito filosófico. A afirmação do indivíduo da espécie humana como pessoa, nesta fase embrionária, não é consensual, e está condicionada pela amplitude do campo semântico do termo "pessoa", o qual depende, por sua vez, da visão filosófica ou jurídica que se dê a este termo. [14]

Várias posições têm sido defendidas acerca do início da pessoa humana: há quem considere o ser humano como pessoa desde a fecundação; só após a nidação; depois do aparecimento da linha primitiva, momento em que o embrião perde a sua capacidade pluripotencial e cessa a possibilidade de formação de gémeos; no 30º dia de embrio-

---

[10] **Conselho Nacional de Procriação Medicamente Assistida** (2012). *Op. Cit.*, p. 3.

[11] *Idem*, p. 1-2.

[12] **Castro IN** (2008). *De la dignidad del embrión. Reflexiones en torno a la vida humana naciente*, p. 4.

[13] **Renaud M** (2005). O embrião humano. Elementos de reflexão. *Do início ao fim da* vida, p. 165.

[14] **Silvestre M** (2015). *Op. Cit.*, p. 93.

génese, quando se encerra o tubo neural; à 8ª semana de embriogénese, altura em que o cérebro se encontra integrado como um todo; só após o nascimento, momento em que se adquire a personalidade jurídica[15]; ou apenas aos 3 anos, idade em que se adquirem faculdades mentais superiores, características específicas do ser humano. Estas posições têm por base o estatuto moral que as pessoas reconhecem ao embrião, e baseiam-se em argumentos de carácter biológico e/ou filosófico.[16] Poderemos então considerar duas posições base distintas, que conseguem abarcar a quase totalidade das concepções sobre a natureza e o estatuto do embrião: "para uns, o embrião tem natureza pessoal porque é um ente vivo da espécie humana que, necessariamente, vai desenvolver desde o início, no zigoto, qualidades humanas até à aquisição global dos marcadores humanos da idade adulta. Como tal, merece respeito absoluto. Para outros, pelo contrário, o zigoto é um ser vivo puramente biológico, que só progressivamente vai adquirindo qualidades humanas, pelo que o respeito que nos deve merecer é relativo e escalonado no tempo, só se tornando absoluto após o nascimento".[17]

Para o Tribunal Constitucional, não se pode aplicar aos embriões ainda não implantados a garantia de proteção da vida humana, enquanto bem constitucionalmente protegido, ou de qualquer dos demais direitos pessoais que se lhe encontram associados, como o direito à integridade física ou o direito à identidade pessoal e genética. E justamente porque não ocorreu ainda a transferência para o útero materno, o embrião *in vitro* nem tão pouco beneficia da proteção correspondente à tutela da vida intrauterina, que, aliás, segundo a jurisprudência constitucional, assenta, ela própria, numa ponderação gradualista que deverá atender às diferentes fases do desenvolvimento do nascituro.[18] Efetivamente, o embrião não pode ter o estatuto legal de pessoa, dado que esta solução entraria em contradição com os princípios jurídicos fundamentais, e seria duvidosa no plano ético, ao criar um subgrupo de pessoas com

---

[15] *Código Civil* (2014). 64ª versão, Artº 66º (Começo da personalidade): 1. A personalidade adquire-se no momento do nascimento completo e com vida. 2. Os direitos que a lei reconhece aos nascituros dependem do seu nascimento.

[16] **Council of Europe – Steering Committee on Bioethics** (2003). *The protection of the human embryo in vitro*, p. 5-7.

[17] **Serrão D** (2005). *Bioética e Biomedicina no Conselho da Europa*.

[18] **Tribunal Constitucional** (2009). *Acórdão nº 101/2009*, p. 8.

DIREITO DA SAÚDE

direitos restringidos. Contudo, o facto de o embrião não ser considerado uma pessoa no sentido jurídico, não exclui a sua proteção objetiva, através dos instrumentos que constituem os direitos fundamentais: o respeito pelo ser humano desde o início da vida e a dignidade da pessoa humana.[19] O EC-ASRM também considera que o embrião é merecedor de um respeito especial, mas que não lhe deve ser atribuído o estatuto de pessoa, dado ainda não ter desenvolvido as características de personalidade, não estar ainda estabelecida a sua individualidade e poder nunca vir a desenvolver o seu potencial biológico.[20]

Renaud considera que o embrião suscita tantas controvérsias por causa das "implicações relativas ao respeito ético que lhe é devido ou que ele exige e, em sentido contrário, por causa da avaliação ética do ato que intencionalmente põe fim à sua existência".[21] E apesar das diferentes posições éticas que se possam assumir, o embrião é inquestionávelmente a forma de vida humana mais frágil, mais falível e mais vulnerável, pelo que a sua dignidade se manifesta também no seu maior grau de vulnerabilidade.[22]Consequentemente, mesmo quando as posições diferem relativamente ao estatuto do embrião e à criação de embriões *in vitro*, há um consenso geral relativamente à necessidade da sua proteção.[23]

Ao analisarmos os possíveis **destinos dos embriões criopreservados**, a melhor alternativa é indubitavelmente estes serem integrados num projeto de vida assumido pelos seus pais. Quando este projeto deixa de existir e os casais são chamados a decidir acerca do destino que querem dar aos seus embriões, entra em jogo a compreensão do estatuto do embrião: aqueles que consideram que o embrião não é pessoa ou não merece o respeito que é devido a uma pessoa, independentemente do raciocínio que os leve a esta conclusão, têm habitualmente menos dificuldades em decidir o seu destino; para os restantes, as decisões são obviamente mais penosas e difíceis de assumir.

---

[19] **Dreifuss-Netter F** (2000). Analyse juridique du statut de l'embryon. *La revue du practicien – Gynécologie et Obstétrique*; 45, p. 14.

[20] **Ethics Committee of the American Society for Reproductive Medicine** (2013b). Defining embryo donation: a committee opinion, p.1846.

[21] **Renaud M** (2005). *Op. cit.*, p. 163.

[22] **Castro IN** (2008). *Op.cit.*, p. 149-151.

[23] **Council of Europe – Steering Committee on Bioethics** (2003). *Op. cit.*, p. 6.

A opção de **prolongar a criopreservação** de forma indefinida dificilmente é viável, por motivos logísticos de espaço e recursos. Por outro lado, as decisões a tomar relativamente aos embriões são da responsabilidade dos casais e com o passar do tempo há uma progressiva demissão dessa obrigação. Estes motivos levaram a grande maioria dos países a estabelecer prazos máximos de congelação com duração variável (1-10 anos)[24], não só de país para país, mas também entre os vários estados de alguns países, sendo muito vezes possível pedir a sua extensão, desde que devidamente fundamentada.[25] Em Portugal, a criopreservação não tinha tempo limite definido até 2006, sendo desde então limitada a três anos.[26] Este procedimento veio então inviabilizar a possibilidade de prolongar indefinidamente a congelação, com a qual muitas vezes se procurava evitar a tomada de decisões difíceis e penosas. De Lacey (2007) refere vários estudos nos quais os casais prefeririam prolongar indefinidamente a criopreservação dos seus embriões, a terem que tomar uma decisão quanto ao seu destino.[27] Contudo, e excetuando as situações em que existe um projeto parental, dos próprios progenitores ou de candidatos à doação embrionária, considera-se este como sendo o destino que corresponde a um maior respeito ético pelo embrião.[28]

A **descongelação e eliminação dos embriões** é uma decisão particularmente difícil e mal aceite pelos que lhe atribuem o estatuto de pessoa. A principal razão invocada pelos que optam por esta solução é a não-aceitação das restantes alternativas, confirmando a teoria do mal menor como explicativa das decisões tomadas.[29] Por outro lado, esta

---

[24] **De Lacey S** (2007). Patients' attitudes to their embryos and their destiny: social conditioning? *Best Practice & Research Clinical Obstetrics and Gynaecology*;21(1), p. 103.

[25] **Hammarberg K, Tinney L** (2006). Deciding the fate of supernumerary frozen embryos: a survey of couples' decisions and the factors influencing their choice. *Fertility and Sterility*;86(1), p. 86.

[26] **Diário da República** (2006). *Lei nº 32/2006*, Artº 25º – Destino dos embriões: 1 – Os embriões que, nos termos do artigo anterior, não tiverem de ser transferidos, devem ser criopreservados, comprometendo-se os beneficiários a utilizá-los em novo processo de transferência embrionária no prazo máximo de três anos.

[27] De Lacey S (2007). *Op. cit.*, p.102.

[28] **Conselho Nacional de Ética para as Ciências da Vida** (2004a). *Op. cit.*, p. 33.

[29] **Hammarberg K, Tinney L** (2006). *Op. cit.,*p. 90.

DIREITO DA SAÚDE

alternativa é a única que não retira às pessoas o controlo sobre o destino dos seus embriões.[30]

A **doação de embriões a outros casais** tem a grande vantagem de permitir dar um projeto de vida a estes embriões, que caso contrário seriam votados à destruição, antecedida ou não pela sua instrumentalização. Para o EC-ASRM, trata-se de uma opção terapêutica de comprovado sucesso para os casais inférteis, possibilitando-lhes uma forma de engravidar menos complexa e menos onerosa do que a doação de gâmetas; quanto aos casais dadores, permite-lhes vivenciar um sentimento de satisfação, ao ajudar outros casais a construir uma família.[31]

Esta alternativa é legalmente proibida em muitos países, devido à complexidade das questões emocionais, éticas, legais e psicológicas que levanta. As recomendações e diretrizes são muito variáveis entre os países que permitem a doação de embriões a outros casais, e poucos têm definidas orientações claras para esta prática.[32]

O altruísmo é o motivo que se destaca na escolha desta opção[33,34]; há no entanto muitos casais que, embora vivenciando o desejo de ajudar aqueles que também sofrem na pele o problema da infertilidade, não o conseguem fazer por esta via. São vários os receios manifestados na literatura consultada: o facto de muitos casais não conseguirem aceitar que outras pessoas viessem a criar um filho biológico seu, também irmão dos seus próprios filhos[35]; a preocupação acerca de uma possível futura consanguinidade[36,37]; a responsabilidade sentida face ao futuro

---

[30] **Provoost V, et al.** (2009). Infertility patients' beliefs about their embryos and their disposition preferences. *Human Reproduction*; 1(1), p. 9.

[31] **Ethics Committee of the American Society for Reproductive Medicine** (2013b). *Op. cit.*, p. 1846.

[32] **Wånggren K et al.** (2013a). Attitudes towards embryo donation among infertile couples with frozen embryos. *Human Reproduction*; 28(9), p. 2433.

[33] **Silvestre M** (2015). *Op. Cit.*, p. 114.

[34] **De Lacey S** (2007). *Op. cit.*, p.106.

[35] **Bangsbøll S et al.** (2004). Patients' attitudes towards donation of surplus cryopreserved embryos for treatment or research. *Human Reproduction*;19(10), p. 2419.

[36] **Silvestre M** (2015). *Op. Cit.*, p. 167.

[37] **McMahon CA, Saunders DM** (2009). Attitudes of couples with stored frozen embryos toward conditional embryo donation. *Fertility and Sterility*; 91(1), p. 143.

dos embriões[38,39]; a perspetiva do embrião como símbolo da relação única existente entre ambos os membros do casal[40].

A opção pela doação embrionária depende também do estatuto legal vigente, no respeitante ao anonimato dos dadores: quando a identidade destes é passível de ser revelada, esta escolha é manifestamente inferior, relativamente aos países em que vigora o anonimato.[41]

Existe ainda a possibilidade de a doação de embriões a outros casais não estar prevista na lei. Na Suécia, onde a doação de embriões para fins reprodutivos não é permitida, dado a lei exigir vínculo genético a pelo menos um dos progenitores, foram realizados dois estudos para avaliar a receptividade dos participantes relativamente a esta prática, um dirigido a casais inférteis, outro incluindo homens e mulheres em idade reprodutiva, selecionados aleatoriamente numa base de dados que incluía toda a população da Suécia; em ambos 73% dos inquiridos consideraram que a doação embrionária deveria ser permitida na Suécia.[42,43] Um estudo canadiano procurou conhecer a receptividade para a doação de embriões por parte de casais que não tinham esta opção disponível, consoante esta fosse efetuada de modo incondicional ou condicional (os casais poderiam limitar a doação dos seus embriões a pessoas/casais, de acordo com a sua preferência): verificou-se que os potenciais dadores eram principalmente aqueles que se sentiam confortáveis com a partilha de informações pessoais não identificativas, e que tinham interesse no resultado da sua doação.[44] Num estudo australiano, os autores sugeriram que a adoção de políticas que permitissem aos dadores ter um maior controlo do destino dos seus embriões poderia aumentar a aceitação da doação a outros casais, assim como o número de casais a considerar esta possibilidade.[45]

---

[38] *McMahon CA, Saunders DM* (2009). *Op. cit.*, p. 143.

[39] **Provoost V, et al.** (2009). *Op. cit.*, p. 8-9.

[40] *Ibidem.*

[41] **Silvestre M** (2015). *Op. Cit.*, p. 169.

[42] **Wånggren K et al.** (2013a). *Op. cit.*, p. 2433.

[43] **Wånggren K, Prag F, Svanberg AS** (2013b). Attitudes towards embryo donation in Swedish women and men of reproductive age. *Upsala Journal of Medical Sciences*; 118(3), p. 189.

[44] **Newton CR et al.** (2003). Embryo donation: attitudes toward donation procedures and factors predicting willingness to donate. *Human Reproduction*;18(4), p. 884.

[45] **McMahon CA, Saunders DM** (2009). *Op. cit.*, p. 146.

DIREITO DA SAÚDE

Existem vários estudos referindo que a doação de embriões a outro casal é uma opção comum na fase pré-tratamento, mas que a decisão final é frequentemente diferente. Isto não invalidando as intenções altruístas dos participantes, que se mantêm, mas passam a entrar em conflito com outros valores morais acerca da família e do parentesco. Esta mudança de opinião deve-se fundamentalmente a dois fatores: por um lado, à mudança de casais sem filhos para pais; por outro, à alteração do simbolismo do embrião, que passa de uma gravidez em potência a uma criança "virtual", o que de um modo metafórico faz associar a doação de um embrião à renúncia de uma criança.[46]

Por último é importante referir que a maioria dos estudos realizados até então pesquisaram os motivos da não-doação, existindo pouco conhecimento acerca daqueles que efetivamente tomaram esta opção, de como se adaptaram psicologicamente à decisão tomada, assim como o que distingue os dadores dos não dadores.[47] Sublinhamos ainda o papel fundamental do médico e dos restantes profissionais dos centros de PMA na discussão das complexas consequências psicológicas, sociais e éticas da doação, quer com os casais candidatos a receptores, quer com os dadores.[48]

A utilização de embriões em **investigação científica** sempre foi controversa, pois gera tensão entre os interesses da sociedade nos avanços da Medicina e a preocupação de manter o respeito pelo embrião.[49] Relativamente a esta opção, as atitudes dividem-se, de acordo com o estatuto que é reconhecido ao embrião: não sendo considerado pessoa, a sua utilização não levanta a objeção de instrumentalização da pessoa humana; no grupo daqueles que consideram que o embrião merece o respeito devido a uma pessoa, as posições divergem. Há quem considere que a partir do momento em que o embrião sem projeto parental perde o direito à vida e ao desenvolvimento, é mais digno prestar um serviço à ciência do que morrer sem utilidade. Outros têm uma posição frontal-

---

[46] **De Lacey S** (2005). Parent identity and 'virtual' children: why patients discard rather than donate unused embryos. *Human Reproduction*; 20(6), p. 1666-7.

[47] **McMahon CA, Saunders DM** (2009). *Op. cit.*, p. 146.

[48] **Lampic C, Svanberg AS, Sydsjö G** (2009). *Op. cit.*, p. 236.

[49] **McMahon CA et al.** (2003). Embryo donation for medical research: attitudes and concerns of potential donors. *Human Reproduction*; 18(4), p. 871.

mente oposta, considerando ser uma falta de respeito a instrumentalização da vida, que deve ser sempre considerada um fim em si, pelo que é melhor deixar morrer o embrião do que o utilizar como uma "coisa" ao serviço de outros fins.[50] Contudo, ambos são unânimes em considerar que a criação de embriões com o objetivo deliberado de os utilizar em investigação deve ser proibida. Esta recomendação encontra-se plasmada na Convenção para a Proteção dos Direitos do Homem e da Dignidade do Ser Humano face às Aplicações da Biologia e da Medicina,[51] foi corroborada pelo CNECV,[52] e transposta para a atual lei.[53]

De entre aqueles que aceitam a doação de embriões para investigação, o principal motivo referido na literatura recai na vontade de ajudar a ciência a avançar.[54,55] Esta decisão depende das atitudes dos casais face aos embriões, como referido anteriormente, mas também à ciência e à investigação.[56] Por outro lado, o conhecimento do objetivo da investigação pode influenciar a apetência dos casais para considerarem esta alternativa.[57]

É importante referir que a receptividade quanto à doação de embriões excedentários para investigação tem sido crescente, o que é consistente com um contexto social em mudança, com as alterações legislativas (no sentido de permitir e regular a utilização de embriões humanos em investigação), e com o debate público, que apesar de contencioso,

---

[50] **Conselho Nacional de Ética para as Ciências da Vida** (2004a). *Op cit.*, p. 34.

[51] **Conselho da Europa** (1997). *Convenção para a Protecção dos Direitos do Homem e da Dignidade do Ser Humano face às Aplicações da Biologia e da Medicina*, Art. 18º – Pesquisa em embriões in vitro: 1 – Quando a pesquisa em embriões in vitro é admitida por lei, esta garantirá uma protecção adequada do embrião. 2 – A criação de embriões humanos com fins de investigação é proibida.

[52] **Conselho Nacional de Ética para as Ciências da Vida** (2005). *Parecer sobre a investigação em células Estaminais*: 11. A constituição, por fecundação, de embriões humanos exclusivamente para fins de investigação científica, designadamente para deles se obterem células estaminais é eticamente inaceitável pelo que significa de instrumentalização da vida humana.

[53] **Diário da República** (2006): *Lei nº 32/2006*, Artº 9 – Investigação com recurso a embriões: 1 – É proibida a criação de embriões através da PMA com o objectivo deliberado da sua utilização na investigação científica.

[54] **Silvestre M** (2015). *Op. Cit.*, p. 115.

[55] **Hammarberg K, Tinney L** (2006). *Op. cit.*, p. 88.

[56] **De Lacey S** (2007). *Op. cit.*, p. 109.

[57] **McMahon CA et al.** (2003). *Op. cit.*, p. 875.

DIREITO DA SAÚDE

assegura uma maior consciência da comunidade face aos potenciais benefícios e riscos desta prática.[58]

Numa época em que as boas práticas em PMA apelam a estimulações mais ligeiras, de modo a diminuir os respetivos riscos para a mulher, e à limitação do número de embriões a transferir, com o objetivo de reduzir as gestações múltiplas e o seu consequente risco acrescido de morbi- -mortalidade perinatal e sequelas de prematuridade, há que minimizar o mais possível a criação de embriões humanos sobrantes, criopreservados, "uma estranha forma de vida"[59], geradora de inúmeras angústias e tão complexos problemas psicológicos, morais e éticos. E se estas preocupações assentam no princípio da responsabilidade, enquanto obrigatoriedade de prevenir as consequências negativas da PMA, é fundamental não esquecer a importância de uma informação global, que inclua não só os aspectos técnicos e clínicos (incluindo a referência, mandatória, às alternativas existentes: a criopreservação de ovócitos ou em fase de pré-zigoto) mas também os económicos, os legais, e principalmente os éticos. Assim sendo, é fundamental ajudar as pessoas a reconhecer os seus próprios valores, a decidir de acordo com os mesmos, e a assumir a responsabilidade decorrente das decisões tomadas, num "absoluto respeito pela autonomia de pensamento de cada ser humano, e conforme as disposições legais que regulamentam o exercício da cidadania".[60]

Bibliografia

Bangsbøll S, Pinborg A, Yding Andersen C, Nyboe Andersen A (2004). Patients' attitudes towards donation of surplus cryopreserved embryos for treatment or research. *Human Reproduction*; 19(10):2415-9.

Biscaia J (2001). O casal e a fecundidade. In: Archer L, Biscaia J, Osswald W, Renaud M. (Coord.) *Novos desafios à Bioética*. Porto. Porto Editora.

Castro IN (2008). *De la dignidad del embrión. Reflexiones en torno a la vida humana naciente*. Madrid. Universidad Pontificia Comillas.

Código Civil (2014). 64ª versão. Acedido em 25 de Abril de 2015 em:

---

[58] **De Lacey S** (2007). *Op. cit.*, p. 105.
[59] **Serrão D** (2008). A vida criopreservada. *Bioética e vulnerabilidade*, p. 80.
[60] **Conselho Nacional de Ética para as Ciências da Vida** (2004b). *Op. cit.*, p. 14.

http://www.pgdlisboa.pt/leis/lei_mostra_articulado.
php?nid=775&tabela=leis&so_miolo=.

Conselho da Europa (1997). *Convenção para a Protecção dos Direitos do Homem e da Dignidade do Ser Humano face às Aplicações da Biologia e da Medicina.* Acedido em 29 de Abril de 2015 em: http://www.gddc.pt/direitos-humanos/textos-internacionais-dh/tidhregionais/convbiologiaNOVO.html.

Council of Europe – Steering Committee on Bioethics (CDBI) (2003). *The protection of the human embryo in vitro.* Acedido em 25 de Abril de 2015 em: http://www.coe.int/t/dg3/healthbioethic/Activities/04_Human_embryo_and_foetus_en/CDBI-CO-GT3(2003)13E.pdf.

Conselho Nacional de Ética para as Ciências da Vida (2004a). *Relatório. Procriação medicamente assistida.* Acedido em 25 de Abril de 2015 em: http://www.cnecv.pt/admin/files/data/docs/1273057205_P044_RelatorioPMA.pdf .

Conselho Nacional de Ética para as Ciências da Vida (2004b). *Parecer sobre procriação medicamente assistida.* Acedido em 29 de Abril de 2015 em: http://www.cnecv.pt/admin/files/data/docs/1273057172_P044_ParecerP-MA.pdf

Conselho Nacional de Ética para as Ciências da Vida (2005). *Parecer sobre a investigação em células estaminais.* Acedido em 29 de Abril de 2015 em: http://www.cnecv.pt/admin/files/data/docs/1273054435_P047_ParecerCE.pdf.

Conselho Nacional de Procriação Medicamente Assistida (2012). *Fertilização In Vitro ou Microinjeção Intracitoplasmática de Espermatozoides. Consentimento Informado.* Acedido em 25 de Abril de 2015 em: http://www.cnpma.org.pt/Docs/Profissionais_CI_FIV_ICSI.pdf.

Conselho Nacional de Procriação Medicamente Assistida (2013). *Criopreservação de embriões. Consentimento Informado.* Acedido em 25 de Abril de 2015 em: http://www.cnpma.org.pt/Docs/Profissionais_CI_CrioEmbrioes.pdf.

De Lacey S (2007). Patients' attitudes to their embryos and their destiny: social conditioning? *Best Practice & Research Clinical Obstetrics and Gynaecology*; 21(1):101-12.

Dreifuss-Netter F (2000). Analyse juridique du statut de l'embryon. *La revue du practicien – Gynécologie et Obstétrique*; 45:11-19.

Diário da República (2006). *Lei nº 32/2006*: Procriação medicamente assistida. Acedido em 25 Abril de 2015 em: http://dre.pt/pdf1sdip/2006/07/14300/52455250.pdf.

ESHRE Task Force on Ethics and Law, Pennings G, de Wert G, Shenfield F, Cohen J, Tarlatzis B, Devroey P (2008). Taskforce on Ethics and Law 14: Equity of access to assisted reproductive technology. *Human* Reproduction; 23(4):772-774.

DIREITO DA SAÚDE

Ethics Committee of the American Society for Reproductive Medicine (2013a). Disposition of abandoned embryos: a committee opinion. *Fertility and Sterility*; 99(7):1848-9.

Ethics Committee of the American Society for Reproductive Medicine (2013b). Defining embryo donation: a committee opinion, *Fertility Sterility*; 99(7):1846-7.

Figueiredo H (2005). *A procriação medicamente assistida e as gerações futuras.* Coimbra. Gráfica de Coimbra.

Hammarberg K, Tinney L (2006). Deciding the fate of supernumerary frozen embryos: a survey of couples'decisions and the factors influencing their choice. *Fertility and Sterility*; 86(1):86-91.

Kovacs GT, Breheny SA, Dear MJ (2003). Embryo donation at an Australian university in-vitro fertilisation clinic: issues and outcomes. *The Medical Journal of Australia*; 178(3):127-9.

McMahon CA, Gibson FL, Leslie GI, Saunders DM, Porter KA, Tennant C (2003). Embryo donation for medical research: attitudes and concerns of potential donors. *Human* Reproduction; 18(4):871–7.

McMahon CA, Saunders DM (2009). Attitudes of couples with stored frozen embryos toward conditional embryo donation. *Fertility and Sterility*; 91(1):140-7.

Newton CR, McDermid A, Tekpetey F, Tummon IS (2003). Embryo donation: attitudes toward donation procedures and factors predicting willingness to donate. *Human Reproduction*; 18(4): 878-884.

Provoost V, Pennings G, De Sutter P, Gerris J, Van de Velde A, De Lissnyder E, Dhont M (2009).
Infertility patients' beliefs about their embryos and their disposition preferences. *Human Reproduction*; 1(1):1–10.

Renaud M (2005). O embrião humano. Elementos de reflexão. In: Brito JHS (Coord.) *Do início ao fim da vida.* Braga. Faculdade de Filosofia da Universidade Católica Portuguesa.

Serrão D (2005). *Bioética e Biomedicina no Conselho da Europa.* Acedido em 25 de Abril de 2015 em: http://www.danielserrao.com/gca/index.php?id=104.

Shenfield F, Pennings G, Sureau C, Cohen J, Tarlatzis B; European Society of Human Reproduction and Embryology Task Force on Ethics and Law (2001). II. The cryopreservation of human embryos. *Human Reproduction*; 16(5):1049-1050.

Silvestre M (2015). *Embriões excedentários: entre a Técnica, a Lei e a Ética.* Coimbra. Coimbra Editora.

Tribunal Constitucional (2009). *Acórdão nº 101/2009.* Acedido em 25 de Abril de 2015 em:

http://www.cnpma.org.pt/Docs/Legislacao_AcordaoTC_101_2009.pdf.

Wånggren K, Alden J, Bergh T, Svanberg AS (2013a). Attitudes towards embryo donation among infertile couples with frozen embryos. *Human* Reproduction; 28(9):2432-2439.

Wånggren K, Prag F, Svanberg AS (2013b). Attitudes towards embryo donation in Swedish women and men of reproductive age. *Upsala Journal of Medical Sciences*; 118(3):187-95.

Deve abolir-se o anonimato do dador de gâmetas na Procriação Medicamente Assistida?

RAFAEL VALE E REIS*

SUMÁRIO: 1. A solução portuguesa do anonimato. 2. O direito ao conhecimento das origens genéticas. 3. A abolição do anonimato no Reino Unido. 4. A solução portuguesa é aceitável ou a tutela do direito ao conhecimento das origens genéticas postula a abolição do anonimato do dador?. i. A cláusula geral do nº 4 do art. 15º da Lei nº 32/2006. ii. Os riscos da abolição absoluta da regra do anonimato – o argumento da escassez de dadores. iii. Admissibilidade dos "double track" systems – violação do princípio da igualdade? 5. Conclusão: proposta de soluções mais tributárias do direito ao conhecimento das origens genéticas.

PALAVRAS CHAVE: Procriação Medicamente Assistida, anonimato do dador, direito ao conhecimento das origens genéticas.

---

* Centro de Direito Biomédico/ Instituto Jurídico da Faculdade de Direito da Universidade de Coimbra (Grupo 2 – Vulnerabilidade e Direito, *Desafios Sociais, Incerteza e Direito*: UID/DIR/04643/2013).
Assistente convidado da Faculdade de Direito da Universidade de Coimbra (rafaelvr@fd.uc.pt)

DIREITO DA SAÚDE

1. A solução portuguesa do anonimato

A Lei da Procriação Medicamente Assistida (Lei nº 32/2006, de 26 de Julho[1]) consagrou, no Direito português, a designada regra do anonimato do dador de gâmetas.

Assim, na Procriação Medicamente Assistida (PMA) o dador de ovócitos ou espermatozóides permanece anónimo, sendo apenas facultados ao beneficiário, em princípio, dados anonimizados a seu respeito, quando tal se revele necessário do ponto de vista da saúde do sujeito gerado com recurso à PMA, ou informação sobre se existe impedimento legal a projectado casamento (cfr. art. 15º, nº 3 e 4 da Lei nº 32/2006).

Todavia, essa solução de princípio comporta excepções, admitindo a lei a revelação, em certos casos, da identidade do dador quando essa revelação seja imposta "por razões ponderosas reconhecidas por sentença judicial" (art. 15º, nº 4 da Lei nº 32/2006)[2].

A solução que veio a ser consagrada legalmente insere-se na lógica das opções que vinham sendo maioritariamente defendidas em Portugal desde, pelo menos, a década de 80 do século XX[3].

A Lei nº 32/2006 fez, ainda, questão de assinalar o carácter subsidiário das técnicas de PMA heterólogas, dispondo, no nº 1 do artigo 10º, que "pode recorrer-se à dádiva de ovócitos, de espermatozóides ou de embriões quando, face aos conhecimentos médico-científicos objectivamente disponíveis, não possa obter-se gravidez através do recurso a qualquer outra técnica que utilize os gâmetas dos beneficiários e desde que sejam asseguradas condições eficazes de garantir a qualidade dos gâmetas"[4].

---

[1] Doravante, Lei nº 32/2006.

[2] O nº 4 do artigo 15º determina que "o assento de nascimento não pode, em caso algum, conter a indicação de que a criança nasceu da aplicação de técnicas de procriação medicamente assistida".

[3] Sobre este ponto, v. REIS, Rafael Vale e, *O Direito ao Conhecimento das Origens Genéticas*, Coimbra Editora, 2008, pp. xx a xx. Tratando do tema do anonimato do dador em Portugal, cfr.: LOUREIRO, João Carlos, "O nosso pai é o dador nº XXX: a questão do anonimato dos dadores de gâmetas na procriação medicamente assistida heterológica", *in Revista LexMedicinae, Revista Portuguesa de Direito da Saúde*, Centro de Direito Biomédico da FDUC, ano 7, nº 13, Coimbra, 2010, pp. 5-42; CAMPOS, Diogo Leite de, "A procriação medicamente assistida heteróloga e o sigilo sobre o dador – ou a omnipotência do sujeito", *in Estudos de Direito da Bioética*, Almedina, Coimbra, 2008, pp. 73-86.

[4] Também nesse sentido dispõe o artigo 19º, determinando que "a inseminação com sémen de um terceiro dador só pode verificar-se quando, face aos conhecimentos médico-cientí-

A Lei nº 32/2006 é, porém, nesta, e noutras matérias, muito lacunosa.

Por exemplo, e apesar de estar em causa, pelo menos, um interesse jurídico relevante, a lei não regula (ainda que proscrevendo) o acesso do dador a qualquer informação acerca das pessoas geradas com o seu material biológico, ou mesmo a possibilidade de renúncia ao anonimato, bastando-se com a consagração de uma regra genérica de segredo. Assim, o dador não terá o direito de exigir a revelação da identidade da pessoa gerada com o seu material biológico e deve entender-se que a possibilidade de aquele consentir na revelação da sua própria identidade só deve ser-lhe colocada no caso de o requerente manifestar, junto do Conselho Nacional de Procriação medicamente Assistida, o desejo de aceder a essa informação.

Outro aspecto que a lei não esclarece diz respeito à eventual admissibilidade de um pedido genérico, efectuado por qualquer pessoa, com o objectivo de saber se dos registos resulta a circunstância de ter sido gerada com recurso à PMA.

Na verdade, tanto o nº 2 como o nº 3 do artigo 15º pressupõem um pedido formulado por "pessoas nascidas em consequência de processos de PMA", pelo que a única forma de atribuir operatividade a essas soluções passa por admitir um prévio pedido naquele sentido, pois a demonstração da condição de "sujeito gerado com recurso à PMA" é necessária para o exercício das faculdades aí previstas.

Em todo o caso, não pode dizer-se que vigora em Portugal uma regra absoluta de anonimato, pois, como vimos, a identidade do dador pode ser revelada quando imposta "por razões ponderosas reconhecidas por sentença judicial". Resta saber se a solução é a desejável, ou mesmo aceitável, à luz da tutela que merece o direito ao conhecimento das origens genéticas.

---

ficos objectivamente disponíveis, não possa obter-se gravidez através de inseminação com sémen do marido ou daquele que viva em união de facto com a mulher a inseminar".

DIREITO DA SAÚDE

2. O direito ao conhecimento das origens genéticas

No contexto europeu, coube à doutrina e jurisprudência alemãs o papel impulsionador da construção teórica do direito ao conhecimento das origens genéticas[5].

Nos anos quarenta do século XX[6], nasceu na Alemanha a questão sobre se um *Recht auf Kenntnis der eigenen Abstammung* (direito ao conhecimento das próprias origens) não deveria sobrepor-se à velha máxima *pater semper incertus est.*

A versão inicial do *BGB* (de 1900) não admitia o estabelecimento de uma relação familiar entre o pai e o filho nascido fora do casamento (não sendo permitida uma acção de reclamação ou de investigação de paternidade, que apenas poderia ser declarada incidentalmente num processo de alimentos). O interesse do nazismo no conhecimento das origens, enquanto forma de distinguir os indivíduos de raça ariana dos indivíduos de sangue espúrio (*Blutsfremde*), levou a que o Tribunal Supremo do Reich, em 1939, se decidisse pela aplicação analógica das regras dos processos de estado (§ 640 e ss. *Zivilprozessordnung*) à acção de determinação da paternidade (a *Abstammungsfeststellungsklage*). No pós-guerra, a aceitação desta construção jurídica teve como pressuposto o afastamento do estigma da sua ligação aos perniciosos interesses nacional-socialistas, o que se logrou através do estabelecimento de uma relação próxima entre o *direito ao conhecimento das origens genéticas* e a tutela da *personalidade* e da *dignidade humana*, atitude que acabaria por marcar definitivamente o código genético desse direito.

Assim, em 1976, KLEINEKE procurava as raízes do *direito ao conhecimento das origens genéticas* na Constituição alemã (*Die Ableitung des Rechts auf Kenntnis der eigenen Abstammung aus dem Grundgesetz*), concluindo que ele não só era suportado pela *dignidade da pessoa humana*, como também devia considerar-se uma *subespécie* do *direito geral de personalidade*[7] e o mesmo entendimento acabaria secundado pelo *Bundesverfassungsgericht*

---

[5] Cfr. REIS, Rafael Vale e, *O Direito (...)*, cit., pp. 37 a 47; IDEM, , "The Right to Know One's Genetic Origins: Portuguese Solutions in a Comparative Perspective", *in European Review of Private Law, (2008) 16 ERPL 5, Kluwer Law International*, pp. 781-783.

[6] QUESADA GONZÁLEZ, "El derecho (¿constitucional?) a conocer el propio origen", *in Anuário de Derecho Civil*, 1994-II, pp. 238 e ss.

[7] KLEINEKE, Wilhelm, *Das Recht auf Kenntnis der eigenen Abstammung*, Göttingen, 1976, pp. 12-24.

a partir dos finais da década de 80 do século XX[8], com ressonâncias posteriores noutros ordenamentos jurídicos.

No caso português, e apesar de inexistir consagração expressa do *direito ao conhecimento das origens genéticas* nas normas da Constituição, é possível, sem grande esforço, atendendo ao carácter não taxativo atribuído ao catálogo de direitos fundamentais, e considerando a «cláusula aberta» do n.º 1 do artigo 16.º[9], considerá-lo um autónomo *direito fundamental*.

A sua construção deve fazer-se considerando a tutela que a Constituição concede à *dignidade da pessoa humana* (art. 1.º), considerando a sua função "unificadora de todos os direitos fundamentais"[10], ao *direito à identidade pessoal*[11] (art. 26.º, n.º 1), na medida em que dele se retira um direito de acesso à auto e hetero-referenciação pessoal, ou, na fórmula de Gomes Canotilho e Vital Moreira, à «historicidade pessoal»[12], ao *direito à integridade pessoal* (art. 25.º, n.º 1), que garante a incolumidade psicossomática dos indivíduos, ao *direito ao desenvolvimento da personalidade* (art. 26.º, n.º 1)[13], que assegura as condições adequadas ao surgimento de uma individualidade autónoma e livre, de que o conhecimento das próprias origens genéticas constitui factor primordial, e ao *direito à verdade*, que segundo Antunes Varela, constitui um valor ético-jurídico "a que as leis e as próprias Constituições não fazem, por via de regra, nenhuma directa alusão, mas que nem por isso deixa de constituir uma das traves-mestras da nova ordem jurídica das nações mais evoluídas", e que fundamenta um direito "de cada um saber quem foram os seus reais progenitores, que sangue lhe corre nas veias, em que medida intervie-

---

[8] Confirmando uma tendência que a jurisprudência alemã já evidenciava (Quesada González, "El derecho (...)", *ob. cit.*, pp. 243-244).

[9] Nesse sentido, Andrade, J. C. Vieira de, *Os Direitos Fundamentais na Constituição Portuguesa de 1976*, 5.ª edição, Coimbra, Livraria Almedina, 2012.

[10] Canotilho, J. J. Gomes / Moreira, Vital, *Constituição da República Anotada*, 4.ª ed. rev., Coimbra, 2007, pp. 58 e 59.

[11] Otero, Paulo, *Personalidade e Identidade Pessoal e Genética do Ser Humano: Um perfil constitucional da bioética*, Livraria Almedina, Coimbra, 1999, pp. 63-81.

[12] Canotilho, J. J. Gomes / Moreira, Vital, *Constituição (...)*, *ob. cit.*, p. 462.

[13] Mota Pinto, Paulo, "O direito ao livre desenvolvimento da personalidade", in Portugal-Brasil ano 2000, *Stvdia Ivridica*, Coimbra, 2000, p. 164.

DIREITO DA SAÚDE

ram a força da natureza e a técnica dos laboratórios no fenómeno capital do seu nascimento (...)"[14].

Porém, o *direito fundamental ao conhecimento das origens genéticas*, tem um conteúdo complexo[15].

Assim, deve, em princípio, reconhecer-se a todo o indivíduo o direito de investigar (judicialmente) a maternidade e paternidade obtendo a coincidência entre os vínculos jurídicos e biológicos, faculdade que constitui o ponto máximo da tutela conferida ao direito e para cujo reconhecimento contribui um outro direito fundamental, a saber, o *direito a constituir família*.

Esse direito fundamental implica, também, a tutela da possibilidade de impugnação pelo filho dos vínculos jurídicos de filiação estabelecidos se eles não corresponderem à verdade biológica, naquilo que constitui um direito à «eliminação da mentira» relativamente à historicidade pessoal.

A dimensão de protecção que se retira do direito fundamental determina, por outro lado, o afastamento de soluções que permitam aos progenitores dispor do respectivo estatuto jurídico, escolhendo não assumir a condição legal de pai ou mãe.

Constitui igualmente uma concretização do *direito ao conhecimento das origens genéticas* o reconhecimento do direito do adoptado a obter informação relativa à identidade dos seus pais biológicos, bem como do direito da pessoa gerada com recurso a técnicas de procriação medicamente assistida com gâmetas ou embriões doados à obtenção de informação que permita a identificação desse(s) dador(s). Num esquema de maternidade de substituição em que a portadora não tenha facultado o óvulo que foi fecundado, autonomiza-se, ainda, o reconhecimento do direito do filho a aceder à identidade dessa mulher que suportou a respectiva gestação.

Uma solução legal de anonimato do dador na PMA pode, pois, deixar em perigo os níveis mínimos de tutela expectável deste precioso bem jurídico.

---

[14] VARELA, João de Matos Antunes, "A inseminação artificial e a filiação perante o Direito Português e o Direito Brasileiro", *in Revista de Legislação e Jurisprudência*, ano 127, n.os 3843, 3844, 3846, 3848 e 3849, e ano 128, n.os 3852 e 3853, 1994, nº 3853, pp. 100 e 101.

[15] Também aqui, podem ver-se outros desenvolvimentos em REIS, Rafael Vale e, *O Direito (...)*, cit., p. 107 e ss.; IDEM, *"The Right (...)"*, cit., pp. 785-789.

3. A abolição do anonimato no Reino Unido

O tratamento jurídico da questão do anonimato do dador do material biológico utilizado na PMA foi, desde o início, um ponto controverso. Em 1988, o Conselho da Europa, através do seu Comité *ad hoc* de peritos em ciências biomédicas, defendia o princípio do anonimato, admitindo, porém, que os Estados legislassem no sentido de permitir o acesso pelas pessoas geradas com recurso à PMA a essa informação[16/17].

A verdade é que as opções dos vários Estado foram, também aqui, díspares, não sendo possível falar de princípios consensuais de intervenção.

Se antes da manifestação do Conselho da Europa, a Suécia[18] consagrara a possibilidade de revelação da identidade do dador, poucos anos depois dessas recomendações, no Reino Unido, a opção seria a inversa.

Em meados da década de 80, foi criada no Reino Unido uma comissão destinada a enquadrar juridicamente a PMA, presidida por MARY WARNOCK, que elaborou um relatório sobre o assunto que ficou famoso (*"Report of the Committee of Enquiry into Human Fertilisation and Embryology"*).

Relativamente aos casos de dádiva de esperma, óvulos, embriões ou disponibilização de útero, defendia que "(...) o anonimato protege todas as partes, não só de complicações legais, como também de dificuldades

---

[16] CAMARA AGUILA, M., "Sobre la constitucionalidad de la Ley de técnicas de reproducción asistida (Coment. STC. 116/1999. de 17 junio)", *in* "Derecho Privado y Constitución", nº 13, p. 135.

[17] O Princípio 13 dispunha que "1. O médico e o pessoal do estabelecimento onde se pratiquem as técnicas de procriação artificial devem preservar o anonimato do dador e, sem prejuízo das disposições da lei nacional em matéria de procedimento judicial o sigilo da identidade dos elementos do casal, bem como o segredo sobre a própria procriação artificial. Podem ser fornecidas, em caso de necessidade, no interesse da saúde da criança ou para fins de um conselho genético, informações referentes às características genéticas do dador. 2. Contudo, o direito nacional pode prever que a criança, na idade conveniente, possa ter acesso à informação relativa à forma da sua concepção ou mesmo à identidade do dador" (COMISSÃO DA CONDIÇÃO FEMININA, *Conselho da Europa – Procriação Artificial Humana: princípios orientadores*, Lisboa, 1990).

[18] A Lei sueca nº 1140, de 20 de Dezembro de 1984, no seu artigo 4º consagra o direito da criança concebida mediante inseminação, "assim que atinja a maturidade suficiente, a conhecer os dados relativos ao dador anotados no registo especial do hospital", dispondo, ainda, que a *Socialnämnden* (Comissão para a Segurança Social) está obrigada a assistir, quando solicitada, o menor na aquisição das informações em causa.

DIREITO DA SAÚDE

emocionais", recomendando que "como boa prática, qualquer dação de gâmetas para tratamento de fertilidade deve ser desconhecida para o casal, antes, durante e depois do tratamento, e igualmente o terceiro [dador] deve desconhecer o casal beneficiário". Entendia, porém, que ao atingir a idade de 18 anos, o filho devia ter acesso a informação básica sobre a origem étnica do dador, bem como dados genéticos, nos termos em que a legislação (não retroactiva) o definisse[19].

Estas concepções acabariam por ser consagradas no *Human Fertilization and Embryology Act (HFEAct)*, de 1990, que, desde logo, impôs à *Human Fertilization and Embryology Authority (HFEA)* a obrigatoriedade de manter um registo com informações relativas às pessoas beneficiárias de tratamentos, relativas aos dadores (pelo menos o seu nome e data de nascimento) e às crianças concebidas com recurso às técnicas de PMA.

Dispõe, ainda hoje, essa legislação que aquele que atingir a maioridade pode requerer à *HFEA* informações relativas à circunstância de ter sido gerado com recurso às técnicas de PMA, e caso a resposta seja positiva, o requerente pode depois obter apenas aquelas informações que a *HFEA* de acordo com os regulamentos em vigor, esteja obrigada a fornecer[20], nunca se revelando a identidade dos dadores dos gâmetas ou do embrião se, ao tempo dessa recolha, não pudesse solicitar-se à *HFEA* esse tipo de informação[21].

Até 2004, o *HFEAct*, conjugado com os respectivos regulamentos, impedia a revelação da identidade dos dadores de gâmetas, consagrando ainda outras disposições tendentes a evitar o estabelecimento de vínculos jurídicos entre o sujeito gerado com recurso às técnicas de PMA e os pais biológicos. Assim, no que respeita à maternidade, o artigo 27º dessa lei determina que a mãe da criança é a mulher responsável pela gestação, ainda que tenha sido nela efectuada implantação de embrião

---

[19] WARNOCK, Dame Mary, *Report of the Committee of Enquiry into Human Fertilisation and Embryology*, July 1984, HMSO, 1984, pp. 15, 24 e 25.

[20] Até 2004, as informações prestadas nunca passariam de informações relativas à altura, peso, origem étnica, cor dos olhos e do cabelo do dador. O registo contém ainda outras informações não identificáveis como os antecedentes clínicos e familiares, profissão, etc. Os dadores eram ainda convidados a deixar uma mensagem escrita (ou um retrato) aos seus eventuais descendentes genéticos.

[21] Deve ainda a *HFEA* informar o requerente (com mais de 16 anos) se a informação contida no registo revela ou não que determinada pessoa, indicada pelo requerente, e com a qual pretende casar, é seu familiar.

ou óvulo, ou realizada uma inseminação. A excepção verifica-se na maternidade de substituição a título gratuito (legalmente admitida, portanto) e autorizada judicialmente (o tribunal só aceitará esse desvio à regra se estiverem preenchidos determinados requisitos, como a ausência de retribuição e o envolvimento dos gâmetas de pelo menos um dos membros do casal beneficiário). Quanto à paternidade, o artigo 28º determina que o pai da criança é o marido ou o companheiro da mãe, salvo no caso de oposição expressa ao recurso à assistência médica para procriar por parte da sua companheira.

A alteração dos regulamentos em 2004[22/23] (na sequência de uma consulta pública iniciada em 2002 e destinada a aferir que tipo de informação deveria ser facultada aos beneficiários), determinou que as pessoas geradas com gâmetas de dador, a partir de 1 de Abril de 2005, pudessem, uma vez atingida a maioridade, conhecer a identidade do dador. Trata-se, portanto, de uma alteração não retroactiva das regras sobre o anonimato, mais concretamente sobre o tipo de informação a facultar nos casos em que seja formulado um pedido nesse sentido. Em 2023 estará preenchido o requisito para que a primeira pessoa gerada depois da alteração das regras possa conhecer a identidade da pessoa que contribuiu com material biológico para o seu nascimento.

A alteração dos termos em que o sistema havia sido inicialmente construído foi motivado pelo desconforto que a solução do anonimato criava, tendo em consideração a força que ia ganhando a tutela do direito ao conhecimento das origens genéticas.

Prova disso encontra-se no facto de a própria Baroness WARNOCK ter admitido publicamente que se havia enganado em 1984 quanto aos receios relativamente à diminuição drástica de dadores[24].

Depois da alteração legislativa que passou a permitir o acesso à identidade dos dadores, o Ministério da Saúde lançou uma nova consulta

---

[22] *The Human Fertilisation and Embryology Authority (Disclosure of Donor Information) Regulations 2004.*

[23] Também nesse ano foi criado o *UK DonorLink*, um registo voluntário, destinado a experimentar um sistema de aproximação entre os sujeitos (maiores) concebidos e os respectivos dadores.

[24] GUARDIAN UNLIMITED, 14 de Maio de 2002, que imputa a MARY WARNOCK a seguinte frase: ""We are so much more sensitive now to the idea of genetic inheritance".

DIREITO DA SAÚDE

pública (que decorreu entre 16 de Agosto e 25 de Novembro de 2005) destinada a avaliar a aplicação do *HFEAct*, tendo sido encomendado um relatório sobre os seus resultados[25].

Desse relatório resulta: a) desde logo, no que respeita ao funcionamento de um registo central com informação relativa aos dadores, as opiniões dividem-se, pois se algumas respostas defendem a sua manutenção, como forma de permitir o acesso a essa informação por parte da pessoa gerada com recurso à PMA, fazendo um paralelismo com o direito do adoptado, há quem alegue a diferença que é possível estabelecer entre as situações, pois ao contrário da adopção, na PMA heteróloga *"the genetic parents of these children have no joint history"*[26]; b) quanto à idade a partir da qual a pessoa gerada deve aceder à informação relativa à identidade do dador de gâmetas, denota-se uma tendência para baixar esse limite mínimo para, pelo menos, os 16 anos, com aconselhamento e consentimento dos pais (jurídicos); c) várias opiniões defendem, ainda: por um lado, a equiparação da união de facto ao casamento no que respeita à possibilidade de saber se o parceiro/a apresenta algum tipo de relação familiar, depois, o direito do dador a receber informação relativamente às pessoas geradas com recurso ao seu material biológico e, por último, a consagração de um dever (legal), para os pais, mediante acompanhamento psicológico, de informar os filhos sobre a sua condição (havendo, inclusive, quem defenda que deveria ser o Estado a informação a criança quando esta atinja determinada idade e, até, que essa informação deve constar do registo civil para facilitar o conhecimento).

4. A solução portuguesa é aceitável ou a tutela do direito ao conhecimento das origens genéticas postula a abolição do anonimato do dador?

A cláusula geral do n.º 4 do art. 15.º da Lei n.º 32/2006
No que respeita à solução do direito português, e aceitando que a mesma não constitui uma regra absoluta de anonimato, como dissemos, a análise da sua admissibilidade deve principiar pela interpretação e preenchimento do conceito de "razões ponderosas".

---

[25] PEOPLE SCIENCE & POLICY LTD, "Report on the Consultation on the review of the Human Fertilisation & Embryology Act 1990", Março de 2006, disponível em www.hfea.gov.uk;
[26] *Loc. cit.*, p. 43.

A fórmula já surgia nos antecedentes da actual lei, concretamente, na Proposta nº 135/VII, de 18 de Junho de 1997. Já aí se autonomizavam as situações em que a pessoa gerada com recurso à PMA pretendia obter informação de natureza genética e cuja obtenção não pressupunha a revelação da identidade do dador.

Ora, mantendo a lei a possibilidade de obtenção dessa informação anonimizada, a hipótese de invocação de *razões ponderosas* deve considerar-se em estreita ligação com o *direito ao conhecimento das origens genéticas*.

Não tendo a nossa lei optado por um modelo mais tributário da tutela desta dimensão da individualidade, considerando prevalecentes, mesmo em abstracto, as razões que o anonimato do dador protege, ainda assim entendeu o legislador que a existência no sujeito gerado com recurso à PMA de um desejo inexpugnável de conhecer as suas origens genéticas, em termos tais que o seu entorpecimento lhe afecta o desenvolvimento da própria personalidade, justificava a revelação da identidade do dador de gâmetas[27].

O pedido judicial deve, pois, ser fundamentado com a demonstração da necessidade especial de, no caso concreto, ver efectivado aquele *direito ao conhecimento das próprias origens*, não tendo porém o autor que demonstrar a superioridade dos valores que invoca, comparativamente aos interesses que o dador pode contrapor, cabendo a este último, nos termos gerais da distribuição do ónus da prova, essa tarefa.

Porém, poderia a lei ter ido mais longe na tutela da *historicidade pessoal*?

Os riscos da abolição absoluta da regra do anonimato – o argumento da escassez de dadores

Como vimos, o sistema do anonimato assentou, ao longo dos tempo, entre outros, no argumento segundo o qual a sua abolição (a par da consagração de soluções legais tributárias da gratuitidade da dação do material biológico) arrasta o risco da drástica redução do número de dadores,

---

[27] O legislador não terá querido considerar preenchido a hipótese legal com a "simples" invocação do direito à *identidade pessoal*. Concordamos assim com João Carlos Loureiro, pois parece "inequívoco que o legislador não quis ceder aqui aos ventos suecos que, há cerca de vinte anos, associaram inseminação heteróloga e direito ao conhecimento da sua ascendência genética" (Loureiro, João Carlos, "Filho(s) de um gâmeta menor? Procriação medicamente assistida heteróloga", *in Revista LexMedicinae, Revista Portuguesa de Direito da Saúde*, Centro de Direito Biomédico da FDUC, ano 3, nº 6, Coimbra, 2006, p. 28).

DIREITO DA SAÚDE

colocando em perigo a existência do sistema de apoio médico à reprodução humana[28].

Essa redução do número de dadores traria problemas consideráveis como: diminuição das possibilidades de escolha de material biológico por parte dos casais inférteis, que devem poder escolher certas características do dador, como a cor de pele, dos olhos, ou do cabelo com o objectivo de facilitar o enquadramento da criança no seio familiar; aumento incontrolável do preço do material biológico nos casos em que os dadores são compensados financeiramente; diminuição dos níveis de exigência de qualidade do material biológico utilizável, com prejuízo para os beneficiários; aumento das "listas de espera para os tratamentos"; desenvolvimento de mercados paralelos de obtenção de gâmetas; adopção, por parte dos casais inférteis, de atitudes de risco com o fito de acelerar o processo de "produção da criança"; aumento de gravidezes múltiplas em consequência da administração de terapias agressivas destinadas a maximizar os resultados em face do reduzido número de material disponível[29].

Depois de uma desconsideração inicial da sua importância (em 1987, SALVATORE PATTI referia que o problema da diminuição de dadores seria resolvida com a exclusão dos direitos patrimoniais dos filhos perante aqueles[30]), o argumento da escassez de dadores tem sido objecto de tratamento autónomo e cuidadoso por parte dos autores. É o caso de GUIDO PENNINGS[31], que analisa ainda os dois contra-argumentos igualmente mobilizados: a circunstância de não ser um mal em si a diminuição do número de tratamentos heterólogos, se partirmos do princípio que a sua utilização se apresenta controversa ou mesmo indesejável e o facto de alguns estudos demonstrarem que a diminuição de dádivas

---

[28] RICHARDS, Martin, "Assisted Reproduction and Parental Relationships", in "Children and their Families: Contact, Rights and Welfare", Oxford, p. 307.

[29] Problemas elencados por GUIDO PENNINGS (cfr. referência indicada em seguida).

[30] PATTI, Salvatore, "Sulla configurabilita di un diritto della persona di conoscere le proprie origini biologiche", in "Il Diritto di Famiglia e delle Persone", Milão, ano 16, nº 3-4, 1987, p. 1321.

[31] PENNINGS, Guido, "The Reduction of Sperm Donor Candidates Due to the Abolition of the Anonymity Rule: Analysis of an Argument", in "Journal of Assisted Reproduction and Genetics", vol. 18, nº 11, 2001, pp. 617-622.

é circunstancial, uma espécie de "período de janela", que o tempo e a habituação às novas regras se encarregam de corrigir[32/33].

Para o Autor a leitura dos estudos efectuados sobre o impacto da abolição do anonimato deve ser cautelosa, pois muitas vezes eles são efectuados considerando o tipo de dadores existente, que em princípio aceitou sê-lo com base na regra do anonimato e do pagamento. Ora, alguns estudos[34] mostram que novos potenciais dadores estão mais receptivos à quebra do anonimato.

Por outro lado, chama a atenção para a necessidade de ter em consideração que a abolição do anonimato pode trazer outra categoria de dadores, tal como aconteceu na Suécia, onde foi visível que passaram a aparecer como dadores, ao invés de jovens estudantes, muitas vezes como motivações económicas, homens com mais idade, já com filhos, e com uma vida estabilizada, sendo certo, também, que estudos realizados na Bélgica[35] mostram que alguns homens mais velhos teriam maiores relutâncias em fornecer a sua identidade aos beneficiários[36].

---

[32] É o que mostra a experiência sueca da década de 80 do século XX (RICHARDS, Martin, "Assisted Reproduction (...)", *ob. cit.*, pp. 307 e 309).

[33] GUIDO PENNINGS cita, inclusive, um estudo da década de 80 do século XX, realizado por Rowland R. ("Attitudes and opinions of donors on an artificial insemination by donor (AID) programme", 1985) onde se demonstra que 42% dos dadores aceitariam continuar a sê-lo ainda que o seu nome fosse revelado aos beneficiários. Segundo outro estudo, agora dos anos 90 (Purdie A. / Peek J.C. / Adair V. / Graham F. / Fisher R., "Attitudes of parents of young children to sperm donation – Implications for donor recruitment",1994), caso fossem confrontados com a possibilidade de optar pelo anonimato, 56% dos dadores escolheria permanecer identificável (*ob. cit.*, p. 617). Já um estudo de Daniels K.R. ("Semen donors: Their motivations and attitudes to their offspring, 1989); mostra que 86% dos dadores *gostariam* de ser identificados. Mas outros estudos apontam no sentido de um decréscimo significativo do número de dadores. Na Dinamarca apenas 20% dos dadores continuariam a sê-lo caso a identificação fosse possível. Nos EUA 71% optariam pelo anonimato. Na Finlândia apenas 17% dos dadores concordariam com o registo de informação identificadora. Na Bélgica 74% dos dadores deixariam de o ser se o anonimato fosse removido.

[34] O Autor cita DE BRUYN J.K. / DE GRAAFF I.A. / BREWAEYS A. / HELMERHORST F.M., "Knowing the unknown: Donor insemination couple's choices for an anonymous/identifiable donor", 1996.

[35] HEURCKMANS N. / PENNINGS G. / SABBE K. / BAETENS P. / RIGO A. / PLETINCS I. / DEVROEY P. / PONJAERT-KRISTOFFERSEN I., "The attitude toward offspring by donor candidates and non-donors: The influence of payment, age and fatherhood".

[36] Nesse sentido também RICHARDS, Martin, "Assisted Reproduction (...)", *ob. cit.*, p. 307.

DIREITO DA SAÚDE

Acresce que, para GUIDO PENNINGS, a remoção da regra do anonimato não deve ser isolada da alteração de outras regras, como por exemplo uma diminuição do número máximo de inseminações feitas com material biológico de cada dador e a consagração de mecanismos de evicção ou que evitem abusos e injustiças na procura das origens biológicas, isto a par do lançamento de campanhas que ajudem a modificar a imagem social da dação de esperma[37].

No Reino Unido, esta necessidade de mudar o perfil do dador foi interiorizada pelos profissionais do sector e as campanhas de recrutamento começaram a ser dirigidas, com sucesso, para alvos diferentes do perfil do jovem universitário que aproveitava a compensação monetária das despesas para engordar a mesada (*"gone are the days where sperm donation was regarded as «beer money»"*)[38].

Porém, GUIDO PENNINGS alerta para uma dimensão muito importante do problema: a obtenção de dadores a todo custo não pode constituir um propósito orientador, pois pode ter efeitos nefastos.

---

[37] O autor apresenta ainda uma perspectiva interessante sobre o modo como a opção pelo anonimato do dador ou a sua abolição pode ser assumida. Trata-se da perspectiva utilitarista, segundo a qual a opção deveria ser tomada em função de critérios de maximização do bem-estar. Assim, uma redução do número de dadores resultante da abolição do anonimato conduziria a uma diminuição do número de tratamentos e, indirectamente, ao aumento do número de casais inférteis infelizes por não poderem aceder ao desejado tratamento (o que, no plano filosófico, e permitindo-se o jogo de dois factores de sentido contrário, a existência e a não-existência, poderia ser rebatido argumentando que esse mal-estar seria contrabalançado com o bem-estar resultante do não-nascimento de crianças infelizes por não poderem conhecer as suas origens). Por outro lado, ainda na óptica utilitarista, poderia dizer-se que com a abolição do anonimato seriam consideravelmente aumentados os níveis de bem-estar de um grupo muito importante de pessoas: os nascidos de técnicas heterólogas que teriam acesso pleno aos elementos estruturantes da sua identidade pessoal. O Autor remata este seu percurso pelas teorias utilitaristas referindo que a abolição do anonimato pode, neste plano, ficar definitivamente a perder pois mesmo tendo a possibilidade de saber quem foi o dador do material biológico, os nascidos nessa sequência podem ganhar doses adicionais de infelicidade se o encontro com o dador for mal sucedido na medida em que surjam conflitos entre ambos quanto aos respectivos direitos e obrigações (PENNINGS, Guido, "The Reduction (...)", *ob. cit.*, pp. 618 e 619).

[38] (*"BioNews 356, Week 9/10/2006 – 15/10/2006, Joanne Adams, Elizabeth Pease, «Donor recruitment: change attitudes, not the law»"*, www.BioNews.org.uk).

Se defendermos que o anonimato do dador deve ser mantido porque a sua abolição traria uma diminuição considerável das dádivas, considerando que o anonimato seria uma condição imposta pela maioria dos dadores, então correríamos o risco de ceder às exigências por estes impostas, embora elas possam, *ab initio*, inaceitáveis. Assim, poderíamos ser levados a aceitar a inversão da regra da não atribuição de um valor pecuniário ao material biológico fornecido pelo dador ou aceitar discutir a admissibilidade de outras exigências como a vontade de não ver o próprio material biológico utilizado por casais de determinadas raças, ou que professassem determinada religião (ou mesmo por casais homossexuais)[39].

Admissibilidade dos "double track" systems – violação do princípio da igualdade?

A complexidade da opção entre a abolição do anonimato do dador ou a sua manutenção, considerando, sobretudo, as consequências de cada uma delas tem conduzido à defesa da implementação de *"double track" systems*, ou *sistemas de dupla via*.

De acordo com essa proposta, as estruturas de apoio médico à reprodução humana deveriam aceitar dadores que quisessem ficar anónimos e outros que permitissem a revelação da sua identidade. Os beneficiários poderiam, assim, recorrer a gâmetas de dadores do primeiro ou do segundo grupo.

Um dos defensores desta solução é precisamente GUIDO PENNINGS[40], que entende que um *"double track" system* poderia ser implementado como uma solução temporária, de tal forma que fosse possível avaliar as consequências da remoção da regra do anonimato no que respeita à escassez de dadores, e teria a vantagem de maximizar a autonomia parental e de proceder à melhor ponderação dos interesses em causa (dos dadores, beneficiários e dos sujeitos nascidos com recurso a esses gâmetas). O Autor critica o facto de, apesar de não estar demonstrado qual das soluções é melhor, as clínicas e o legislador tenderem a impor um modelo, quando devia dar-se aos beneficiários a possibilidade de escolher entre dadores anónimos ou identificáveis.

---

[39] PENNINGS, Guido, "The Reduction (...)", *ob. cit.*, pp. 619-620.
[40] PENNINGS, Guido, "The 'double track' policy for donor anonymity", *in* "Human Reproduction", vol. 12, nº 12, 1997, pp. 2839-2834; *Idem*, "The Reduction (...)", *ob. cit.*, p. 621.

DIREITO DA SAÚDE

Não posso, porém, concordar com a implementação de sistemas desta natureza. A ser verdade que permitem transições mais tranquilas do ponto de vista da disponibilidade de dadores para os regimes de revelação da identidade destes, a defesa da sua consagração continua a esquecer a perspectiva dos interesses do filho gerado, sobretudo daquele que teve o infortúnio de ter nascido no seio de uma família que escolheu a fila do anonimato, e que, assim, continuará refém de uma escolha feita por outrem sobre a sua própria individualidade.

Portanto, na perspectiva do *direito ao conhecimento das origens genéticas*, soluções desta natureza não resolvem os problemas que se colocam nesta sede, além de potenciarem o surgimento de um outro tipo de questões, pois muito dificilmente a tutela constitucional da igualdade e a proibição de discriminação aceitaria o surgimento de duas estirpes de filhos: os que podem conhecer a identidade do dador e aqueles aos quais é negado o acesso a essa informação, não porque essa diferença de tratamento decorra do afastamento material das situações, mas apenas porque os pais jurídicos, antes da concepção, decidiram não ser incomodados com a ingerência de um dador inconveniente.

5. Conclusão: proposta de soluções mais tributárias do direito ao conhecimento das origens genéticas

Penso que o legislador português, cumprindo a sua vinculação à tutela do *direito fundamental ao conhecimento das origens genéticas*, deveria ter optado pela regra da admissibilidade, como ponto de partida, do conhecimento da identidade do dador do esperma ou dos ovócitos ou do embrião, faculdade que apenas deveria ser paralisada nos casos, reconhecidos por decisão judicial, em que outros valores concretamente superiores (como a protecção dos núcleos familiares estabelecidos ou, sobretudo, a saúde psíquica do dador) o determinassem.

Assim sendo, a invocação de "razões ponderosas", ao invés de servir para justificar excepcionalmente a quebra do anonimato, corresponderia a um apelo, por parte do dador, a uma cláusula de salvaguarda que evitasse a revelação da sua identidade, nos casos em que, comprovadamente, ela lhe causasse um prejuízo maior do que aquele que a efectivação do *direito a conhecer as origens genéticas* visa evitar.

O interesse tutelado em primeira linha passaria a ser o direito ao conhecimento das origens biológicas, e o legislador enviaria uma mensagem suficientemente tranquilizadora aos potenciais dadores, de tal forma que estes saberiam poder contar com alguma protecção legal em caso de futura concretização de pretensão revelatória.

No plano técnico, a construção de uma solução deste tipo poderia passar pelo seguinte esquema: quando o indivíduo gerado com recurso à PMA heteróloga atingisse a idade adulta (ou antes disso, desde que devidamente representado) poderia formular um pedido de revelação da identidade do dador à entidade reguladora do sector, a qual, detentora dessa informação, ficaria encarregada de, sob reserva, estabelecer contacto com este informando-o de que dispunha de um certo prazo (que deveria ser curto, por exemplo 15 ou 30 dias) para requerer ao tribunal (num processo necessariamente coberto pelo segredo de justiça e inacessível) a existência, no seu caso concreto de razões ponderosas para a não revelação da sua identidade.

Caso o dador nada dissesse nesse prazo ou desse a sua anuência à revelação da própria identidade, à pessoa nascida com recurso à PMA seria facultada a correspondente informação. Neste caso, a entidade administrativa não procedia a qualquer composição de interesses conflituantes e limitar-se-ia a efectivar um direito do requerente.

Nas situações em que o dador se opusesse judicialmente a essa revelação invocando razões ponderosas para o efeito, para se assegurar o cumprimento do princípio do contraditório, o requerente (filho) seria representado pelo Ministério Público, também ele obrigado a não revelar a identidade, que, em nome deste, poderia recorrer de uma eventual decisão que negasse a revelação da identidade do dador.

Querendo tutelar ainda mais o *direito ao conhecimento das origens biológicas*, poderia estipular-se que, requerida a quebra do anonimato à entidade reguladora, o dador seria contactado, e, para poder paralisar a revelação da sua própria identidade, teria que formular um pedido junto do Ministério Público, que faria a análise da pretensão e decidiria da existência da sua viabilidade.

Por outro lado, seria de admitir que logo no pedido dirigido à entidade reguladora do sector pela pessoa gerada com recurso à PMA fossem por aquele invocados fundamentos que pudessem ser tidos em conta pelo tribunal (ou pelo Ministério Público, se se optasse por erigir este «filtro») no momento de proceder à concreta ponderação dos interesses em jogo.

DIREITO DA SAÚDE

Uma solução legal desta natureza precederia a uma adequada ponderação dos valores conflituantes e estaria a coberto de qualquer juízo de desconformidade constitucional.

Vida: dano indemnizável?
A Responsabilidade médica nas acções
por *Wrongful Birth* e *Wrongful Life*

Vanessa Cardoso Correia[*]

Enquadramento

Os avanços técnicos e científicos e a evolução permanente do estado e dos conhecimentos da Ciência e da Medicina, leva a que seja hoje possível, não só diagnosticar e tratar com uma maior eficácia, como também prever, e consequentemente prevenir, o aparecimento de enfermidades de relativa gravidade. Tais avanços e conhecimentos, aliados à consciencialização dos direitos dos cidadãos enquanto pacientes e correspondentes deveres dos profissionais, e ao advento do consentimento informado, introduziram alterações substanciais no exercício da medicina e na prestação de cuidados de saúde, sobretudo na perspectiva da relação médico--doente.

O dever de informar e de obter o consentimento livre e esclarecido, para o tratamento ou intervenção, dentro do direito à autodeterminação nos cuidados de saúde, tem vindo a afirmar-se, cada vez mais, como absolutamente essencial na prática clínica diária.

---

[*] Jurista. Pós-graduada em Direito da Medicina (Centro de Direito Biomédico, Universidade de Coimbra) e em Bioética (Instituto de Bioética da Universidade Católica Portuguesa)

DIREITO DA SAÚDE

Mesmo em Portugal, onde a responsabilidade médica, acentuadamente crescente, é ainda reduzida, face a outros países da UE ou aos E.U.A, começam a ser cada vez mais frequentes as acções intentadas contra profissionais por falta de informação ou de obtenção do consentimento necessário na prestação dos cuidados[1].

Esta evolução da ciência, verdadeiramente espantosa em quase todas as especialidades médicas, levou a que, por exemplo, no campo da obstetrícia, se faça actualmente um acompanhamento muito precoce de uma gravidez.

Longe vão os tempos em que a gravidez e o nascimento eram sinónimo de desconhecimento, incerteza e até de algum acaso ou sorte, fosse quanto ao número de fetos, quanto ao respectivo sexo e, sobretudo, quanto ao estado de saúde do nascituro.

Hoje é possível aceder a um vasto leque de informação relativa ao feto, desde o início da concepção até ao momento do nascimento, mesmo numa gravidez menos vigiada[2].

E mais ainda, se atentarmos na evolução da genética e no campo da procriação medicamente assistida. Desde Louise Brown, a primeira criança nascida com recurso a técnicas de fertilização *in vitro*, em 1978, que a ciência nesta área tem evoluído consideravelmente, disponibilizando actualmente vários métodos e técnicas para resolver o problema da infertilidade que afecta um elevado número de casais[3].

Neste sentido, não só é possível saber, com algum grau de exactidão, o estado de saúde pré-natal, como é possível escolher, em momento

[1] Pode ler-se, por exemplo, no acórdão do Tribunal da Relação de Lisboa, de 26/06/2008 (disponível em http://www.dgsi.pt) que, «em matéria de acto médico só o consentimento devidamente esclarecido permite transferir para o paciente os riscos que de outro modo serão suportados pelo médico». A Direcção-Geral de Saúde emitiu recentemente a Norma nº 15/2013, de 03/10/2013, sobre o consentimento informado, cuja aplicação se pretende a todas as unidades de saúde nacionais (http://www.dgs.pt).
[2] A Direcção-Geral da Saúde recomenda a realização de três ecografias, uma em cada trimestre, em gravidezes consideradas de *baixo risco* (Norma nº 023/2011, de 29/09/2011, actualizada em 21/05/2013, disponível em http://www.dgs.pt).
[3] De acordo com informação da Associação Portuguesa de Fertilidade, «a infertilidade é uma doença reconhecida pela Organização Mundial de Saúde, com uma prevalência que se estima atingir cerca de 10% a 15% da população em idade reprodutiva, afectando um número crescente de pessoas no mundo contemporâneo» (http://www.apfertilidade.org) .

anterior, o embrião a implantar, com o conhecimento prévio do seu estado de saúde, face a determinadas patologias.

Estes avanços médicos, aliados a um acompanhamento, lento mas regulador, do Direito, têm conduzido ao surgimento de circunstâncias propícias a novas realidades no plano legal.

A responsabilidade médica, nestas duas específicas acções, que ocupam o presente trabalho – *wrongful birth* e *wrongful life* – surge, assim, da reunião destes três factores fundamentais:

- Das técnicas que a medicina proporciona, não só no plano pré--natal, como pré-concepcional;
- Do dever legal de informar sobre essas técnicas e resultados, perspectivas e riscos;
- E da possibilidade legal de não prosseguir com a gravidez, em determinadas circunstâncias.

Wrongful Birth e *wrongful life*

Dentro das chamadas *wrongful suits*, estas acções por *wrongful birth* e *wrongful life*[4][5], são as acções, de responsabilidade civil, em que é o próprio *nas-*

---

[4] Dentro das *wrongful suits,* este trabalho versará, apenas, sobre as acções por *wrongful birth* e por *wrongful life*. Não serão abordadas, numa perspectiva detalhada, as acções por *wrongful pregnancy* ou *wrongful conception*, sendo que, naturalmente, as mencionaremos sempre que tal se mostre oportuno.

[5] Estas expressões são as correntemente utilizadas na doutrina e jurisprudências, nacionais e internacionais. A jurisprudência francesa fala também em *actions de vie dommageable*; no Canadá utiliza-se a expressão *actions de vie préjudiciable* (Erin Nelson e Gerald Robertson, «Liability for wrongful birth and wrongful life» in: http://www.isuma.net, 20/08/2002, p. 1 de 6); no ordenamento jurídico espanhol falar-se-á em *nacimiento equivocado* (Luis Duarte Manso, «Responsabilidade civil em diagnóstico pré-natal» in *Lex Medicinae, 18, 2012,* p. 169). A tradução brasileira da obra de Tristram Engelhardt, Jr., *Fundamentos da Bioética* (São Paulo: Edições Loyola, 1998, p. 313) refere-se a «acção por vida errada» e «processos de vida por erro»; entre nós, foram já utilizadas as expressões "acções de vida indevida" ou "nascimento indevido" (vejam-se, a este propósito, e entre outros, André Pereira, *O consentimento informado na relação médico-paciente*, Centro de Direito Biomédico, Coimbra: Coimbra Editora, 2004, p. 375, nota 846, Fernando Araújo, *A procriação assistida e o problema da santidade da vida*, Coimbra: Almedina, 1999, p.84 e ss e Paulo Mota Pinto, «Indemnização em caso de "nascimento indevido" e de "vida indevida" (*Wrongful birth* e *wrongful life)* in *Lex Medicinae*, nº 7, 2007, p. 7). No caso da acção por *wrongful* birth, há quem defenda a expressão *nascimento de criança não desejada*: «The description (...) 'the birth of an unwanted child [is] preferable, for [it] clearly indicate[s] the nature of the complaint» (John Seymour, *Childbirth and the Law*, Oxford: Oxford University Press, 2000, p. 75.)

DIREITO DA SAÚDE

cimento, a própria *vida,* o dano invocado[6] e decorrem deste amplo direito dos pacientes a serem informados e das opções médicas e legais, que os mesmos têm, face a determinada informação que recebam.

São acções em que os pais de uma criança e/ou a própria criança[7] demandam os profissionais[8] pelo nascimento ocorrido. Justamente por causa das opções que eles, pais, tomaram ou, antes, não puderam tomar, imputando essa falha aos ditos profissionais.

Não se trata, em princípio[9], de um qualquer nascimento, mas sim de um nascimento em que a criança é portadora de doença ou deficiência grave[10].

Contrariamente ao habitual escopo da responsabilidade médica, em que se demanda o profissional pelo dano causado no corpo e/ou saúde do paciente, aqui pretende-se que o profissional seja responsabilizado por ter *permitido* o nascimento, com essa doença ou deficiência grave, em violação do dever de informar.

Como refere Manuel Carneiro da Frada, «o médico não se apresenta responsável pela implantação da deficiência, que surge normalmente logo desde o início da vida pré-natal. No entanto, a omissão do esclarecimento sobre essa deficiência é tida como ilícita. O comportamento

---

[6] Como refere Manuel Carneiro da Frada, «a temática da «vida enquanto dano» conduz à pergunta de saber se uma pessoa que sinta a sua vida como dano pode deduzir uma pretensão indemnizatória contra outrem com o fundamento de que alguém foi responsável por essa vida tida como prejuízo» («A própria vida como um dano? – dimensões civis e constitucionais de uma questão-limite» in *Revista da Ordem dos Advogados,* Ano 68, vol. I, 2008, p. 1/15).

[7] Adiante se verá que a principal diferença entre ambas, que podem ser (e são, na maioria das vezes) intentadas em simultâneo, reside na identidade do demandante (Cfr. Paulo da Mota Pinto, *Ob. Cit.,* p. 6).

[8] Geralmente o médico e/ou a clínica onde os exames foram realizados, mas pode abranger outros profissionais.

[9] Dizemos, em princípio pois, efectivamente, podemos estar no domínio destas *wrong actions,* mas perante o nascimento de uma criança saudável: foi esse o primeiro caso conhecido, de *wrongful life,* embora com contornos diferentes dos que hoje a caracterizam (caso *Zepeda* vs. *Zepeda,* 1963). Actualmente, essas situações poderão traduzir uma acção por *wrongful pregnancy.*

[10] A doença ou deficiência têm que ser *graves,* para as quais a ciência médica não disponha de remédio ou cura. Nestes cenários, a questão coloca-se sempre entre nascer com a doença ou deficiência ou não nascer de todo. Havendo outra alternativa, não estaremos perante este tipo de acções, mas, eventualmente, perante outros casos de responsabilidade médica. Neste sentido, veja-se Fernando Dias Simões, «Vida indevida? As acções por *wrongful life* e a dignidade da vida humana» in *Tékhne,* nº 13, 2010, pp. 189-190.

VIDA: DANO INDEMNIZÁVEL?

alternativo lícito do médico teria evitado o nascimento e, deste modo, a vida gravemente deficiente»[11]. O dano, aqui, é, pois, o nascimento, e a vida, com a doença ou deficiência.

Conforme atrás referido, habitualmente estas acções têm lugar no âmbito do diagnóstico pré-natal (DPN)[12].

A Organização Mundial de Saúde define o diagnóstico pré-natal como «todas as acções pré-natais que tenham por fim o diagnóstico de um defeito congénito, entendendo por tal toda a anomalia do desenvolvimento morfológico, estrutural, funcional ou molecular presente ao nascer (embora possa manifestar-se mais tarde), externa ou interna, familiar ou esporádica, única ou múltipla».[13] Destacam-se, como métodos de DPN, entre outros, a ecografia, a amniocentese ou a biópsia das vilosidades coriónicas[14] [15].

Neste âmbito do DPN, é dever do profissional, *v.g.* do médico assistente, propor a realização de exames ou análises, informar acerca do estado de saúde do embrião ou feto, designadamente quanto a even-

[11] *Ob. Cit.,* p.1/15.

[12] Como é salientado no preâmbulo do Despacho nº 5411/97, do Gabinete da Senhora Ministra da Saúde, publicado na 2ª série do Diário da República, de 6 de Agosto de 1997, que veio regulamentar o DPN, estabelecendo os princípios e orientações para a sua prática, o DPN «tem vindo a constituir-se numa componente essencial da prestação de cuidados de saúde pré-natais, por ser responsável, nomeadamente, pela diminuição da mortalidade infantil por doenças evitáveis», sendo que, por DPN deverá entender-se «o conjunto de procedimentos que são realizados para determinar se um embrião ou feto é portador ou não de uma anomalia congénita» (artigo 1º, do citado Despacho).

[13] Annette F. Almeida, «Diagnóstico Prénatal» in *Cadernos de Bioética*, nº 10, 1995, p. 7.

[14] Sendo que a ecografia é o método mais utilizado, tanto a amniocentese como a biópsia das vilosidades coriónicas são métodos frequentes mas apenas em situações com indicação clínica para tal. Com efeito, o referido Despacho nº 5411 identifica, no ponto 2, a chamada *população em risco*, não sendo este tipo de exames de realização automática, perante uma qualquer gravidez, seja pela escassez de meios técnicos e humanos existentes no SNS, comparativamente com a população grávida, seja porque os próprios métodos podem ser bastante invasivos e implicarem riscos graves para a saúde, da mãe ou do feto.

[15] A *amniocentese* consiste na colheita de líquido, através da punção transabdominal sob controlo ecográfico em tempo real, da cavidade amniótica, cuja função é a de envolver e proteger o feto; é normalmente efectuada após as 15 semanas e tem um risco de abortamento de 0,5 a 1%. A *biópsia das vilosidades* traduz-se na recolha do tecido do córion, membrana que envolve o feto. Pode fazer-se entre a 11ª e 12ª semana de gestação e o risco de abortamento é, globalmente, de 1 a 2% (Centro de Genética Preventiva e Preditiva, http://www.cgpp.eu).

DIREITO DA SAÚDE

tuais patologias detectadas nesses exames ou análises, realizados durante a gravidez, justamente com esse propósito. Se o profissional falha esse dever de propor, ou falha esse dever de informar, ou ao invés, informa mas erradamente o casal, não permite o recurso, por parte dos pais, à interrupção da gravidez, legalmente possível.

Com efeito, nos termos do artigo 142º, nº 1, al. c), do Código Penal português[16]:
> «Não é punível a interrupção da gravidez efectuada por médico, ou sob a sua direcção, em estabelecimento de saúde oficial ou oficialmente reconhecido e com o consentimento da mulher grávida, quando (...) houver seguros motivos para prever que o nascituro virá a sofrer, de forma incurável, de grave doença ou malformação congénita, e for realizada nas primeiras 24 semanas de gravidez, excepcionando-se as situações de fetos inviáveis, caso em que a interrupção poderá ser praticada a todo o tempo».

Verifica-se, deste modo, que a lei permite não punir a interrupção médica da gravidez realizada nestas circunstâncias, desde logo, considerando *os seguros motivos* para prever que o nascituro virá a sofrer, de forma incurável, de grave doença ou mal formação congénita.

Nas palavras de Figueiredo Dias, a previsão fundada em *seguros motivos* «não pode deixar de ser – e ser só – medicamente fundada, sendo portanto ainda aqui absolutamente decisivo o estado dos conhecimentos da medicina», acrescentando que tal previsão «será desde logo integrada pela certeza de que o nascituro sofre já da doença ou malformação (diagnóstico pré-natal)»[17].

Este é, assim, o argumento base destas petições, sejam elas em nome dos pais ou da própria criança: caso o médico tivesse atuado com a diligência que lhe cabia, *v.g.*, caso o médico tivesse informado correctamente acerca do estado de saúde do feto[18], os pais teriam recorrido à

---

[16] Aprovado pelo Decreto-Lei nº 400/82, de 23 de Setembro, com a redacção dada pela Lei nº 16/2007, de 17 de abril.

[17] Jorge de Figueiredo Dias, *Comentário Conimbricence do Código Penal*, tomo I, Coimbra: Coimbra Editora, 1999, p. 184.

18 Por isso este tipo de acções se enquadram habitualmente nos problemas específicos de *erro de diagnóstico*.

VIDA: DANO INDEMNIZÁVEL?

interrupção da gravidez, legalmente possível, e evitado o nascimento naquelas condições.

Os avanços das tecnologias e do conhecimento científico trazem diversas potencialidades, visando, naturalmente, a melhoria do estado de saúde dos pacientes, mas têm também, como consequência, um aumento do nível de exigência aos profissionais e de responsabilização dos mesmos.

Se habitualmente este tipo de acções surge no âmbito do DPN, a verdade é que elas podem ter, também por base uma falha no âmbito do aconselhamento genético[19], quanto à transmissão de doenças hereditárias ou no âmbito da procriação medicamente assistida (PMA), mais especificamente através do Diagnóstico Genético Pré-Implantação (DGPI)[20 21].

Em Portugal, a Lei nº 32/2006, de 26 de Julho (LPMA) veio regular a utilização das técnicas de PMA, dispondo, no seu artigo 28º, nº 1, que «o diagnóstico genético pré-implantação (DGPI) tem como objectivo a identificação de embriões não portadores de anomalia grave, antes da sua transferência para o útero da mulher, através do recurso a técnicas de PMA ou para os efeitos previstos no nº 3 do artigo 7º»[22]. Acres-

[19] «O aconselhamento genético é uma consulta que está indicada sempre que existam na família situações de anomalias congénitas, atraso mental, esterilidade, abortamento espontâneo repetido, doenças de transmissão hereditária ou multifactoriais, por exemplo» (Purificação Tavares, «O aconselhamento genético» in Luís Archer, Jorge Biscaia e Walter Osswald (Coord.), *Bioética*, Lisboa: Editorial Verbo, 1996, p. 261).

[20] Entre nós, André Pereira, *Ob. Cit.*, p. 377 ou Vera Lúcia Raposo, «As wrong actions no início da vida (wrongful conception, wrongful birth e wrongful life) e a responsabilidade médica» in *Revista Portuguesa do Dano Corporal,* 21, 2010, p. 62.

[21] De acordo com Fernando Regateiro, por *diagnóstico genético* entende-se o «procedimento pelo qual se confirma a causa genética de determinada doença ou se avalia a presença ou ausência de mutações génicas ou aberrações cromossómicas associadas ao desenvolvimento de doenças em fetos, em familiares de doentes afectados por doenças de natureza genética ou em indivíduos sem familiares afectados» (*Relatório sobre "Diagnóstico Genético Pré-implantação"*, Conselho Nacional de Ética para as Ciências da Vida, Abril de 2007, p.4).

[22] Este artigo 7º, nº 3, da LPMA, que dispõe sobre as finalidades proibidas da PMA, excepciona os casos de «necessidade de obter grupo HLA (*human leucocyte antigen*) compatível para efeitos de tratamento de doença grave». A este propósito, refira-se que foi recentemente noticiada a primeira situação em Portugal: de acordo com o Jornal PUBLICO, de 30/04/2015, «um casal português, que tem uma filha de cerca de cinco anos com leucemia, foi autorizado pelo Conselho Nacional de Procriação Medicamente Assistida (CNPMA), pela primeira vez no país, a tentar ter um bebé, com origem em embriões seleccionados em laboratório, para

DIREITO DA SAÚDE

centa-se, no artigo 29º da mesma Lei, que o DGPI destina-se a pessoas provenientes de famílias com alterações que causam morte precoce ou doença grave, quando exista risco elevado de transmissão à sua descendência.[23].

O DGPI distingue-se, assim, do DPN, porquanto este é levado a cabo perante uma gravidez já estabelecida, enquanto o primeiro pressupõe um estudo prévio ao estabelecimento da própria gravidez[24].

Em ambos os casos, a ciência médica disponibiliza ao paciente a possibilidade de conhecer, antes do nascimento, o estado de saúde do feto (no caso do DGPI, do embrião) e, em conformidade, decidir como actuar.

O problema surge quando esta decisão de actuação não foi, afinal, tomada de modo informado, livre e esclarecido.

---

poder ser um dador de medula óssea compatível com a menina doente (...). Seria o primeiro caso de um "bebé-medicamento" em Portugal».

[23] Esta é, digamos, a finalidade *primeira* do DGPI; todavia, as suas potencialidades são muito diversas e a sua possível aplicabilidade tem gerado grandes controvérsias, designadamente quando não exista regulamentação jurídica para a sua utilização. Recorde-se, todavia, o teor do Parecer nº 51/CNECV/07, sobre o *"Diagnóstico Genético Pré-implantação"*: «1. O DGPI é uma técnica de investigação diagnóstica e, enquanto tal, a sua realização não viola princípios éticos fundamentais. 2. As decisões tomadas com base no resultado da aplicação de técnicas de DGPI podem conduzir a situações de valor ético distinto» (http://www.cnecv.pt). O DGPI permite detectar as anomalias genéticas e assim *escolher* os embriões a implantar; permite seleccionar embriões compatíveis com um irmão que sofra de doença grave; mas permite também seleccionar o sexo, seja ou não pelos chamados motivos de *balanceamento familiar*, bem como determinadas características que nada têm a ver com motivos de ordem clínica, como a cor dos olhos ou a estatura. Permite ainda seleccionar embriões com características especialmente pretendidas pelos progenitores, como sejam a surdez-mudez ou o nanismo (veja-se, por exemplo, a notícia publicada no *New York times*, em 05/12/2006, disponível em http://www.nytimes.com). Para maiores desenvolvimentos, vejam-se, entre outros, Ronald Green, *Babies by design: the ethics of genetic choice*, Londres: Yale University Press, 2007, ou Christian Munthe, «Pure Selection – The Ethics of Preimplantation Genetic Diagnosis and Choosing Children Without Abortion» in *Acta Philosophica Gothoburguensia*, 9, 1999.

[24] Neste sentido, há quem defenda ser preferível recorrer ao DGPI na perspectiva de, permitindo-se a implantação de embriões não afectados, se evitarem posteriores interrupções de gravidez, relativamente a patologias que só seriam detectadas por via do DPN (ou seja, seria «mais defensável uma selecção embrionária precoce do que uma interrupção de gravidez tardia» – Natália Oliva Teles, «Diagnóstico genético Pré-Implantação – aspectos técnicos e Considerações Éticas» in *Acta Médica Portuguesa*, 24, 2011, p. 987), isso, não obstante, no seguimento de um DGPI ser naturalmente recomendado o DPN para acompanhamento da evolução da gravidez.

VIDA: DANO INDEMNIZÁVEL?

Nos pedidos por *wrongful birth* e *wrongful life*, o cenário é em tudo semelhante: o médico, legalmente obrigado ao dever de informar, na sequência do diagnóstico realizado, não informa, ou informa erroneamente[25], fazendo-os crer que o feto não é portador de doença ou deficiência grave.

Seja qual for a actuação, em concreto, do profissional, a mesma culmina no nascimento, de uma criança nessas condições "adversas". E o que se invoca é precisamente esta falha médica: porque não informou, ou não informou correctamente, o médico *impediu* que os pais pudessem recorrer à interrupção de gravidez e *permitiu* o nascimento da criança com a doença ou deficiência grave.

A diferença entre as acções de *wrongful birth* e *wrongful life* reside na identidade do demandante / lesado e, consequentemente, nos danos peticionados:

- Na acção por *wrongful birth*, a mesma é proposta pelos progenitores, pelos danos por eles sofridos, aqui se englobando danos patrimoniais relativos aos encargos decorrentes do sustento de uma criança portadora de doença ou deficiência grave, isto é, os relacionados com essa condição[26], bem como danos não patrimoniais, resultantes do confronto com a doença ou deficiência do filho, no momento do nascimento;
- Na acção por *wrongful life*, é a própria criança, ainda que, por norma, representada pelos pais, quem demanda o médico e/ ou outros profissionais ou o laboratório onde os exames foram realizados. O dano que aqui se invoca é, pois, de natureza não patrimonial, emergente do próprio *nascimento*: a vida com a deficiência.

Destas duas acções, embora também incluídas nas chamadas *wrong actions*, distinguem-se as acções de *wrongful pregnancy* ou *wrongful con-*

---

[25] Não informa acerca do risco de transmissão de alterações genéticas, ou interpreta erradamente os resultados de um DGPI, ou utiliza uma técnica menos adequada à finalidade concreta do diagnóstico, ou procede à transferência de embriões que padecem da patologia que se pretende evitar; no âmbito do DPN, não propõe a realização de análises ou exames indicados pelas *leges artis*, ou, após a realização desses exames ou análises, não informa os pais do resultado, ou informa, mas fornecendo um disgnóstico errado, falso.

[26] E não os normais custos de educação e sustento, pois esses inserem-se nos encargos inerentes à procriação, decorrentes do previsto no artigo 1878º, nº 1, do Código Civil.

DIREITO DA SAÚDE

ception: acções intentadas pelos pais, contra os profissionais, pelo nascimento de uma criança, em resultado de um erro médico, em regra saudável, mas *indesejada*. Como refere Vera Lúcia Raposo, aqui «o dano consiste na concepção de uma criança em situações nas quais era supostamente garantido tal não acontecer»[27]. Reconduzem-se, regra geral, às situações de esterilizações ou interrupções de gravidez mal sucedidas, que traduziriam uma violação do chamado «direito dos pais ao planeamento familiar» ou «à não reprodução»[28], conduzindo a um nascimento que não era, de todo, pretendido. Por se tratar de um nascimento de uma criança perfeitamente saudável, este tipo de acções têm suscitado também alguma controvérsia que, contudo, não detalharemos aqui.

A admissibilidade das acções por *wrongful birth*

As acções por *wrongful birth* são habitualmente reconhecidas, nos países em que a interrupção da gravidez é permitida.

A primeira acção desta natureza teve lugar em 1967, no caso *Gleitman v. Cosgrove*, no Tribunal de New Jersey, E.U.A.. Teve por base um pedido de indemnização formulado por uma mulher que contraiu rubéola durante a gravidez e a quem o médico não informou dos sérios e graves riscos para o feto. A pretensão foi, contudo, negada, sobretudo pela impossibilidade de calcular o dano alegado e pela contrariedade do pedido face à ordem pública[29]. Em 1978, foi procedente a primeira *wrongful birth*, no caso *Becker v. Schwartz*, no Tribunal de Nova Iorque: neste caso, o médico não informou a mulher sobre o risco acrescido do feto vir a padecer do Síndroma de Down, como consequência da idade avançada da mãe[30].

Também em Portugal existe já jurisprudência sobre o assunto.

A primeira acção intentada foi decidida, em última instância, pelo Supremo Tribunal de Justiça (STJ), por acórdão de 19/06/2001, sendo que o pedido não distinguia entre *wrongful birth* e *wrongful life*, muito embora tivesse sido formulado apenas pelo menor, representado pe-

---

[27] *Ob. Cit.*, p. 66.
[28] *Ibidem*. Veja-se também Paulo Mota Pinto, *Ob. Cit.*, p. 5.
[29] Vera Lúcia Raposo, *Ob.Cit.*, p. 68 e Luis Duarte Manso, *Ob. Cit.*, pp. 164 e seguintes.
[30] Para maior detalhe sobre estas decisões, veja-se, entre outros, as citadas obras dos autores Vera Lúcia Raposo, pp. 67-68 e Luis Duarte Manso, pp. 164-165.

los pais. Tendo sido improcedente, já nessa altura o STJ deixou a porta aberta para as acções de *wrongful birth*[31].

A partir daí têm surgido algumas decisões nesta matéria, sobretudo nos últimos 5 anos. Destacam-se as decisões do Tribunal de Relação de Lisboa (TRL), de 10/01/2012, o acórdão do STJ, de 17/01/2013 e, mais recentemente, a decisão, também do STJ, de 12/03/2015[32]. Em todas estas decisões, foram procedentes os pedidos dos progenitores, a título de *wrongful birth*, embora todas elas comportassem também um pedido de *wrongful life*, o qual foi sempre negado.

Nas acções por *wrongful birth* tem-se reconhecido, de uma forma geral, o preenchimento dos pressupostos da responsabilidade civil, enquadre-se ela, no caso em concreto, no âmbito contratual ou extra-contratual, traduza ela uma mera obrigação de meios ou já de resultados[33]: o facto, a ilicitude, a culpa, bem como o nexo de causalidade e o dano provocado, sendo que estes dois últimos são, à semelhança do que acontece na generalidade das situações de responsabilidade médica, os que mais dificuldades suscitam.

Reconhecem-se os danos causados aos pais, patrimoniais (relacionados com a educação e sustento com uma criança com aquela doença ou deficiência, por comparação com os inerentes com a educação e sustento de uma criança dita "normal") e não patrimoniais, decorrentes do desgosto e sofrimento que o nascimento, inesperado *naquelas condições*, causou nos pais.

No caso constante do Acórdão do STJ, de 17/01/2013, os Autores, por si e em representação do seu filho menor, demandaram dois médicos

---

[31] Especificamente a propósito deste caso, veja-se, entre outros, Paulo Mota Pinto, *Ob. Cit.*, pp. 5-25, António Pinto Monteiro, "Portuguese Case Note", in *European Review of Private Law*, vol. 2, 2003, pp. 220-224, Vera Lúcia Raposo, *Do ato médico ao problema jurídico*, Coimbra: Almedina, 2014, p. 259 ou os nossos «*Wrongful Life Action* – Comentário ao Acórdão do Supremo Tribunal de Justiça de 19 de Junho de 2001» in *Lex Medicinae*, nº 2, 2004, p. 125-131 e «*Wrongful Birth e Wrongful Life*: De Nicolas Perruche a Kelly Molenaar» in *Sub Judice*, nº 38, Jan-Mar, 2007, pp. 101-108.

[32] Todos disponíveis em http://www.dgsi.pt.
Refira-se que esta última decisão foi apreciada pelo Tribunal Constitucional, no seu Acórdão nº 55/2016, publicado no Diário da República, 2ª série, de 14 de março de 2016.

[33] Nos termos gerais dos artigos 483º e seguintes e 798º e seguintes, todos do Código Civil.

DIREITO DA SAÚDE

e a clínica de radiologia, onde os exames a que a Autora se submeteu durante a gravidez foram realizados, por não terem sido detectadas as malformações de que o menor sofria.

Decidiu o STJ que «a conduta dos Réus, ao fornecerem à Autora uma "falsa" representação da realidade fetal, através dos resultados dos exames ecográficos que lhe foram feitos, contribuíram e foram decisivos para que a mesma, de forma descansada e segura, pensando que tudo corria dentro da normalidade, levasse a sua gravidez até ao termo. (...) A circunstância de a Lei permitir às grávidas a interrupção da gravidez (...), sendo (...) uma opção das interessadas, desde que devidamente informadas com o rigor que se impõe neste tipo de ocorrências, impenderia sobre os Réus os mais elementares deveres de cuidado no que tange à elaboração do diagnóstico, o que de forma culposa omitiram, impedindo assim a Autora de utilizar o meio legal que lhe era oferecido (...), de não levar a termo a sua gravidez caso o entendesse, o que esta teria feito atentas as circunstâncias, daqui decorrendo o dever de indemnizar a Autora por banda dos Réus».

Especificamente quanto ao nexo de causalidade, referiu o STJ que «estamos em sede de causalidade adequada, pois a conduta dos Réus [médicos e clínica radiológica] foi decisiva para o resultado produzido, qual foi o de possibilitarem o nascimento do Autor com as malformações de que o mesmo era portador; o que não teria acontecido se aqueles mesmos Réus tivessem agido de forma diligente, com a elaboração dos relatórios concordantes com as imagens que os mesmos forneciam, isto é, com a representação das malformações de que padecia o Autor ainda em gestação».

O sentido da decisão tinha sido semelhante no caso constante do acórdão do TRL, de 10/01/2012: os Autores, por si e na qualidade de representantes da sua filha menor, demandaram o médico radiologista, e a clínica onde os exames foram realizados, por não terem detectado as malformações e patologias do feto, designadamente a ausência do membro inferior esquerdo.

Decidiu a Relação de Lisboa que «(...) sendo o Réu o médico especialista de ginecologia-obstetrícia que efectuou as quatro ecografias obstétricas à Autora, mas cujos relatórios nunca referiram qualquer das malformações detectadas após o nascimento da respectiva filha, nem sequer a ausência nesta do membro inferior esquerdo, e tudo isto apesar de, quer as malformações, quer a ausência de membro inferior esquerdo, serem susceptíveis de ser detectadas (segundo o estado de evolução da medicina e com recurso aos equipamentos médicos disponíveis) nas ecografias obstétricas efectuadas pelo Réu à Autora, tal obriga a concluir que o Réu/médico actuou com negligência, não observando, como podia e devia, o dever objectivo de cuidado que sobre ele impendia, em violação das *leges artis* por que se regem os médicos, sensatos, razoáveis e competentes». E acrescentou que «desde que a lei penal vigente no país autorizava os pais da criança a interromper a gravidez, ante a previsão segura de que ela iria nascer sem uma perna, não pode deixar de concluir-se que o médico ecografista que, com violação das *leges artis*, não detectou essa malformação congénita incurável e, como tal, não informou tempestivamente os pais desse facto, assim obstando a que eles exercessem o seu indeclinável direito de fazer cessar aquela gravidez, está constituído na obrigação de indemnizar os pais de todos os danos de índole patrimonial e não patrimonial que eles não teriam sofrido se tivessem logrado obstar ao nascimento com vida da sua filha».

Igualmente procedente foi a acção por *wrongful birth* decidida pelo STJ em 12/03/2015, também por falha médica, no âmbito do DPN, em detectar as malformações de que padecia a criança que veio a nascer. Destaca-se a conclusão a propósito do nexo de causalidade: «o facto só deixará de ser causa adequada do dano, desde que o mesmo se mostre, por sua natureza, de todo inadequado à sua verificação, e tenha produzido, apenas, em consequência de circunstâncias anómalas ou excepcionais, o que não acontece quando o comportamento do lesante foi determinante, ao nível da censura ético-jurídica, para desencadear o resultado danoso. (...) Se o médico executa ou interpreta mal um diagnóstico pré-natal produz um resultado negativo falso, concluindo-se que a gravidez que a mãe teria podido interromper, podendo, então, dizer--se que a conduta culposa do médico foi a causa do nascimento com a deficiência grave que não foi diagnosticada». Refere ainda o Supremo Tribunal que «a comparação, para efeitos de cálculo da compensação, opera não entre o dano da vida, propriamente dito, e a não existência, mas antes entre aquele e o dano da deficiência que essa vida comporta».

Esta decisão do STJ foi levada até ao Tribunal Constitucional (TC), para apreciação da respectiva constitucionalidade, enquadrada no regime

DIREITO DA SAÚDE

da responsabilidade civil do Código Civil. Decidiu o TC «não julgar inconstitucionais os artigos 483º, 798º e 799º do Código Civil, interpretados no sentido de abrangerem, nos termos gerais da responsabilidade civil contratual – no quadro de uma acção designada por *nascimento indevido* (por referência ao conceito usualmente identificado pela expressão *wrongful birth*) –, uma pretensão indemnizatória dos pais de uma criança nascida com uma deficiência congénita, não atempadamente detetada ou relatada aos mesmos em função de um erro médico, a serem ressarcidos (os pais) pelo dano resultante da privação do conhecimento dessa circunstância, no quadro das respectivas opções reprodutivas, quando esse conhecimento ainda apresentava potencialidade para determinar ou modelar essas opções[34].

Dificuldades nos pedidos por *wrongful life*

As acções de *wrongful life* já se mostram de mais difícil aceitação. Como refere André Pereira, "quando confrontados com estas inquietantes demandas, os tribunais (...) tendem, em regra, a conceder indemnizações pelas *despesas excepcionais de sustento* de uma criança deficiente, e uma indemnização pelos *danos morais dos pais* [*wrongful birth*], mas rejeitam a pretensão indemnizatória – apresentada pela criança – pelo dano pessoal da criança ter nascido (deficiente) (*wrongful life*)"[35].

Na Europa, a maioria dos países, Portugal incluído, rejeitam as pretensões por *wrongful life*. Um caso excepcional é o da Holanda[36]. Nos E.U.A., apenas são admitidas em três dos seus cinquenta estados[37].

O termo *wrongful life* foi utilizado pela primeira vez, em 1963, no caso *Zepeda v. Zepeda*[38] nos E.U.A.. Tratava-se de um caso em que uma criança

[34] Acórdão do Tribunal Constitucional nº 55/2016, publicado no Diário da República, 2ª série, de 14 de março de 2016.
[35] *Ob. Cit.*, p. 379-380.
[36] No caso *Kelly Molenaar*, que analisaremos mais adiante. Para uma perspectiva comparada, veja-se Ivo Giesen, «The Use and Influence of Comparative Law in 'Wrongful Life' Cases» in *Utrecht Law Review*, vol.8, nº 2, 2012, pp. 35 a 54.
[37] California, New Jersey e Washington (Deborah Pergament e Katie Ilijic, «The Legal Past, Present and Future of Prenatal Testing: Professional Liability and Other Legal Challenges Affecting Patient Acess to Services» in *Journal of Clinical Medicine*, nº 3, 2014, pp. 1437-1465).
[38] Bonnie Steinbock, *Life before birth – the moral and legal status of embryos and fetuses*, Nova Iorque: Oxford University Press, 1992, p. 115.

VIDA: DANO INDEMNIZÁVEL?

processava o pai por lhe ter causado um dano, ao permitir que nascesse fruto de uma relação ilegítima. A acção não foi, contudo, declarada procedente e a partir daí os tribunais começaram a distinguir entre *nascimento sob condições adversas* e *nascimento com grave deficiência ou com doença fatal*[39]. A estes últimos ficou, então, reservado o termo *wrongful life*, falando-se também, para as outras situações, em acções de *diminished life* ou *dissatisfied life*.

Também tem sido caracterizada como de *wrongful life* a acção intentada pela própria criança contra os pais, justamente por estes não terem optado pelo recurso a uma IVG. É uma questão que tem sido colocada na doutrina, nacional e estrangeira[40], e que determinaria que os pais que, devidamente informados, não optassem pela IVG, causariam um dano à criança, dano esse indemnizável nestes moldes da *wrongful life*. Sendo certo que a possibilidade legal de interrupção de gravidez existe, ela não configura, em circunstância nenhuma, uma obrigação. Como refere Marta Nunes Vicente, seria contraditório admitir o aborto, colocando-o na esfera da livre decisão da mulher e em seguida sancioná-la por ter decidido não abortar quando o podia ter feito[41]. Intimamente ligada a esta questão está a do suposto condicionamento do DPN, e da sua finalidade, à interrupção da gravidez: a informação que este diagnóstico fornece é imprescindível sob muitos aspectos, seja para antecipar o nascimento, seja para planear uma terapêutica fetal (quando possível) ou apenas para os pais assumirem o nascimento de uma criança com deficiências. Seja qual for a opção, ela pertence aos pais[42].

---

[39] *Ibidem.*

[40] Vejam-se, por exemplo, Fernando Pinto Monteiro, «Direito à não existência, direito a não nascer» in *Comemorações dos 35 anos do Código Civil e dos 25 anos da Reforma de 1977*, II (A Parte Geral do Código e a Teoria Geral do Direito Civil), Coimbra, 2006, p. 131-138.», p. 132, Vera Lúcia Raposo, «As wrong actions...», p. 74, Pedro Femenía López, *Status jurídico del embrión humano, con especial consideración al concebido in vitro*, Madrid: McGraw Hill, 1999, p. 354; Aitziber Emaldi Cirión, *El consejo genético y sus implicaciones jurídicas*, Bilbao – Granada: Editorial Comares, 2001, p. 259 e ss. e Rebecca Cook, Bernard Dickens e Mahmoud Fathalla, *Reproductive health and human rights*, Oxford: Oxford University Press, 2003, p. 359.

[41] *Ob. Cit.*, p. 140, bem como Vera Lúcia Raposo, «As wrong actions...», p. 91.

[42] Neste sentido, e atendendo ao facto de a decisão de interromper a gravidez caber necessariamente aos pais – se quisermos, à mãe – e só poder ser tomada no momento próprio para tal, não deve condicionar-se a realização de diagnóstico pré-natal à aceitação do recurso a IVG (veja-se, a este propósito, Guilherme de Oliveira, *Temas de Direito da Medicina*, Centro de Direito Biomédico, Coimbra: Coimbra Editora, 1999, p. 209).

DIREITO DA SAÚDE

As dificuldades de aceitação destas acções prendem-se, em regra, com os pressupostos *nexo de causalidade* e *dano*. «Poderá [a responsabilidade civil] ser chamada a intervir para tutelar um (suposto) interesse na morte?»[43]

Os opositores à admissibilidade deste tipo de acções entendem não ser possível, por um lado, estabelecer um *nexo de causalidade* entre a conduta do médico e a deficiência: não obstante se poder reconhecer uma situação de erro, não foi o médico que causou a deficiência, logo não pode, por ela, ser responsabilizado. Manuel Carneiro da Frada refere que «as doenças ou malformações que afectam a criança desde o início da sua concepção (...) não resultam de uma deterioração qualitativa de uma vida que se possa dizer ter sido anteriormente isenta de deficiência. Para o surgimento de tais limitações não contribuiu qualquer comportamento humano posterior à concepção»[44]. Acrescenta que «a responsabilidade do médico que violou o seu dever de informação quanto a essa deficiência não pode por princípio ser equiparada à responsabilidade do "real" causador da vida deficiente. (...) não pode substituir, nem teórica nem praticamente, a responsabilidade dos pais nem nivelar-se-lhe»[45].

Neste sentido também o STJ, na sua decisão de 19/06/2001, veio dizer que "os actos cuja prática alegadamente foi omitida pelos réus não foram causa nem condição adequada e típica das malformações com que o autor nasceu. (...) Mesmo que os réus tivessem praticado os actos que o autor diz terem sido omitidos, sempre se verificariam exactamente as mesmas malformações"[46].

O nexo de causalidade constitui, efectivamente, o pressuposto de mais difícil prova na responsabilidade médica em geral e a particularidade de o dano aqui invocado ser a própria vida gera normalmente reacções "desconcertantes" quando o valor mais defendido é exactamente o da vida humana[47].

---

[43] Manuel Carneiro da Frada, *Ob. Cit.*, p. 2/15.
[44] *Ibidem*.
[45] *Idem*, p. 3/15. Nestes casos, segundo este autor, o médico é convertido no «bode expiatório de uma situação que não ocasionou».
[46] Ac. STJ, 19/06/2001, p. 6.
[47] Nos termos do artigo 24º, nº 1 da Constituição da República Portuguesa, a vida humana é inviolável.

Os defensores da admissibilidade deste tipo de acções costumam responder que a causalidade, a estabelecer-se, não tem que ser directa[48] e não se estabelece entre o erro médico e a deficiência mas entre o erro e o *nascimento com a deficiência:* foi a conduta do médico, não informando ou fazendo-o erradamente que, impedindo a mãe de optar pela interrupção da gravidez, permitiu que a criança portadora da deficiência nascesse.

Veja-se o constante do já citado acórdão do STJ de 12/03/2015: «muito embora a malformação não tenha sido causada pelo médico, o certo é que a sua actividade, quando desenvolvida segundo "as legis artis", poderia ter evitado o nascimento com aquela deficiência congénita, o que permite consubstanciar um nexo de causalidade, ainda que indirecto, entre a vida portadora de deficiência e a correspondente omissão de informação do médico por essa situação, ainda que outros factores tenham para ela concorrido, isto é, quando o facto não produz, ele mesmo, o dano, mas desencadeia ou proporciona um outro que leva à verificação deste»[49].

Outra dificuldade apontada prende-se com o grau de probabilidade com que a mãe teria recorrido à interrupção da gravidez, caso tivesse sido adequada e correctamente informada da realidade clínica do feto. A este propósito, refere Guilherme de Oliveira que «esta prova terá de assentar, por exemplo, na demonstração de que a grávida manifestara claramente o propósito de interromper a gravidez se o resultado de DPN fosse positivo»[50], designadamente em obediência ao critério do *paciente concreto*[51]. Marta Nunes Vicente equaciona a teoria da *perte de chance* da

---

[48] Veja-se, a este propósito, a posição de Guilherme de Oliveira, *Ob. Cit.,* p. 216. Falamos de actos médicos, que se repercutem em organismos humanos, e cuja resposta, por parte destes, é naturalmente incerta, por vezes inesperada; restringir o estabelecimento da causalidade às situações em que a conduta do médico produz típica e directamente o resultado significaria excluir da órbita da responsabilidade a maioria das situações ditas de "negligência" que ocorrem nos hospitais e outras instituições de saúde.

[49] Ac. STJ, de 12/03/2015, p. 29/37.

[50] *Ob. Cit.,* p. 216.

[51] Também neste sentido, Luis Duarte Manso, *Ob. Cit.,* p. 178, equacionando também a figura do *comportamento alternativo lícito:* mesmo que o médico tivesse informado adequadamente a mãe, também não seria claro, podendo não resultar provado, que a mãe recorreria à interrupção da gravidez.

DIREITO DA SAÚDE

jurisprudência francesa, no sentido de poder influenciar, não a indemnização em si, mas o respectivo montante, em função dessa «maior ou menor probabilidade de realização de um determinado evento»[52].

Refira-se, a este propósito, esta decisão do STJ, de 12/03/2015, citando a referida autora: «Efectivamente, o que está em causa não é a possibilidade de a pessoa se decidir, mas antes de se decidir num sentido ou noutro, de escolher entre abortar ou prosseguir com a gravidez, a partir do momento em que a lei penal autoriza os pais a interromper a gravidez, ante a previsão segura de que o feto irá nascer com malformação congénita incurável»[53] [54].

Por outro lado, não aceitam os opositores destas acções a invocação de um *dano* consubstanciado na própria vida: a criança não pode vir dizer que era preferível não ter nascido, a nascer com a deficiência, pois a comparação do dano actual vai fazer-se com o da não existência, impossível de quantificar.

Veja-se por exemplo, o que disse o STJ na sua decisão de 17/01/ /2013[55]: «Aceitar que o nascimento deficiente do Autor constitua um dano juridicamente reparável (...), chegando-se à conclusão que afinal poderá existir um *"direito à não vida"*, (...) poria em causa princípios constitucionais estruturantes plasmados nos artigos 1º, 24º e 25º da CRPortuguesa, no que tange à protecção da dignidade, inviolabilidade e integridade da vida humana, quer na vertente do "ser", quer na vertente do "não ser"»[56].

Segundo Carneiro da Frada, «quem contesta a (sua) vida (em si mesma) (...) compara [-a] com a não-vida e alega preferir a não-vida. Isso é que é

---

[52] «Algumas reflexões sobre as acções de *wrongful life*: a Jurisprudência Perruche" in *Lex Medicinae – Revista Portuguesa de Direito da Saúde*, nº 11, 2009, p. 122.

[53] Ac. STJ, de 12/03/2015, p. 31/37.

[54] A propósito deste conceito, foi noticiado na comunicação social a sua primeira aplicação a casos de negligência médica, numa condenação do Tribunal Cível de Lisboa, conforme notícia do *Expresso*, de 27/04/2016.

[55] Refere o STJ que «o dano pessoal de se ter nascido (... quanto vale uma vida? Pode uma vida valer mais do que outra? Uma vida com deficiência é menos valiosa que uma vida sem deficiência?...), coloca[nos] perplexidades várias, passando pelas filosóficas, morais, religiosas, políticas, acrescidas, obviamente, das jurídicas» (p. 4/57)

[56] *Idem*, p. 5/57.

incongruente e inconciliável com pedir uma indemnização (para continuar a viver)»[57].

Já quem defende este tipo de acções argumenta que, quanto ao dano invocado, ele vai assentar, não na discussão, como refere Fernando Araújo, de "saber se há um limite (e onde está) para lá do qual a vida perde de tal modo o sentido que a sua ocorrência é um dano para quem a experimenta"[58], mas tão somente na necessidade de responsabilizar o profissional descuidado e negligente que ilegitimamente se substitui aos pais na tomada de uma decisão que só a eles pertence.

Algumas acções por *wrongful life* merecem um comentário mais demorado, visto terem constituído, de algum modo, uma referência no ordenamento jurídico em que ocorreram.

A primeira acção por *wrongful life* procedente, data de 1980, no caso *Curlender v. Bioscience*, que teve lugar no estado da Califórnia. Foi uma acção que comportou também um pedido por *wrongful birth,* relativa ao nascimento de uma criança afectada pela doença de Tay-Sachs, e intentada contra o laboratório onde os pais se dirigiram para determinar se eram ou não portadores da doença, tendo o laboratório emitido um juízo negativo. De acordo com a decisão do Tribunal, «pouco releva o facto de que a criança não houvera nascido sem a negligência dos arguidos. Mas já releva a circunstância de ela ter efectivamente nascido, e é no cenário concretamente existente que se deve avaliar se tem direito a ser ressarcida dos danos que sofre»[59].

Em 1982, no Reino Unido, foi discutido o caso *McKay v. Essex Area Health Authority,* ao abrigo do *common law:* tratou-se da primeira (e única, segundo cremos) acção por *wrongful life,* em que foi recusada a pretensão indemnizatória da criança por ser «contrário à *public policy* considerar uma vida com deficiência como menos valiosa do que uma vida "normal" e que seria impossível determinar os danos pois o tribunal teria de "comparar a situação do demandante com a de não-existência,

---

[57] Manuel Carneiro da Frada, *Ob. Cit.,* p. 6/15.

[58] *Ob. Cit.,* p. 96. Fernando Araújo refere ainda que se estas acções "pretendessem pôr em causa o respeito tradicional pelo valor intrínseco e absoluto da vida, elas deveriam ser pura e simplesmente banidas".

[59] Vera Lúcia Raposo, *As wrong actions...,* p. 68.

DIREITO DA SAÚDE

sobre a qual o tribunal nada pode saber"»[60]. Com o *Congenital Disabilities (Civil Liability) Act 1976*, passou a admitir-se, apenas, as acções por *wrongful birth* e, mesmo nestas, a restringir-se a indemnização às despesas adicionais de uma criança portadora de deficiência[61].

Em 2000, em França, foi a vez do caso *Nicolas Perruche*: a *Assemblée Plénière* da *Cour de Cassation* fez história na jurisprudência francesa, reconhecendo a um rapaz de 17 anos, Nicolas Perruche, portador de deficiências graves causadas por rubéola, contraída pela sua mãe durante a gravidez, o direito a ser indemnizado pela vida com essa deficiência, por parte dos demandados: o médico e o laboratório que informaram a mãe de Nicolas que a mesma não se encontrava infectada com rubéola.

Tendo sido a actuação, do médico e do laboratório, a responsável pela preclusão desse direito de opção que à mãe assistia, entendeu o Tribunal estarem verificados os pressupostos para a responsabilização[62]. Esta foi a primeira *wrongful life action* procedente em França[63] tendo, no entanto, sido alvo de grande contestação social, de um modo geral. Esta decisão, confirmada posteriormente em dois outros *arrêts*, levou à proibição expressa, no ordenamento jurídico francês, das acções por *wrongful life*, através da *Loi nº 2002-303 du 4 mars 2002 relative aux droits des malades et à la qualité du systéme de santé*, cujo artigo 1º, nº 1, dispunha que "nul ne peut se prévaloir d'un préjudice du seul fait de sa naissance. La personne née avec un handicap dû à une faute médicale peut obtenir la réparation de son préjudice lorsque l'acte fautif a provoqué directement le handicap ou l'a aggravé ou n'a pas permis de prendre les me-

---

[60] Paulo Mota Pinto, *Ob. Cit.*, p. 10.

[61] Vera Lúcia Raposo, *ob. Cit*, p. 72.

[62] De acordo com a *Cour de Cassation*, «dès lors que les fautes commises par un médecin et un laboratoire dans l'exécution des contrats formés avec une femme enceinte avaient empêché celle-ci d'exercer son choix d'interrompre sa grossesse afin d'éviter la naissance d'un enfant atteint d'un handicap, ce dernier peut demander la réparation du préjudice résultant de ce handicap et causé par les fautes retenues» (*Arrêt nº 457 du 17 novembre 2000*, disponível em http://www.courdecassation.fr/arrets/visu.cfm?num=700, p.1/63).

[63] Já em 1982, e posteriormente, em 1997, o *Conseil d'État* se havia pronunciado a este propósito, estabelecendo o princípio de que "une naissance n'est pás elle-même génératrice d'un dommage susceptible d'ouvrir à la mère un droit à réparation" (Cfr. Conclusions de M. Sainte-Rose in http://www.courdecassation.fr/arrets/visu.cfm?num=700 , p. 12/63).

VIDA: DANO INDEMNIZÁVEL?

sures susceptibles de l'atténuer"[64]. Aceita-se, contudo, a viabilidade das acções por *wrongful birth*[65].

Em Março de 2005, o Supremo Tribunal Holandês (*Hoge Raad*) reconheceu, antes, confirmou, uma acção por *wrongful life*[66] e declarou-a procedente, no caso *Kelly Molenaar*, o que sucedeu pela primeira vez na Holanda.

A mãe de Kelly Molenaar solicitou a realização de um teste de diagnóstico pré-natal a fim de confirmar, ou não, a existência de uma determinada alteração genética, uma vez que existia um caso na família e a mãe de Kelly tinha tido já dois abortos espontâneos.

O teste em causa foi recusado pela médica obstetra, uma vez que apenas estava indicado em casos de três abortos espontâneos; os pais de Kelly também não foram encaminhados para uma consulta de aconselhamento genético. A Kelly nasceu com essa alteração, sendo portadora de deficiências diversas[67].

O *Hoge Raad* holandês confirmou a decisão de 2ª instância, que já reconhecera o pedido por *wrongful* life, considerando que a obstetra e o hospital eram responsáveis pelos danos causados, e condenando-os no pagamento, aos pais, das despesas médicas e de sustento da Kelly, pelo menos até completar 21 anos; decidiu também atribuir uma compensação monetária para os pais, pelo dano não patrimonial resultante da

---

[64] Actualmente, este preceito foi revogado, mas passou a incorporar, com a exacta redacção, o *article L114-5* do *Code de l'action sociale et des familles*, disponível em http://www.legifrance.gouv.fr.

[65] Dispõe esse artigo L114-5, no §3, que "lorsque la responsabilité d'un professionnel ou d'un établissement de santé est engagée vis-à-vis des parents d'un enfant né avec un handicap non décelé pendant la grossesse à la suite d'une faute caractérisée, les parents peuvent demander une indemnité au titre de leur seul préjudice. Ce préjudice ne saurait inclure les charges particulières découlant, tout au long de la vie de l'enfant, de ce handicap. La compensation de ce dernier relève de la solidarité nationale".

[66] Esta é também uma acção que combina os pedidos por *wrongful birth* e por *wrongful life*.

[67] Não via nem ouvia correctamente, não conseguia andar, tinha sido já submetida a várias intervenções cirúrgicas ao coração, era autista, não falava, dificilmente reconhecia as pessoas, era asmática, sofria frequentemente de alterações intestinais e sentia dores quase ininterruptamente, chorando inconsolavelmente. Durante os seus dois primeiros anos de vida, a pequena Kelly terá dado entrada no hospital por nove vezes, devido a "choro inconsolável" (Cfr. Tony Sheldon, "Court awards damages to disabled child for having been born", in *BMJ*, vol. 326, 12 Abril 2003, p. 784).

DIREITO DA SAÚDE

violação do direito individual à autodeterminação; uma compensação monetária para a Kelly, também pelos danos não patrimoniais sofridos, e ainda o pagamento dos custos com os tratamentos psiquiátricos a que a mãe de Kelly teve de ser submetida.

O caso *Rubell Bergero*, de 2009, opôs, na California, Gabriel Rubbell Bergero, representado pela sua mãe, Eve Rubell, à University of South California Keck School of Medicine (USC), numa acção por *wrongful life*, mas no específico âmbito do DGPI[68].

Confrontada com várias tentativas, todas falhadas, para engravidar, a mãe de Gabriel submeteu-se a tratamentos de fertilização *in vitro* na USC. Nesse âmbito, foi informada de que era portadora da alteração genética, recessiva, ligada ao cromossoma X, da Doença de Fabry. Um bebé do sexo feminino poderia ser portador mas não sofrer, de modo grave, da doença; o mesmo não se passaria se a criança a nascer fosse do sexo masculino[69]. Nesse sentido, o geneticista então consultado informou Eve Rubell das opções disponíveis: ou não engravidava e recorria à adopção, ou engravidava e arriscava ou tentava o DGPI[70].

---

[68] Decisão disponível em http://www.leagle.com/decision/In%20CACO%2020090410016.

[69] De acordo com a citada decisão, e no original, «from an early age, boys with Fabry may experience severe pain, particularly in their hands and feet. As they get older, men with Fabry may suffer from kidney failure, heart failure, and an increased risk of stroke. Without enzyme replacement tratment, men with Fabry disease are expected to live into their late 40's or early 50's. Although there is now an enzyme treatment that slows the progression of Fabry, there is not yet long-term data demonstrating how much the treatment will extend the life expectancy of men with the disease. According to data gathered from a national Fabry registry, 70 percent of women who carry the defective gene will need treatment, but not until they reach their late 40's or early 50's» (p. 1/7).

[70] Dentro do DGPI, foi-lhe explicado que o mesmo poderia ser realizado através de duas técnicas: FISH ou PCR (FISH – *Fluorescence in situ hybridization* (hibridação «in situ» com sondas fluorescentes; PCR – *Polymerase chain reaction* (reacção de polimerização em cadeia). De acordo com Fernando Regateiro (*Ob. Cit.*, p.8), «os estudos por PCR são os que habitualmente se usam para o estudo de alterações génicas, enquanto que as anomalias numéricas ou estruturais dos cromossomas podem ser estudadas por hibridação "in situ" com sondas fluorescentes (FISH), sendo que com a primeira se seleccionaria o sexo dos embriões e com a segunda se detectaria quais dos embriões estariam afectados pela Doença de Fabry. A mãe de Gabriel acabou por optar pela técnica PCR, que também lhe fora recomendada, por ter compreendido que com ela haveria mais hipóteses de ter uma gravidez bem sucedida. Dos 6 embriões recolhidos, e efectuada a PCR, verificou-se que todos eram portadores da doença,

VIDA: DANO INDEMNIZÁVEL?

Após estabelecimento da gravidez, de um único embrião, não foi realizada amniocentese nem biópsia das vilosidades coriónicas, mas, numa ecografia de rotina, foi detectado que o feto era, afinal do sexo masculino. Confrontada com essa situação, a mãe de Gabriel optou por não interromper a gravidez, levando-a até ao fim. Após o nascimento de Gabriel, intentou a acção por *wrongful life*, em nome da criança.

Apesar da Califórnia ser um dos três estados a reconhecer as acções por *wrongful life*[71], o caso Rubell Bergero não foi procedente, porquanto não resultou provado que tivesse havido negligência no tratamento efectuado: não se provou que os pais de Gabriel não tivessem sido informados dos riscos e margens de erro inerentes ao DGPI e à técnica escolhida e não se provou a contaminação de ADN invocada ou a transferência de um embrião errado[72]. Todavia a acção permitiu equacionar mecanismos de protecção para os profissionais face ao aumento significativo da utilização dos testes genéticos, especialmente do DGPI: «how does one protect itself against wrongful life claims?»[73] As conclusões passam, ao fim e ao cabo, por melhorar a informação e o consentimento na relação médico-doente[74].

---

2 eram do sexo feminino, 2 do sexo masculino e os outros 2 inconclusivos. Eve decidiu que seriam implantados os 2 embriões do sexo feminino.

[71] Caso *Turpin* v. *Sortini*, 1982.

[72] Para maior detalhe nesta decisão vejam-se, entre outros, Kevin Costello, «The limitations of Wrongful Life Claims and Genetic Diagnosis» in *Los Angeles Lawyer*, Abril 2007, pp. 14 a 18.

[73] Kevin Costello, «Genetic Diagnosis and Wrongful Life», in *GEN – Genetic Engineering & Biotechnology News*, Junho 2007, disponível em http://www.genengnews.com/gen-articles/genetic-diagnosis-and-wrongful-life/2132/.

[74] «Some experts suggest that PGD should be renamed Preimplantation Genetic Screening, thereby removing the expectation that the test is actually making a diagnosis. (...) Informed consent agreements should better clarify the risks involved in the procedure and describe the techniques employed to minimize the risks. They should also address the technological limitations and natural phenomena that could render a misdiagnosis or erroneous result. These agreements should also describe the differences between the PCR and FISH techniques and their respective accuracy and risks for a particular patient's genetic-testing goals. Healthcare professionals should thoroughly discuss the content of these agreements with patients. The form that patients sign should also include a specific statement of acknowledgment that all risks have been discussed and are understood and accepted by the patient» (Kevin Costello, *Ob. Cit.*).

DIREITO DA SAÚDE

Conclusões

Se se verifica um movimento crescente de aceitação, quer na doutrina, quer na jurisprudência, das acções por *wrongful birth,* o mesmo não se passa ao nível da *wrongful life,* como atrás se referiu, mantendo-se a discussão sobre os pressupostos para a sua admissibilidade. Razões de ordem pública e de contrariedade ao Direito juntam-se ao nexo de (não) causalidade ou do dano (inexistente ou, ao menos, não indemnizável) para justificar uma resposta jurídica a questões de natureza ética e moral, mas também religiosa e política. O *Supreme Court do Massachussetts* terá referido que «quando estamos perante problemas de vida e morte, a lei não pode separar-se da moralidade»[75]. Mas não poderão estas acções ser analisadas numa perspectiva puramente jurídica?

André Pereira refere que, «à luz do direito português, há condições para responsabilizar civilmente os médicos que, na área da medicina (...) pré-natal, negligentemente violem as *leges artis* ou que não cumpram o seu dever de prestar informações e conselhos. Essa responsabilidade deverá abranger os *danos patrimoniais* – especialmente os custos adicionais resultantes da deficiência – causados aos pais e à criança nascida, bem como os *danos não patrimoniais,* resultantes da privação da possibilidade de praticar a interrupção da gravidez não punível, autodeterminando-se na sua paternidade e maternidade, e também pelo desgosto e sacrifício que pode representar o nascimento de uma criança deficiente. Já o dano moral da própria criança (*wrongful life*) afigura-se de mais difícil apreciação jurídica»[76].

Pela nossa parte, sempre defendemos uma perspectiva centrada na *responsabilidade do profissional*[77] – os deveres de actuação conforme as *legis artis*[78], os especiais deveres de informação e de cuidado que impendem sobre o profissional, competente, zeloso e diligente.

---

[75] Fernando Dias Simões, *ob. Cit.,* p. 194.

[76] *Ob. Cit.,* p. 391.

[77] «*Wrongful Life Action* – Comentário ao Acórdão do Supremo Tribunal de Justiça de 19 de Junho de 2001» in *Lex Medicinae,* nº 2, 2004, p. 125-131 e «*Wrongful Birth e Wrongful Life:* De Nicolas Perruche a Kelly Molenaar» in *Sub Judice,* nº 38, Jan-Mar, 2007, pp. 101-108.

[78] Os tais «métodos e procedimentos, comprovados pela ciência médica, que dão corpo a *standards* contextualizados de actuação, aplicáveis aos diferentes casos clínicos, por serem considerados pela comunidade científica, como os mais adequados e eficazes» (Ac. STA, 13/03/2012, disponível em http://www.dgsi.pt).

VIDA: DANO INDEMNIZÁVEL?

Não se trata, pois, de tecer considerações sobre *direito à não vida*, sobre o *dever de abortar*, como quantificar o *dano vida*, em última instância, sobre a *moralidade* destas acções: à semelhança do que se passa em qualquer outra acção de responsabilidade civil médica, trata-se de perceber se o profissional podia e devia ter actuado de outro modo, se nas circunstâncias concretas diferente conduta lhe era exigida[79]. E trata-se de considerar que, se efectivamente, o dano existe e foi resultado de má prática médica, deverá ser indemnizado quem, em primeira linha, sofre esse dano.

O *Hoge Raad*, no caso *Kelly Molenaar*, ao declarar procedente a acção por *wrongful life*, fez notar isto mesmo: não incumbe ao tribunal decidir sobre a vida ou sobre a morte da criança, essa é uma decisão que cabe apenas aos pais[80]. O mesmo foi dito pelo Tribunal da Relação de Lisboa, no acórdão de 10/01/2012[81].

Ainda que em Portugal, até à data, não tenha sido procedente nenhuma acção por *wrongful life*, não deixa de relevar, como bem destaca Vera Lúcia Raposo[82], o teor do voto de vencido do Juiz Conselheiro Pires da Rosa, no referido acórdão do STJ, de 17/01/2013: «Concederia parcialmente a revista, atribuindo ao autor J [o menor] a indemnização pedida por danos não patrimoniais (...), mesmo sem fazer apelo a um denominado *direito à não existência*, que todavia, em tese, admito desde

---

[79] Conforme se lê no Ac. STJ, de 22/05/2003, disponível também em http://www.dgsi.pt, «o ponto de partida essencial para qualquer acção de responsabilidade médica é (...) a desconformidade da concreta actuação do agente no confronto com aquele padrão de conduta profissional que um médico medianamente competente, prudente e sensato, com os mesmos graus académicos e profissionais, teria tido em circunstâncias semelhantes na altura)» (p. 5/9).
[80] Mieke van Langen, «Wrongful Life – Toegepast op de zaak Kelly Molenaar», disponível em http://www.home.cs.utwente.nl/~langen/ethiek.
[81] «O tribunal (...) não pode substituir-se aos pais (*rectius*, à mulher grávida) na ponderação da maior ou menor valia da opção pela não interrupção da gravidez e pelo consequente nascimento com vida do feto, para o efeito de concluir que, afinal, ter um filho sem uma perna é, seguramente, muito melhor do que não ter filho nenhum e, como tal, não são indemnizáveis pelo médico que sonegou a informação médica que teria possibilitado interromper aquela gravidez todos os danos de índole patrimonial e não patrimonial decorrentes da condição física diminuída daquele filho vivo» (p. 2/47, §VI).
[82] *Do ato médico...*, p. 268.

DIREITO DA SAÚDE

que a lei portuguesa reconheceu, nos termos previstos no artigo 142º do CPenal, a não punibilidade da interrupção voluntária da gravidez, colocando *a vida, nesses precisos casos nas mãos dos homens,* mais especificamente da mulher/mãe e até, mais recentemente, abriu as portas ao testamento vital, com a Lei nº 25/2012, de 16 de julho; o que importa é acentuar que houve, por parte dos RR, uma clara violação contratual. (...) Nem se diga que indemnizar o filho (...) é atingir a dignidade da sua pessoa, diminuindo-o na sua condição humana. Indignidade será (...) não lhe possibilitar pela via indemnizatória uma quantia que lhe permita suportar o enormíssimo encargo da sua condição de uma forma mais... digna»[83].

Bibliografia

Almeida, Annette – «Diagnóstico Pré-natal» in *Cadernos de Bioética,* nº 10, 1995, pp. 7-22.

Araújo, Fernando – *A procriação assistida e o problema da santidade da vida,* Coimbra: Almedina, 1999.

Begeal, Brady – «Burdened by Life: A Brief Comment on Wrongful Birth and Wrongful Life» in *Albany Government Law Review,* 2011, disponível em https://aglr.wordpress.com/2011/03/28/burdened-by-life-a-brief-comment-on-wrongful-birth-and-wrongful-life/.

Bellivier, Florence e Rochfeld, Judith – «Législation française – Droit de la santé publique et droit des malades – qualité du systéme de santé. Loi nº 2002-303 du 4 mars 2002», in: *Revue Trimestrielle de Droit Civil,* nº 3, Julho-Setembro 2002, pp. 574-591.

Bottis, Maria Canellopoulou – «Wrongful Birth and Wrongful Life Actions», in *European Journal of Health Law,* vol. 11, Março 2004, pp. 55-59.

Cook, Rebecca J., dickens, Bernard M. e Fathalla, Mahmoud F. – *Reproductive health and human rights,* Oxford: Clarendon Press, 2003.

Correia, Vanessa Cardoso – «*Wrongful Life Action* – Comentário ao Acórdão do Supremo Tribunal de Justiça de 19 de Junho de 2001» in *Lex Medicinae – Revista Portuguesa de Direito da Saúde,* nº 2, 2004, p. 125-131.

— «*Wrongful Birth e Wrongful Life:* De Nicolas Perruche a Kelly Molenaar» in *Sub Judice – justiça e sociedade,* nº 38, Jan-Mar, 2007, pp. 101-108.

Costello, Kevin R. – «The limitations of Wrongful Life Claims and Genetic Disorders» in *Los Angeles Lawyer,* Abril de 2007, pp. 14-18.

---

[83] Ac. STJ, de 17/01/2013, p. 55/57.

— «Genetic Diagnosis and Wrongful Life» in *GEN – Genetic Engineering & Biotechnology News*, Junho 2007, disponível em http://www.genengnews.com/gen-articles/genetic-diagnosis-and-wrongful-life/2132/.

Dias, João Álvaro – *Procriação assistida e responsabilidade médica*, Stvidia Ivridica 21, Coimbra: Coimbra Editora, 1996.

Dias, Jorge de Figueiredo – *Comentário Conimbricense do Código Penal*, tomo I, Coimbra: Coimbra Editora, 1999.

Duguet, A.M. – «Wrongful Life: The Recent French Cour de Cassation Decisions», in *European Journal of Health Law*, vol. 9, Junho 2002, pp. 139-149.

Emaldi Cirión, Aitziber – *El consejo genético y sus implicaciones jurídicas*, Bilbao – Granada: Editorial Comares, 2001.

Engelhardt, Tristram – *Fundamentos da Bioética*, São Paulo: edições Loyola, 1998.

Ettman, Catherine K. – «The ambiguous role of PGD in society: an analysis of preimplantation genetic diagnosis policy and its public perception» in *Grove City College Journal of Laws and Public Policy*, vol. 4, 2013, pp. 73-96.

Fatimathas, Lux – «Wrongful life – the children who sue for being born» in *Bionews*, 2011, disponível em http://www.bionews.org.uk/page_110794.asp.

Femenía López, Pedro J. – *Status jurídico del embrión humano, con especial consideración al concebido in vitro*, Madrid: McGraw Hill, 1999.

Frada, Manuel Carneiro da – «A própria vida como dano? – dimensões civis e constitucionais de uma questão limite» in *Revista da Ordem dos Advogados*, Ano 68, vol. I, 2008, disponível em http://www.oa.pt/Conteudos/Artigos/detalhe_artigo.aspx?idsc=71981&ida=72382.

Giesen, Ivo – «The Use and Influence of Comparative Law in 'Wrongful Life' cases» in *Utrecht Law Review*, nº 2, 2012, pp. 35-54.

González, José Alberto – *Wrongful Birth, Wrongful Life – o conceito de dano em responsabilidade civil*, Lisboa: Quid Juris, 2014.

Green, Ronald – *Babies by design – the ethics of genetic choice*, Londres: Yale University Press, 2007.

Hendriks, Aart – «Wrongful Suits? Suing in the name of Terri Schiavo and Kelly Molenaar», in *European Journal of Health Law*, vol. 12, Junho 2005, pp. 97-102.

Jónsdóttir, Ingileif (Ed.) – *PGD and Embryo selection – Report from an International Conference on Preimplantation Genetic Diagnosis and Embryo Selection*, TemaNord, 591, 2005.

Langen, Mieke van – «Wrongful Life – Toegepast op de zaak Kelly Molenaar», disponível em http://www.home.cs.utwente.nl.

Lewis, Penney – «The necessary implications of wrongful life claims: lessons from France», in *European Journal of Health Law*, vol. 12, Junho 2005, pp. 135-153.

DIREITO DA SAÚDE

MANSO, Luis Duarte – «Responsabilidade civil em diagnóstico pré-natal – o caso das acções de «wrongful birth» in *Lex Medicinae*, nº 18, 2012, pp. 161-182.

MONTEIRO, António Pinto – «Portuguese Case Note», in *European Review of Private Law*, vol. 2, 2003, pp. 220-224.

MONTEIRO, Fernando Pinto – «Direito à não existência, direito a não nascer» in *Comemorações dos 35 anos do Código Civil e dos 25 anos da Reforma de 1977*, II (A Parte Geral do Código e a Teoria Geral do Direito Civil), Coimbra, 2006, p. 131-138.

MORAITIS, Anastasios – «When childbirth becomes damage: A comparative overview of 'wrongful birth' and 'wrongful life' claims» in *Lex Medicinae – Revista Portuguesa de Direito da Saúde*, Ano 4, nº 8, 2007, pp. 37-58.

MORILLO, Andrea Macía – *La responsabilidad médica por los diagnósticos preconceptivos y prenatales (las llamadas acciones de Wrongful Birth y Wrongful Life)*, Valencia: Tirant Lo Blanch, 2005.

MUNTHE, Christian – «Pure Selection – The Ethics of Preimplantation Genetic Diagnosis and Choosing Children Without Abortion» in *Acta Philosophica Gothoburguensia*, 9, 1999.

NELSON, Erin e ROBERTSON, Gerald – «Liability for wrongful birth and wrongful life», disponível em http://www.isuma.net.

OLIVEIRA, Guilherme de – *Temas de Direito da Medicina*, Centro de Direito Biomédico, Coimbra: Coimbra Editora, 1999.

PEDRO, Rute Teixeira – «Da tutela do doente lesado – breves reflexões» in *Revista da Faculdade de Direito da Universidade do Porto*, 2008, pp. 417-460.

PEREIRA, André – *O consentimento informado na relação médico-paciente*, Centro de Direito Biomédico, Coimbra: Coimbra Editora, 2004.

PERGAMENT, Deborah e ILIJIC, Katie – «The Legal Past, Present and Future of Prenatal Genetic Testing: Professional Liability and Other Legal Challenges Affecting Patient Acess to Services» in *Journal of Clinical Medicine*, 3, 2004, pp. 1437-1465.

PINTO, Paulo Mota – «Indemnização em caso de 'nascimento indevido' e de 'vida indevida' ('wrongful birth e wrongful life')» in *Lex Medicinae – Revista Portuguesa de Direito da Saúde*, Ano 4, nº 7, 2007, pp. 5-25.

RAPOSO, Vera Lúcia – «As *wrong actions* no início da vida (*wrongful Conception, wrongful birth* e *wrongful life*) e a responsabilidade médica» in *Revista Portuguesa do Dano Corporal*, 21, 2010, pp. 61-99.

— *Do ato médico ao problema jurídico*, Coimbra: Almedina, 2014.

REGATEIRO, Fernando – *Relatório sobre o Diagnóstico Genético Pré-implantação*, Conselho nacional de Ética para as Ciências da Vida, 2007.

RODRIGUES, Carlos Almeida – «A problemática inerente às *wrongful life claims* – a sua (não) admissibilidade pela jurisprudência portuguesa» in *Lex Medicinae*, nº 19, 2013, pp. 171-188.

SEYMOUR, John – *Childbirth and the Law,* Oxford: Oxford University Press, 2000.

SHELDON, Tony – «Court awards damages to disabled child for having been born», in *BMJ*, vol. 326, 12 Abril 2003, p. 784.

SIMÕES, Fernando Dias – «Vida indevida? As acções por *wrongful life* e a dignidade da vida humana» in *Tékhne – Revista de Estudos Politécnicos*, Vol.III, , nº 13, 2010, pp. 187-203.

STEINBOCK, Bonnie – *Life before birth – the moral and legal status of embryos and fetuses,* Nova Iorque: Oxford University Press, 1992.

STOLKER, C.J. e SOMBROEK-VAN DOORM, M.P. – «Dutch Case Note», in *European Review of Private Law*, vol. 2, 2003, pp.227-234.

TAVARES, Purificação – «O aconselhamento genético» in Luis Archer, Jorge Biscaia e Walter Osswald (Coord.) – *Bioética*, Lisboa: Editorial Verbo, 1996.

TELES, Natália Oliva – «Diagnóstico Genético pré-Implantação – Aspectos Técnicos e Considerações Éticas» in *acta Médica Portuguesa*, 24, 2011, pp. 987-996.

TRUCHET, Didier – «La jurisprudence *Perruche* n'est plus», in Pascale Gonod (dir.), *Droit administratif*, Les Annuels du Droit, Paris: Dalloz, 2002 , pp. 131-133.

VICENTE, Marta de Sousa Nunes – «Algumas reflexões sobre as acções de *wrongful life*: a Jurisprudência Perruche» in *Lex Medicinae – Revista Portuguesa de Direito da Saúde*, Ano 6, nº 11, 2009, pp. 117-141.

WEVERS, Kate – «Prenatal Torts and Pre-Implantation Genetic Diagnosis» in *Harvard Journal of Law & Technology*, vol. 24, nº 1, 2010, pp. 257-280.

"Querido, congelei os óvulos"
(Sobre o adiamento da reprodução mediante
a criopreservação de ovócitos)

VERA LÚCIA RAPOSO*

1. Enquadramento da questão

Na maioria das sociedades industriais homens e mulheres estão presentemente a optar por ter filhos cada vez mais tarde. Por um lado, pelo facto de a expectativa de vida ter aumentado substancialmente; por outro lado, porque cada vez mais se procuram satisfazer primeiro pretensões profissionais, e mesmo outras aspirações pessoais, e só depois formar família. Mas se tal decisão não é problemática para os homens, já o pode ser para as mulheres, atendendo aos entraves que a biologia coloca à fertilidade feminina[1].

---

* Professora Assistente da Faculdade de Direito da Universidade de Macau, China
Professora Auxiliar da Faculdade de Direito da Universidade de Coimbra, Portugal
vraposo@umac.mo, vera@fd.uc.pt

[1] LERIDON, 2004: 1548-1553.
A atestar esta conclusão está o facto de, segundo dados relativos aos ciclos de FIV e à injecção intracitoplasmática de espermatozóides na Europa, mais de 50% dos procedimentos serem realizados em mulheres com idades acima dos 35 anos (NYBOE et al., 2009: 1267-1287).

DIREITO DA SAÚDE

Estas razões explicam o acentuado decréscimo da fertilidade feminina e da taxa de reposição populacional. Por força do decréscimo da taxa de fecundidade na maioria dos países desenvolvidos a reposição populacional decresceu, passando de dois filhos por mulher para um filho por mulher[2]. Ou seja, para além de ser um problema do ponto de vista da liberdade reprodutiva feminina, este é também em problema social em termos de estabilidade populacional[3].

É neste cenário que tem florescido o fenómeno de criopreservações de ovócitos para preservação da fertilidade, aproveitando o processo normal de ovulação feminina, mas estimulando-o artificialmente e preservando as células para futuras utilizações reprodutivas.

De facto, durante um ciclo menstrual normal apenas um óvulo atinge a maturidade, ao passo que se a mulher for sujeita a uma terapêutica hormonal serão libertados mais ovócitos. Estes serão retirados do corpo da mulher mediante uma agulha e de seguida avaliados quanto à sua aptidão para a fertilização, sendo apenas preservados aqueles considerados saudáveis. Porém, até um passado recente esta hipótese era pouco utilizada, apesar de cientificamente possível, dado que apresentava inicialmente baixas taxas de sucesso devido ao alto teor de água presente nos ovócitos criopreservados não fertilizados, situação que parece ter sido revertida pelos hodiernos avanços científicos, nomeadamente pela técnica da vitrificação.

É certo que outras alternativas se adivinham possíveis para mulheres que pretendam uma maternidade em idade mais avançada, tais como a doação de ovócitos ou de embriões, ou a criopreservação de embriões (já para não falar da adopção, que aqui não trataremos). Contudo, o recurso a ovócitos de dadoras defronta-se com uma crítica fundada na escassez de ovócitos disponíveis para doação, alegando-se que o uso mais racional dos poucos recursos disponíveis não se compagina com a sua colocação à disposição de mulheres que não eram inférteis, mas se "tornaram" (muitos entendendo que voluntariamente) inférteis. Por outro lado, perde-se a ligação genética ao elemento feminino do casal. Quanto ao recurso a embriões doados, se por um lado é a opção mais

[2] Stoop et al, 2014: 1316.
[3] Ezeh et al, 2012: 142-148.
Sobre a forma como o uso das técnicas reprodutivas nos países europeus tem influenciado a percentagem de nascimentos, Kocourkova et al., 2014.

desejável do ponto de vista da preservação da vida de embriões criopreservados e sem outro destino, por outro lado implica sacrificar qualquer ligação genética com ambos os elementos do casal. Outra opção seria o uso dos próprios ovócitos, a sua imediata fertilização e subsequente criopreservação dos embriões assim gerados, mas em ordenamentos jurídicos que impeçam o acesso à PMA por parte de mulheres singulares (como sucede no ordenamento nacional, por força do artigo 6º/1 da Lei nº 32/2006[4]), a criopreservação de embriões pressupõe a existência de um companheiro, ao passo que a criopreservação de ovócitos pode ser levada a cabo a título individual. Por outro lado, aquela primeira implica várias dificuldades legais e éticas no momento de decidir o destino dos embriões não utilizados, uma discussão sem paralelo quando se avalia o que fazer com os ovócitos não usados.

Ou seja, embora a fraca taxa de sucesso que a técnica inicialmente apresentava tenha jogado contra a criopreservação de ovócitos, certo é que outros argumentos pesavam a seu favor quando confrontada com estas outras alternativas. Por estes motivos a criopreservação de ovócitos está hoje a tornar-se a opção preferencial.

Assim, se durante muito tempo este processo foi visto com alguma relutância, tudo indica que em breve se generalizará e gozará de maior aceitação. Para este fenómeno muito contribuiu o facto de a Sociedade Europeia de Reprodução Humana e Embriologia (ESHRE) ter recomendado a disponibilização da criopreservação de ovócitos para preservação da fertilidade[5]. Paralelamente, em 2013 duas importantes sociedades científicas norte-americanas – a Sociedade Americana de Medicina Reprodutiva (ASRM) e a Sociedade para a Tecnologia de Reprodução Assistida – removeram a sua classificação como um procedimento experimental[6].

---

[4] Lei nº 32/2006 de 26 de Julho, Lei da Procriação Medicamente Assistida.
Uma crítica a esta norma em RAPOSO, 2007: 37-51, 2009: 157-190 e 2014: 705 ss.
[5] ESHRE, 2012: 1231-1237.
[6] Practice Committees of American Society for Reproductive Medicine, and the Society for Assisted Reproductive Technology, 2013: 37-43.
Contudo, o formulário de consentimento informado para criopreservação de ovócitos disponibilizado pelo CNPMA e usado em Portugal ainda refere: "A criopreservação de ovócitos é ainda uma técnica considerada experimental e as suas implicações globais são ainda muito controversas no mundo científico".

DIREITO DA SAÚDE

Em suma, embora não existam ainda certezas quanto ao seu grau de sucesso – mas, no fundo, que procedimento médico pode garantir o seu sucesso sistemático? – parece que hoje em dia a criopreservação de ovócitos deve ser tratada como qualquer outro procedimento médico ao invés de uma mero método experimental e cientificamente inconclusivo.

2. Motivações da criopreservação de ovócitos

Várias distintas motivações podem levar a mulher a optar pela criopreservação de ovócitos.

Desde logo, questões de saúde, ligadas, por exemplo, a tratamentos cancerígenos que possam tornar a mulher infértil. Em tais casos a reprodução imediata, antes de um tratamento que danifique as células reprodutivas, pode não ser viável, dado que o estado físico e emocional da mulher e as constrições terapêuticas muitas vezes não se compadecem com a realização de uma FIV no momento. A isto acresce que muitas destas mulheres não têm ainda idade para procriar ou não possuem uma relação estável com quem o fazer. Poderá haver casos de mulheres que teoricamente podem reproduzir-se, porém, não estão em condições físicas para levar avante uma gravidez naquele momento, pelo que lhes restaria adiar a gestação dos embriões entretanto criados, mas o regime legal existente pode afastar tal opção ao banir a criopreservação de embriões.

Contudo, hoje em dia uma das principais motivações da criopreservação de ovócitos prende-se com o adiamento da maternidade para uma idade mais tardia.

Recentemente as notícias sobre esta prática multiplicaram-se nos *media*. Em 2013 Sofia Vergara e Kim Kardashian[7] anunciaram publicamente que tinha congelado os seus óvulos para garantir que seriam capazes de ter filhos após os 40 anos.

---

[7] http://www.vogue.com/865250/sofia-vergara-dangerous-curves/ e http://www.glamour.com/health-fitness/2013/03/now-that-everyones-freezing-their-eggs-should-you (23/03/2015)

Tendo em conta o preço do procedimento (entre US $ 10.000 e US $ 15.000 nos EUA, além de uma taxa de armazenagem anual a partir de $ 500), é obviamente muito mais acessível para as celebridades do que para a mulher comum.

Em Portugal o procedimento custa cerca de (valores médios) 2000 euros no que respeita ao processo de estimulação ovárica que antecede a criopreservação, 600 euros para a criopreservação em si mesma e 100 euros de valor anual para manter a criopreservação.

Outro motor da presente discussão foi a notícia de que várias empresas – conhecidas multinacionais, como o Facebook e a Apple – se disponibilizam a pagar às suas funcionárias o procedimento de criopreservação de ovócitos[8]. As motivações de semelhante oferta são duvidosas. Por um lado, pode ser vista como a disponibilização de uma possibilidade de melhor realizar as aspirações reprodutivas, alargando o leque de escolhas e permitindo a reprodução a mulheres que de outra forma não teriam filhos, dado que já haviam decidido adiar a sua maternidade, correndo o perigo de a adiar até um momento em que esta se tornou entretanto impossível. Porém, e por outro lado, também pode esta prática ser entendida como uma pressão ilegítima no sentido de as mulheres protelarem a maternidade contra a sua vontade e, por conseguinte, serem trabalhadoras mais produtivas e temporalmente mais disponíveis.

3. Questões legais ligadas à regulamentação deste procedimento

3.1. Limite máximo de idade para a reprodução

Muito se tem discutido acerca do limite máximo da idade para a reprodução feminina. Embora a natureza determine um limite natural marcado pela menopausa, os desenvolvimentos científicos têm vindo a permitir contornar esta limitação biológica e o certo é que a idade reprodutiva nas mulheres das sociedades ocidentais tem vindo a aumentar cada vez mais. *Rectius*, o período efectivo de reprodução é na verdade mais curto, dado que embora se arraste até mais tarde também se inicia substancialmente mais tarde[9]. Porém, o período potencial de reprodução alargou-se de facto.

Tem-se defendido que a lei deve estabelecer uma idade máxima para o uso das técnicas de PMA. Curiosamente, a questão só se tem colocado para as mulheres. Não apenas porque nos tenhamos acostumado a

---

[8] Jornal *Público*, 15/10/2014 https://www.google.com/url?sa=t&rct=j&q=&esrc=s&source=web&cd=1&ved=0CB4QFjAA&url=http%3A%2F%2Fwww.publico.pt%2Feconomia%2Fnoticia%2Ffacebook-e-apple-pagam-congelacao-de-ovulos-as-funcionarias-1672953&ei=sbgLVeibO-fHmAXO-oGABw&usg=AFQjCNFXf-55NRWHkriqL-WQwMevnp0h3Ww&sig2=CvQy3mUfIAt9H0-B8amY3A&bvm=bv.88528373,d.dGY (20/03/2015).

[9] Sobre a idade reprodutiva feminina, BIGELOW & COPPERMAN, 2012: 190-192.

DIREITO DA SAÚDE

paternidades tardias, mas também porque a ciência tem indicado especiais riscos médicos no caso de maternidades tardias, quer para a prole, quer para a própria mulher[10], nomeadamente o risco de prematuridade do recém-nascido (o que pode acarretar nascimentos com peso demasiado baixo), bem como complicações várias durante a gravidez, tornado a maternidade tardia um factor de risco independente e directo[11]. Supõe-se que para os homens esta cautela é desnecessária porque face a eles não se colocam relevantes perigos de saúde para a descendência[12].

Contudo, há dois reparos a fazer a esta conclusão.

Primeiro, que muitas destas críticas não valem para as mulheres de idade avançada desde que não usem os seus próprios ovócitos, ou usem ovócitos que foram preservados na sua juventude, ou mesmo embriões doados. De facto, o grande obstáculo à reprodução feminina não se liga às condições uterinas, mas sim ao envelhecimento dos ovócitos[13]. Tem igualmente sido questionado se a verdadeira causa de tais perigos se deve à idade cronológica ou antes a outras variáveis, tais como doenças pré-existentes, obesidade, uso excessivo de nicotina e factores socio-económicos[14].

Por outro lado, o argumento por vezes avançado de orfandades precoces quando a reprodução ocorre mais tarde na vida tanto vale para as mulheres como para os homens. Aliás, dir-se-ia até que tem mais sentido para o elemento masculino dado que a sua esperança de vida é mais baixa. Veja-se o caso português: a esperança média de vida para as mulheres nascidas em 1970 é de 70,3 anos, ao passo que para os homens é de 64 anos; mas para as mulheres nascidas em 2012 é de 82,8 anos,

---

[10] Para uma apreciação destes argumentos, RAPOSO, 2014: 702-705.

[11] CLEARY-GOLDMAN et al., 2005: 983–90.
É sabido que, em termos médicos, gravidezes de mulheres de 35 anos ou mais são consideradas gestações de alto risco, restando a dúvida quanto à exacta qualificação das gravidezes pós-menopáusicas, i.e., se ainda entram na classificação de "gravidez tardia" ou se já serão qualquer coisa diferente. A própria definição do que seja a maternidade tardia é problemática, dado que se trata de um conceito ainda não claramente identificado.

[12] Embora vários estudos apontem também para riscos médicos para a descendência de paternidades em idade avançada. Cfr. FRANS et al, 2015: 91-93; D'ONOFRIO et al., 2014: 432-438.

[13] SAUER et al., 1996: 2540-2543.

[14] BERNSTEIN & WIESEMANN, 2014: 287.

sendo que para os homens é de 76,9 anos[15]. Ou seja, duas conclusões se retiram destes dados: não apenas a esperança de vida das mulheres é superior à dos homens, o que parece conferir maior justificação à reprodução tardia no caso delas do que no caso deles; como essa esperança de vida tem vindo a aumentar nas últimas décadas, levando até a admitir que uma mulher possa ter filhos aos 50 anos[16] sem correr o risco de orfandade precoce dos filhos.

Por outro lado ainda, em sentido oposto há até quem defenda as benesses da maternidade tardia, nomeadamente o facto de a criança nascer em ambientes familiares (tendencialmente) mais estáveis e com melhores condições económicas[17].

Face a este leque de argumentos tem-se discutido até que idade se deve permitir o acesso à PMA pelas pacientes femininas. No panorama europeu o regime em sede de limite máximo para uso da PMA varia bastante. Em alguns países não há qualquer limite de idade juridicamente vinculativo para a utilização destas técnicas, ao passo que noutros se instituiu um limite máximo de idade.

Até ao momento o ponto fora especialmente discutido no caso das mulheres, mas não a propósito dos homens, não obstante alguns dos argumentos invocados para obstar a maternidades tardias poderem ser transpostos para paternidades tardias.

No contexto português a Lei nº 32/2006 não coloca qualquer limite máximo de idade (tão só mínimo: 18 anos), nem para homens nem para mulheres, embora no caso feminino tenha sido determinado um limite de idade para as mulheres que queiram beneficiar de tratamentos reprodutivos no âmbito do SNS, e que varia entre os 40 e os 42 anos, consoante a específica técnica[18]. Várias motivações poderão ter estado na origem desta restrição, mas supomos que em última análise se fundam

---

[15] Pordata, dados recolhidos em http://www.pordata.pt/Portugal/Esperanca+de+vida+a+na scenca+total+e+por+sexo+%28base+trienio+a+partir+de+2001%29-418.

[16] Embora neste ponto as posições científicas não cheguem a consenso e ao lado daqueles que admitem que a gestação de um embrião nascido de um ovócito criopreservado ou doado pode ter lugar a qualquer idade, outros defendem que a menopausa funcionará sempre como limite. Cfr. STOOP et al., 2014: 1316.

[17] GOOLD & SAVULESCU, 2009: 54.

[18] Veja-se o Despacho do Ministro da Saúde, que fixa os critérios de acesso dos casais às técnicas de PMA nos centros públicos (http://www.portaldasaude.pt/portal/conteudos/ a+saude+em+portugal/ministerio/comunicacao/comunicados+de+imprensa/criterios+pma.

DIREITO DA SAÚDE

no propósito de racionalizar a gestão dos dinheiros públicos, apenas financiando tratamentos com maiores probabilidades de sucesso (o qual, como é sabido, diminui em proporção inversa ao avanço da idade da mulher[19]). Porém, caso a mulher esteja disposta a custear ela mesmo o tratamento numa clínica privada não há qualquer impedimento para isso, tanto mais que a lei não delimita um limite máximo de idade masculina.

Curiosamente, recentemente o CNPMA tomou uma posição sobre a idade máxima masculina para beneficiar da PMA[20], que muitas dúvidas nos suscita, quer quanto à legitimidade do CNPMA para o fazer[21], quer quanto à substância da decisão. Com base nos artigos 1979º/3 e 1992º/2 do CC, o CNPMA entendeu estender o limite máximo de 60 anos, que as referidas normas prevêem quanto à adopção, também para o uso de técnicas reprodutivas em pacientes masculinos. O CNPMA justificou esta decisão na ideia de que as crianças devem crescer num ambiente familiar saudável, contando com o apoio do pai (e da mãe), pelo que urge evitar a criação deliberada de situações que possam conduzir à orfandade precoce[22].

Mas uma nota curiosa ressalta desta Deliberação: a mesma apenas se refere ao elemento masculino do casal, com o argumento de que no caso feminino a própria natureza de encarregou de fixar um limite por via da menopausa. Contudo, o CNPMA está na verdade a misturar crité-

---

htm) e sua apreciação na Acta nº 31 do CNPMA (http://www.cnpma.org.pt/Docs/CNPMA_Acta31.pdf).

[19] Cfr. KARIMZADEH et al, 2008; NATIONAL CENTER FOR CHRONIC DISEASE PREVENTION AND HEALTH PROMOTION, 2012. Ainda http://uscfertility.org/ivf-success-older-women/ (24/03/215)

[20] Deliberação n. 03/II, de 19 de Julho de 2013 – Definição da Idade Limite do Elemento Masculinos nos Casais Elegíveis para a Aplicação das Técnicas de Procriação Medicamente Assistida.

[21] O CNPMA fundamentou a sua legitimidade para proferir esta decisão no artigo nº 30/2/b da Lei nº 32/2006, mas parece-nos que a referida alínea apenas permite especificar requisitos técnicos de aplicação da PMA, sem que pretenda atribui ao CNPMA legitimidade para impor requisitos adicionais, não especificados na lei, que venham restringir o exercício dos direitos reprodutivos, em contra do princípio da reserva de lei (ou de Decreto-Lei autorizado) para restrição de direitos fundamentais, sob pena de inconstitucionalidade formal e orgânica. Sobre os limites aos direitos reprodutivos, RAPOSO, 2014: 662 ss.

[22] Este é precisamente um dos argumentos frequentemente aduzidos contra maternidades tardias: o risco de deixar as crianças sem mãe ou, numa outra perspectiva, sem uma mãe suficientemente activa para as acompanhar nas suas actividades.

rios com esta comparação: no caso das mulheres raciocina no âmbito da reprodução sexual (sendo que no contexto da PMA as mulheres podem reproduzir-se muito para além da menopausa), ao passo que no caso dos homens esquece que, em sede de reprodução sexual, estes podem de facto reproduzir-se até idades muito avançadas. A isto acresce que as mulheres continuam a poder aceder à PMA sem limite de idade no sector privado, pelo menos enquanto se considere – como de resto consideramos e tem vindo a ser praticado nas nossas clínicas – que a infertilidade resultante da idade preenche o requisito do artigo 4º/2 da Lei nº 32/2006[23].

3.2. O destino dos ovócitos não utilizados
A Lei nº 32/2006 não fixa um prazo máximo de criopreservação dos ovócitos, mas o CNPMA tem entendido que se deve aplicar neste ensejo o disposto no artigo 25º relativo à criopreservação de embriões[24]. Logo, os ovócitos permanecerão criopreservados pelo prazo de 3 anos, findo o qual pode a mulher renovar o seu consentimento para prolongar o período de criopreservação[25]. Em bom rigor a lei não prevê a hipótese de extensão do período inicial, mas no entendimento do CNPMA o mesmo pode ser prolongado (ao que parece, renovado por idêntico período) mediante autorização expressa dos titulares dos gâmetas.

Contudo, muito fica ainda por esclarecer: quantas renovações são admissíveis? Pode a renovação indicar um período temporal diferente dos 3 anos estipulados na lei para a primeira criopreservação? Que sucede caso o titular dos gâmetas nada diga?

---

[23] "A utilização de técnicas de PMA só pode verificar-se mediante diagnóstico de infertilidade ou ainda, sendo caso disso, para tratamento de doença grave ou do risco de transmissão de doenças de origem genética, infecciosa ou outras". Tem-se entendido que a infertilidade aqui referida engloba igualmente a que resulta da perda de capacidade reprodutiva resultante da idade.

[24] Veja-se o formulário de consentimento informado para criopreservação de ovócitos, disponibilizado pelo CNPMA: "Compreendi e aceito que os ovócitos e/ou tecido ovárico serão criopreservados por um período máximo de três anos e que, durante este período, esta autorização pode ser por mim revogada a qualquer momento".

[25] De novo o formulário de consentimento informado para criopreservação de ovócitos: "Compreendi que, de acordo com as normas em vigor, no fim deste período de três anos terei que me deslocar ao centro para assinar um consentimento de manutenção desta congelação".

DIREITO DA SAÚDE

Lendo o actual quadro legal de forma estrita nenhum destas questões tem solução, dado o silêncio do legislador a este respeito. O CNPMA procedeu a uma leitura flexível (e, segundo cremos, bastante sensata) da letra da lei e assim tem vindo a permitir a resolução de várias questões sem inundar os tribunais. Contudo, deveria o legislador tomar posição a este respeito[26].

Uma matéria na qual, em particular, se exige intervenção legal diz respeito ao destino dos embriões e dos gâmetas quando, após o prazo legal de criopreservação, o paciente permanece em silêncio. A lei parece entender que os embriões e os gâmetas serão destruídos, sendo esta uma ideia claramente desenvolvida pelo CNPMA nos formulários que disponibiliza[27]. Nos formulários de consentimento informado para criopreservação de gâmetas e de embriões o CNPMA incluiu uma cláusula que informa os pacientes que, se nada disserem findo o prazo de criopreservação, serão os mesmos destruídos. Trata-se de uma solução que nos parece razoável, não violadora dos direitos reprodutivos dos pacientes e, pelo contrário, congruente com uma ideia de responsabilidade reprodutiva[28]. Contudo, não cremos ser isso que suceda na prática, até pelo receio das clínicas em serem alvo de processos judiciais, que serão certamente complexos e susceptíveis de envolver somas muito avultadas em termos de indemnização[29]. De modo que, perante o silêncio dos titulares das gâmetas e dos embriões, suspeitamos que as clínicas estejam a prolongar o tempo de criopreservação, muitas vezes às suas próprias expensas.

Outra questão que cumpre esclarecer prende-se com o destino dos ovócitos caso a mulher venha a falecer. Podem os familiares dispor deles (a dúvida coloca-se sobretudo em caso de menores que criopreservaram os ovócitos por questões médicas)? Dado que o material genético não é

---

[26] Já em RAPOSO, 2012: 171-185 incentivámos esta actuação legislativa.

[27] Ainda o formulário de consentimento informado para criopreservação de ovócitos: "Na ausência de uma declaração assinada a solicitar um novo período de criopreservação, declaro ter sido claramente informada de que os ovócitos e/ou tecido ovárico serão descongelados e eliminados, a menos que aqui expresse autorização para o seu uso para fins científicos".

[28] Defendo e explicando a ideia de responsabilidade pelas escolhas reprodutivas, RAPOSO, 2012: 171-185 e 2014: 89 ss., 1021 ss.; SHELDON, 2006: 175-195.

[29] Sobre esta questão RAPOSO, 2012: 171-185.

"QUERIDO, CONGELEI OS ÓVULOS"

susceptível de transmissão sucessória[30] os familiares não poderão dispor dos ovócitos, nem mesmo quando se trate dos pais de pacientes menores, até porque nesse caso poderia tratar-se de uma forma encapotada de ter um neto à revelia da vontade da filha. Outra possibilidade seria permitir que os maridos destas mulheres, após a sua morte, solicitassem os serviços de uma gestante de substituição para que esta procedesse à gestação de uma criança biologicamente ligada à defunta utilizando os ovócitos daquela. Porem, é necessário que se verifiquem três requisitos para tal. Primeiro, que a gestação de substituição seja admitida, o que não sucede em Portugal. Segundo, que a reprodução *post-mortem* seja igualmente admitida, o que ocorre em Portugal, mas apenas em relação à transferência *post-mortem* de embriões[31]. Terceiro, que se ultrapassasse o problema da ausência de consentimento da fornecedora dos ovócitos.

Pode igualmente colocar-se a possibilidade de os ovócitos serem doados a terceiras pessoas. Se a gestante tiver falecido esta possibilidade parece pouco viável, dado que cremos que o regime previsto para a doação de órgãos – regime do dissentimento[32] – não é aqui aplicável, em virtude da carga genética e emocional que os gâmetas implicam, a requerer um consentimento específico para esta doação póstuma. Mas já não vemos obstáculo a que, em vida da titular dos ovócitos, esta decida fazer uma doação a terceiros, levantando-se apenas a questão de saber se deve ou não ser compensada por isso. Temos defendido a compensação dos dadores e das dadoras de gâmetas[33] e não vemos obstáculo a que neste ensejo se siga a mesma solução[34].

Alega-se inclusivamente que ao permitir a criopreservação de ovócitos está-se a facilitar a futura doação de ovócitos a mulheres inférteis. Este raciocínio funda-se nos destinos possíveis destes ovócitos criopre-

---

[30] Não obstante, veja-se o caso *Hecht v. Superior Court*, 20 Cal. Rptr. 2d 275 (Ct. App. 1993), em que um homem deixou o seu esperma à namorada, para que esta o utilizasse em finalidades reprodutivas.

[31] Raposo & Dantas, 2010: 81-94 e Raposo, 2014: 813 ss.

[32] Faria, 1995 e Loureiro, 1995.

[33] Raposo, 2011: 47-64 e 2014: 256 ss. Contudo, no regime português não é admitida qualquer retribuição (artigo 18º da Lei nº 32/2006), embora se admita uma compensação (artigo 22º da Lei nº 12/2009, de 26 de Março), o que, no fundo, não passa de uma retribuição encapotada.

[34] Mertes et al. (2012: 5-6) defendem que não deve existir aqui compensação pelo tempo e esforço despendidos, mas apenas pelos custos em que incorreram para tal, dado que estas mulheres armazenam os ovócitos para satisfação do seu próprio interesse pessoal.

DIREITO DA SAÚDE

servados para utilização futura, mas que não chegam a ser usados pelas "depositantes"[35], pelo que ficam (eventualmente) disponíveis (tudo dependerá do regime legal) para experimentação científica ou para doação a terceiros[36]. Embora o formulário de consentimento informado para a criopreservação de ovócitos refira que os ovócitos apenas podem ser utilizados pela própria, não vemos impedimento a que esta doe (o que pressupõe um outro consentimento informado) os mesmos, seja a outras mulheres, seja para investigação.

Outra questão a ponderar a propósito do destino dos ovócitos criopreservados prende-se com as consequências legais de uma eventual destruição durante o período em que se encontrem à guarda do banco ou da clínica. O formulário de consentimento informado para criopreservação de ovócitos refere que "[a]cidentes imprevistos, como incêndios ou outro tipo de calamidades, podem, apesar dos cuidados de segurança adoptados, levar à perda ou destruição dos ovócitos criopreservados", mas é óbvio que este "esclarecimento" não pode funcionar como *disclaimer* para afastar a eventual responsabilidade civil da clínica.

3.3. A informação relativa ao procedimento

É imperioso que as mulheres interessadas na criopreservação de ovócitos sejam informadas sobre a natureza, encargos e riscos do procedimento, as condições em que os seus ovócitos podem ser armazenados, o prazo dentro do qual podem ser usados, os custos do processo, as demais alternativas disponíveis (uso de ovócitos doados, criopreservação de tecido ovárico ou de embriões), entre outras possíveis informações relevante de acordo com as circunstâncias.

Por exemplo, a estimulação hormonal, que antecede a recolha de ovócitos, implica um risco mínimo – menos de 1% de complicações, como sangramento ou cancro do ovário[37] – mas ainda assim não está isenta de riscos, nem para a futura mãe, nem para o embrião. Porém, é frequente que tais riscos não sejam comunicados às mulheres que pretendem conservar os seus ovócitos (assim como raramente o são às dadoras), o

---

[35] Sobre a aplicação da figura do contrato de depósito deste ensejo, *vide* RAPOSO (2014: 786 ss), na esteira da posição de GARCIA (2008: 33-41) a respeito dos bancos de células do cordão umbilical.

[36] ESHRE, 2012: 1231-1237.

[37] BERNSTEIN & WIESEMANN, 2014: 284.

que configura uma falha em termos de consentimento informado, com as devidas consequências jurídicas que daí derivam em sede de responsabilidade médica[38].

Também a nível do grau de sucesso da subsequente gravidez se têm notado falhas, dado que as clínicas nem sempre informam que a criopreservação de ovócitos não é garantia segura de uma gestação bem-sucedida[39]. Mesmo em casais férteis a probabilidade de a mulher engravidar após um mês de relações sexuais não protegidas é de apenas 15 a 20%[40]. Hoje em dia conseguem-se percentagens bastante satisfatórias na PMA, mas sempre muito aquém das pretensões das pacientes, especialmente quando surge a complexidade adicional deste processo, a vitrificação[41]. Contudo, perante a ausência de informação muitas mulheres podem ficar com uma falsa sensação de segurança sobre as suas possibilidades reprodutivas, desencorajando-as de encontrar formas de ter filhos em idade mais precoce.

A informação disponibilizada não se pode limitar aos aspectos técnicos e médicos do procedimento, deve igualmente estender-se ao seu enquadramento legal. Como veremos de seguida, a lei portuguesa não contém qualquer proibição quanto à criopreservação em si mesma, mas as mulheres devem estar conscientes de que, quando pretendam utilizar os ditos ovócitos, terão que estar inseridas numa relação matrimonial ou numa união de facto com pessoa de sexo diferente (artigo 6º da Lei nº 32/2006).

4. Os perigos da criopreservação de ovócitos

4.1. Riscos para a mulher

Embora a criopreservação de ovócitos seja um procedimento cada vez mais comum, envolve alguns riscos, como de resto sucede com quase todos os procedimentos médicos[42].

Desde logo, há que contar com desconforto abdominal grave após a remoção dos ovócitos. O procedimento pode inclusivamente causar san-

---

[38] Raposo, 2013 (e bibliografia aí indicada).
[39] Eshre, 2012: 1231-1237.
[40] http://www.womens-health.co.uk/infertility2.asp
[41] Solé et al., 2013: 2087–2092.
[42] Platt et al., 2014: 3.

DIREITO DA SAÚDE

gramento ou infecção ovárica. Eventualmente a paciente poderá vir a sofrer da síndrome de hiperestimulação ovárica devido às injecções hormonais a que se submeteu, que em alguns casos pode ser fatal.

Alguns estudos também sugerem ligações entre fertilização *in vitro* e uma forma rara de cancro do ovário e cancro endometrial, sendo certo que há especialistas que sustentam que estes efeitos poderão ficar a dever-se a outras condições de saúde ou mesmo aos estilos de vida, e não à própria fertilização *in vitro*[43].

Estes eventuais riscos tornam-se particularmente alvo de críticas por parte de quem entende que se trata de um capricho de mulheres saudáveis e férteis, que poderiam ter filhos agora, mas que preferem adiar este intento e arriscar a sua saúde (e a do futuro filho) em nome da ambição profissional ou de outro motivo mais ou menos caprichoso.

Contudo, não será que a dita "criopreservação por razões sociais" se funda ainda num motivo médico, qual seja, a preservação da fertilidade[44]? Não será esta uma forma de medicina preventiva, semelhante a outros cuidados médicos? Por outro lado, atendendo à pressão que se verifica no actual mercado de trabalho, sobretudo em relação a trabalhadoras femininas, não será que muitas vezes o adiamento da maternidade não traduz uma opção puramente voluntária, mas sim o preço a pagar por uma carreira?

4.2. Riscos para os embriões e futuras crianças
Uma fonte de preocupação em relação à segurança do processo prende-se com os riscos para as pessoas que assim nascerão e os danos que lhes podem advir em virtude da criopreservação.

É um facto que há uns anos atrás acreditava-se que estes embriões seriam potencialmente afectados por danos resultantes da criopreservação[45]. Contudo, de acordo com dados actualmente disponíveis, não há razão para alarmes, dado que a avaliação das crianças nascidas após a vitrificação de ovócitos – sendo certo que a técnica da vitrificação causa menos danos ao ovócito do que as técnicas anteriormente utilizadas[46]

---

[43] CETIN et al, 2008.

[44] PENNINGS, 2013: 521-523.

[45] A Sociedade Americana de Medicina Reprodutiva emitiu alguns documentos alertando para tais perigos. Cfr. ASRM, 2008a: 134-135 e 2008b: 241-246.

[46] BERNSTEIN & WIESEMANN, 2014: 285.

– não traduz qualquer aumento nas taxas de anomalias cromossómicas ou malformações[47]. Segundo os especialistas, não foi possível demonstrar perigos acrescidos no caso de ovócitos vitrificados e, pelo contrário, pode até concluir-se que a criopreservação antecipada diminui o risco de aneuploidias cromossómicas e de aberrações genéticas[48]. Aliás, nas suas recentes *guidelines* sobre a criopreservação de ovócitos, a própria ASRM conclui que o procedimento já não se situa a nível experimental e que os dados sobre os respectivos resultados podem agora ser considerados bastante satisfatórios, tornado assim esta prática segura[49].

5. Os benéficos da criopreservação de ovócitos

5.1. Evita a criopreservação de embriões

A criopreservação de ovócitos surge como alternativa à criopreservação de embriões, logo, evitando dois dos principais problemas envolvidos nesta última.

O primeiro deles prende-se com o respeito devido ao embrião e a possível violação do valor que lhe é juridicamente reconhecido, uma crítica que não partilhamos, mas que tem sido um recorrente obstáculo à criopreservação embrionária. Com efeito, a natureza jurídica (bem como ética e filosófica) do embrião tem sido muito discutida, nomeadamente quanto ao seu enquadramento como pessoa ou como coisa, uma escolha difícil que decorre da pobreza terminológica do mundo jurídico, que classicamente apenas conhece estas duas realidades.

Para tomar uma posição sobre este assunto o direito tem que acolher os ensinamentos que lhe advêm da biologia, segundo os quais a partir do momento da fertilização assistimos à criação de uma vida humana. Logo, o embrião é um ser humano. Mas esta conclusão não equivale a considerá-lo uma pessoa, dado que estamos perante dois conceitos distintos. É também a biologia que nos diz que o embrião e o feto não são entidades estanques, mas sim entidades em devir, num continuo processo de desenvolvimento. Com base nestes ensinamentos temos entendido que o embrião não é uma pessoa actual, mas meramente uma

---

[47] BERNSTEIN & WIESEMANN, 2014: 286; WIKLAND et al., 2010: 1699–1707; WIRLEITNER et al., 2013: 2950–2957.
[48] LIU et al., 2011: 1165–1175.
[49] ASRM, 2013: 37-43.

DIREITO DA SAÚDE

pessoa potencial[50]; mas, *et pour cause*, tão-pouco é uma coisa. Pelo contrário, atribui-se-lhe o qualificativo de *tertium genus*[51], que, embora não lhe conceda a mesma protecção legalmente garantida à pessoa humana, providencia-lhe indubitavelmente uma protecção jurídica substancialmente superior daquela outra prevista para as coisas.

O mesmo não se pode dizer relativamente aos gâmetas. Não são obviamente pessoas, nem sequer entidades intermédias, mas sim coisas. O próprio legislador parece reconhecer este facto ao usar o *nomem iuris* "doação" de gâmetas para se referir aos contratos que sobre eles versam, sendo que só as coisas podem ser objecto dos contratos de doação[52]. É certo que o artigo 202º/1 do CC não oferece uma noção jurídica precisa de "coisa", nem enuncia os requisitos para ser "coisa"[53], mas por exclusão de partes o gâmeta não pode ser outra coisa senão... uma "coisa", dado que não é um *tertium genus* e, acima de tudo, não é uma pessoa. Aliás, se qualquer célula do corpo humano é juridicamente considerada uma coisa, o gâmeta, como célula que é, não poderia contar com outra classificação jurídica. Contudo, será sempre uma coisa distinta das demais, nomeadamente pela sua exclusão do comércio jurídico.

Por conseguinte, muitas das objecções jurídicas e éticas que se podem suscitar a propósito da criopreservação de embriões não têm validade para a criopreservação de ovócitos.

Uma outra sombra que tem pairado sobre a criopreservação embrionária prende-se com as disputas sobre o destino dos embriões, que têm dividido os tribunais, quer quanto ao enquadramento jurídico da questão, quer quanto à solução final[54]. O conflito surge quando os beneficiários das técnicas se separam, abandonando assim o projecto parental comum e abrindo a possibilidade de várias outras alternativas – des-

---

[50] Em detalhe sobre este conceito, Beriain, 2003: 113 ss. e Raposo, 2014: 512 ss.

[51] Posição que defendemos em Raposo, 2014.
Descrevendo a teoria do *tertium genus*, Coleman, 2004: 104-115.

[52] Sendo certo que a lei usa a mesma nomenclatura para a doação de embriões, que não são claramente coisas; mas, por outro lado, por vezes atenua o sentido da expressão mediante o termo "dádiva".

[53] Sobre a noção civilista de "coisa", Ascensão, 2000: 343 ss. e Pinto, 2005: 341 ss. A doutrina tem apontado como características das "coisas" a apropriabilidade, a impessoalidade, a existência autónoma e a utilidade humana, deixando de parte a permutabilidade e a disponibilidade.

[54] Cfr. Raposo, 2008: 55-79 e 2014: 872 ss.

truição, experimentação científica, doação a terceiros, uso reprodutivo pelos próprios[55] – sobre as quais raramente o casal desavindo está de acordo.

Em contrapartida, a criopreservação de ovócitos eliminou estas disputas de custódia, dado que apenas envolve a célula reprodutiva feminina. Por conseguinte, o poder de decisão quanto ao destino dos ovócitos criopreservados cabe exclusivamente à mulher, enquanto no caso de embriões criopreservados o poder de decisão cabe conjuntamente a ambos os membros do casal, o que tem suscitado vivas polémicas em tribunais por esse mundo fora.

5.2. Concretização do direito à autonomia reprodutiva
No contexto dos direitos das mulheres esta prática tem sido vista de dois quadrantes opostos.

Por um lado, os que a defendem, considerando tratar-se de um instrumento para a maior emancipação feminina e sua afirmação no mundo do trabalho, sem a pressão de procriar numa idade em que muitas vezes estão a construir uma carreira e ainda não encontraram o "príncipe encantado". Em suma, a concretização da ideia de autonomia reprodutiva e direitos reprodutivos, enquanto liberdade de escolher quando procriar. Nesta linha de raciocínio, alega-se que no futuro esta prática será tão consensualmente aceite quanto hoje o é a contracepção oral que, quando introduzida no século passado, sofreu igualmente contestação legal, ao passo que actualmente é um método normal de autocontrolo da fertilidade[56].

Mas, e por outro lado, há quem entenda que se está a tentar resolver cientificamente um problema que, na verdade, é de cariz social. Logo, a solução passa por oferecer às mulheres mais oportunidades para conciliar família e carreira e pelo combate contra a discriminação laboral, sobretudo face a mulheres em idade fértil (a célebre questão das entrevistas de emprego: "tenciona ter filhos?"). Ou seja, ao invés de resolver o problema social subjacente, ir-se-á reforçar e perpetuar o problema. Alega-se até que o uso generalizado da vitrificação de ovócitos irá aumen-

---

[55] Sobre os possíveis destinos dos embriões excedentários, RAPOSO, 2014: 430 ss.
[56] WOLFF, 2015: 30.

DIREITO DA SAÚDE

tar a pressão sobre as mulheres no sentido de adiarem a sua vontade de ter filhos[57], tornada esta medida contraproducente.

Na verdade, a solução passa pelos dois tipos de preocupações. Por um lado, garantir, em termos de política social, que as mulheres possam ter filhos mais cedo sem com isso prejudicar a sua carreira e outras aspirações académicas e sociais que possam ter. Mas, e por outro, disponibilizar técnicas médicas que permitam às mulheres que apenas mais tarde decidem ter filhos realizar esse intento, na medida em que a ciência lhes ofereça essa possibilidade sem perigos desproporcionados para a descendência.

6. O regime existente em Portugal

O enquadramento da criopreservação de ovócitos no ordenamento nacional não é liquido, dado que não existe uma norma que expressamente a proíba ou permita. Por conseguinte, há que proceder a uma leitura sistemática das disposições existentes com vista a obter uma resposta.

A Lei nº 32/2006 apenas admite o recurso à PMA com fundamento nas seguintes ordens de razões: infertilidade, tratamento de doença grave ou risco de transmissão de doenças de origem genética, infecciosa ou outras (artigo 4º/2)[58]. Ou seja, necessariamente se exige uma incapacidade ou dificuldade reprodutivas, não se podendo tratar de um mero capricho, o que está em consonância com a qualificação da PMA como método subsidiário de procriação (artigo 4º/1). Contudo, o conceito de infertilidade permite múltiplos entendimentos (tais como a infertilidade social no que respeita a pessoas homossexuais[59]), dos quais não parece estar arredada a incapacidade reprodutiva resultante da idade, embora a questão esteja longe de ser consensual. A isto acresce que a Lei nº 32/2006 não proíbe a mera criopreservação de gâmetas sem fundamento médico directo[60]. Porém, caso se entenda que a incapacidade reprodutiva das mulheres pós-menopáusicas não se enquadra na previsão do nº 2 do artigo 4º, já impedirá a posterior utilização desses gâmetas.

---

[57] SHKEDI-RAFID, 2012: 154–157.

[58] Sobre o sentido de cada uma destas hipóteses, RAPOSO: 2014.

[59] Sobre este ponto, RAPOSO, 2009: 157-190 e 2014: 731-732.

[60] Em várias das suas disposições se refere à criopreservação e armazenamento de gâmetas (*vide*, por exemplo, o artigo 30º/2/b), sem especificar se masculinos ou femininos, nem qual o motivo que a fundamenta.

224

Se a criopreservação tiver sido motivada pelo intuito de preservar a fertilidade face a alguma ameaça médica, claramente que o referido impedimento não se coloca, porque se verificará o pressuposto do artigo 4º/2 no seu sentido mais literal. Mas já nos poderemos defrontar com dificuldade quando a criopreservação visar protelar o momento da reprodução sem qualquer motivação médica subjacente. Nesta hipótese poderemos defrontar-nos com um de dois cenário: i) ou à data em que requer o uso dos ovócitos criopreservados a mulher já é incapaz de conceber "naturalmente" em virtude da idade; ii) ou a mulher ainda pode conceber naturalmente, porém, prefere usar os ovócitos criopreservados e recorrer a uma técnica de PMA porque aqueles são mais aptos para a reprodução do que os ovócitos que ainda consegue produzir. No primeiro caso não parecem suscitar-se problemas de maior, dado que se preenche a hipótese prevista no artigo 4º/2, pois que nesse momento a mulher é, de facto, infértil (embora sempre se possa questionar se a infertilidade decorrente do mero passar dos anos se enquadra nessa previsão). Já no segundo caso a questão é mais dúbia. Segundo nos parece haverá ainda aqui que distinguir entre várias possíveis situações. É que apesar de a mulher ser capaz de procriar pelos seus próprios meios, tal decisão poderá implicar riscos acrescidos para a descendência, sobretudo as síndromes relacionados com um número anormal de cromossomas (as chamadas trissomias), o que justificará o uso da PMA à luz do propósito de prevenção de patologias na descendência[61]. Diferentemente, caso a mulher pretenda usar os ovócitos criopreservados e a consequente PMA apenas por questões de conveniência, já a Lei nº 32/2006 é incapaz de dar cobertura a tal decisão.

A isto acresce um outro limite quanto à utilização dos ovócitos, o qual resulta dos requisitos respeitantes ao estado civil dos beneficiários das técnicas, impostos pelo artigo 6º. De facto, segundo esta norma, apenas podem aceder à PMA, seja qual for a técnica concreta em uso, as pessoas casadas (resta saber se poderão ser casadas com pessoas do mesmo sexo, opinião que temos sufragado[62]) ou que vivam em união de

---

[61] Note-se que o artigo 4º/2 refere a transmissão de "doenças genéticas, infecciosas ou outras", sendo que as várias trissomias, ou outras patologias associadas a maternidades tardias, se podem enquadrar no qualificativo "outras".

[62] Cfr. RAPOSO, 2009: 157-190 e 2014: 710 ss.

DIREITO DA SAÚDE

facto com outra pessoa de sexo distinto. Logo, se a mulher nunca se vier a encontrar inserida num dos referidos contextos familiares permanecerá impedida de usar os seus ovócitos, dado que não lhe é permitido recorrer a esperma de dador para os fertilizar.

7. Criopreservar ou não criopreservar, eis a questão

Se durante muito tempo se considerou que a biologia impediria terminantemente a mulher de conceber filhos genéticos a partir dos 45 anos, os avanços tecnológicos na medicina reprodutiva permitem hoje prolongar a janela de fertilidade. Ainda assim, não indefinidamente, e quer a ciência quer a lei[63] podem coarctar expectativas mais fantasistas.

A criopreservação de ovócitos é ainda uma possibilidade merecedora de hesitação em termos técnicos e de crítica em termos jurídicos. Porém, cremos que no futuro se tornará um método cada vez mais aceite de conservação da fertilidade, em virtude das possibilidades reprodutivas que permite.

Todavia, os seus benefícios não podem esconder as cautelas e os requisitos que a devem rodear e aos quais o legislador deverá atender. A exigência de consentimento informada ergue-se como um dos mais prementes requisitos legais. A decisão de criopreservar os ovócitos com vista à sua posterior utilização para fins reprodutivos em idade mais avançada deve ser tomada de forma livre, consciente e informada por cada mulher. Esta cominação implica que a mulher esteja plenamente conscientes dos riscos médicos, dos percalços técnicos, das limitações legais e das possibilidades de sucesso[64].

A transmissão de uma mensagem povoada de falsas expectativas pode não ser inocente, dado que se trata de uma técnica lucrativa para as clínicas de PMA, que estarão ansiosas em "promover" um novo serviço reprodutivo. Mas havendo consentimento informado quanto a todos os referidos aspectos a criopreservação de ovócitos pode revelar-se como a última fronteira em sede de autodeterminação reprodutiva.

---

[63] Boa parte das críticas têm sido provocada por casos em que mulheres mais velhas, algumas até com mais de 60 anos, deram à luz a uma criança depois de uma doação de ovócitos.

[64] Advogando uma cautela semelhante, *vide* a Recomendação do CNPMA, sobre a criopreservação de ovócitos para uso futuro, de 14 de Maio de 2012, assim como o formulário de consentimento informado para a criopreservação de ovócitos e tecido ovárico.

"No woman can call herself free until she can choose consciously whether she will or will not be a mother."

(Margaret Sanger)

Bibliografia

Ascensão, José de *Oliveira* (2000). *Teoria Geral do Direito Civil*, Vol. I, 2ª ed. Coimbra: Coimbra Editora

Asrm, The Practice Committee of the American Society for Reproductive Medicine, and the Practice Committee of the Society for Assisted Reproductive Technology (2008a). "Essential Elements of Informed Consent for Elective Oocyte Cryopreservation: A Practice Committee Opinion", *Fertility and Sterility*, 90, pp. 134-135

Asrm, The Practice Committee of the American Society for Reproductive Medicine, and the Practice Committee of the Society for Assisted Reproductive Technology (2008b). "Ovarian Tissue and Oocyte Cryopreservation", *Fertility and Sterility*, 90, pp. 241-246

Asrm, The Practice Committee of the American Society for Reproductive Medicine, and the Practice Committee of the Society for Assisted Reproductive Technology (2013). "Mature Oocyte Cryopreservation: A Guideline", *Fertility and Sterility*, 99, pp. 37-43

Beriain, Íñigo de Miguel (2003) "Necesidad de Redefinir el Embrión Humano". In *Biotecnologia, Derecho y Dignidad Humana*, Martínez Morán, Narciso et al. (eds.). Granada: Editorial Comares, pp. 105-135

Bernstein, Stephanie & Wiesemann, Claudia (2014). "Should Postponing Motherhood via "Social Freezing" Be Legally Banned? An Ethical Analysis", *Laws* 3, pp. 282–300.

Bigelow, Catherine & Copperman, Alan B. (2012). "Oocyte Cryopreservation for the Elective Preservation of Reproductive Potential". In *Current Frontiers in Cryobiology*, Katkov, Igor (ed.). Available from: http://www.intechopen.com/books/current-frontiers-in-cryobiology/oocyte-cryopreservation-for--elective-preservation-of-reproductive-potential, pp. 185-208

Cetin, I.; Cozzi V & Antonazzo, P. (2008). "Infertility as a Cancer Risk Factor–A Review", *Placenta*, 29, pp.169-177

Cleary-Goldman, Jane; Malone, Fergal D.; Vidaver, John; Ball, Robert H.; Nyberg, David A.; Comstock, Christine H.; Saade, George R.; Eddleman, Keith A.; Klugman, Susan; Dugoff, Lorraine et al. (2005). "Impact of Maternal Age on Obstetric Outcome", *Obstetrics & Gynecology*, 105, pp. 983-90

Coleman, Stephen (2004). *The Ethics of Artificial Uteruses – Implications for Reproduction and Abortion*. England, USA: Ashgate

DIREITO DA SAÚDE

D'ONOFRIO, Brian M.; RICKERT, Martin E.; FRANS, Emma; KUJA-HALKOLA, Ralf; ALMQVIST, Catarina; SJÖLANDER, Arvid; LARSSON, Henrik; LIchtenstein, Paul (2014). "Paternal Age at Childbearing and Offspring Psychiatric and Academic Morbidity", *JAMA Psychiatry*, 71(4), pp. 432-438

ESHRE Task Force on Ethics (2012). "Oocyte Cryopreservation for Age-Related Fertility Loss", *Human Reproduction*, 27, pp. 1231-1237

EZEH, A. C; BONGAARTS, J. & MBERU, B. (2012). "Global Population Trends and Policy Options", *Lancet*, 380, pp. 142-48

FARIA, Paula Ribeiro de (1995). *Aspectos Jurídico-Penais dos Transplantes*, Porto: Universidade Católica Portuguesa: Porto

FRANS, Emma; MACCABE, James H. & REICHENBERG, Abraham (2015). "Advancing Paternal Age and Psychiatric Disorders", *World Psychiatry*, 14(1), pp. 91-93

GARCIA, Maria Olinda (2008). "A Criopreservação Privada de Células Estaminais. Um Contrato de Depósito", *Lex Medecinae*, 5(9), pp. 33-41

GOOLD, Imogen & Julian SAVULESCU (2009). "In Favour of Freezing Eggs for Non-Medical Reasons", *Bioethics*, 23, pp. 47-58

KARIMZADEH, Mohammad Ali; GHANDI, Sedigheh & TABIBNEJAD, Nasim (2008). "Age as a Predictor of Assisted Reproductive Techniques Outcome", Pakistanese *Journal of Medical Science*, 24(3), pp. 378-381

KOCOURKOVA, Jirina; BURCIN, Boris; KUCERA1, Tomas (2014). "Demographic Relevancy of Increased Use of Assisted Reproduction in European Countries", Reproductive Health, 11: 37, at http://www.reproductive-health-journal.com/content/pdf/1742-4755-11-37.pdf

LERIDON, H. (2004). "Can Assisted Reproduction Technology Compensate for the Natural Decline in Fertility with Age? A Model Assessment", *Human Reproduction*, 19, pp. 1548-1553

LIU, Kimberly & CASE, Allison (2011). "Advanced Reproductive Age and Fertility", *Journal of Obstetrics and Gynaecology Canada*, pp. 1165-75

LOUREIRO, João Carlos (1995). *Transplantações: um Olhar Constitucional*, Coimbra: Coimbra Editora

MERTES, Heidi; PENNINGS, Guido; DONDORP, Wybo; WERT, Guido de (2012). "Implications of Oocyte Cryostorage for the Practice of Oocyte Donation", *Human Reproduction*, 27(10), pp. 2886-2893

NATIONAL CENTER FOR CHRONIC DISEASE PREVENTION AND HEALTH PROMOTION – DIVISION OF REPRODUCTIVE HEALTH (2014) – "Assisted Reproductive Technology 2012 – Fertility Clinic Sucess Rates Report", at http://www.cdc.gov/art/pdf/2012-report/art_2012_clinic_report-full.pdf

NYBOE, Andersen A; GOOSSENS, V.; BHATTACHARYA, S. et al. (2009). "Assisted Reproductive Technology and Intrauterine Inseminations in Europe,

2005: Results Generated from European Registers by ESHRE: ESHRE. The European IVF Monitoring Programme (EIM), for the European Society of Human Reproduction and Embryology (ESHRE)", *Human Reproduction*, 24, pp. 1267-87

PENNINGS, G. (2013). "Ethical Aspects of Social Freezing", *Gynecologie Obstetrique & Fertilite*, 41, pp. 521-3

PINTO, Carlos Alberto da Mota (2005). *Teoria Geral do Direito Civil*, 4ª ed. MONTEIRO, António Pinto & PINTO, Paulo da Mota eds. Coimbra: Coimbra Editora

PLATT, Isabel; CHEN, Celeste & MAZZUCCO, Anna E. (2014). *Delayed Childbearing: Should Women Freeze their Eggs?*, National Center For Health Research, pp. 1-6

RAPOSO, Vera Lúcia (2007). "Em Nome do Pai (...E da Mãe, e de Dois Pais, e de Duas Mães) – Análise do Art. 6º da Lei 32/2006", *Lex Medicinae*, 4(7), pp. 37-51

RAPOSO, Vera Lúcia (2008). "O Dilema do Rei Salomão: Conflitos de Vontade quanto ao Destino dos Embriões Excedentários", *Lex Medicinae*, 5(9), pp. 55-79

RAPOSO, Vera Lúcia (2009). "Crónica de um Casamento Anunciado", *Revista do Ministério Público*, 30(120), pp. 157-190

RAPOSO, Vera Lúcia (2011). "O Corpo Humano, a "Nova Galinha dos Ovos de Ouro", *Lex Medicinae,* 8(15), pp. 47-64

RAPOSO, Vera Lúcia (2012). "Embriões, Investigação Embrionária e Células Estaminais", *Lex Medicinae*, 9(18), pp. 171-185

RAPOSO, V. L. (2013) *Do Ato Médico ao Problema Jurídico (Breves Notas sobre o Acolhimento da Responsabilidade Médica Civil e Profissional na Jurisprudência Nacional)*. Coimbra: Almedina

RAPOSO, Vera Lúcia (2014). *O Direito à Imortalidade (O Exercício de Direitos Reprodutivos Mediante Técnicas de Reprodução Assistida e o Estatuto Jurídico do Embrião In Vitro)*. Coimbra: Almedina

RAPOSO, Vera Lúcia & DANTAS, Eduardo (2010). "Aspectos Jurídicos da Reprodução Post-Mortem, em Perspectiva Comparada Brasil-Portugal", *Lex Medicinae,* 7(14), pp. 81-94

SAUER, Mark V.; PAULSON, Richard J. & LOBO, Rogerio A. (1996). "Oocyte Donation to Women of Advanced Reproductive Age: Pregnancy Results and Obstetrical Outcomes in Patients 45 Years and Older", *Human Reproduction*, 11, pp. 2540-2543

SHELDON, Sally (2006). "Reproductive Choice: Men's Freedom and Women's Responsibility". In *Freedom and Responsibility in Reproductive Choice*, SPENCER,

J. R. & DU BOIS-PEDAIN Antje (eds.). Oxford, Portland and Oregon: Hart Publishing, pp. 175-195

SHKEDI-RAFID, Shiri & HASHILONI-DOLEV, Yael (2012), "Egg Freezing for Non-Medical Uses: The Lack of a Relational Approach to Autonomy in the New Israeli Policy and in Academic Discussion", *Journal of Medical Ethics*, 38, pp. 154-157

SOLÉ, Miguel, SANTALÓ, Josep; BOADA, Merce; CLUA, Elisabet; RODRÍGUEZ, Ignacio; MARTINEZ, Francisca; COROLEU, Buenaventura; BARRI, Pedro N. & VEIGA, Anna (2013). "How does Vitrification Affect Oocyte Viability in Oocyte Donation Cycles? A Prospective Study to Compare Outcomes Achieved With Fresh Versus Vitrified Sibling Oocytes", *Human Reproduction*, 28, pp. 2087-2092

STOOP, Dominic; COBO, Ana & SILBER, Sherman (2014). "Fertility Preservation for Age-Related Fertility Decline", *Lancet*, 384, pp. 1311–1319

Wikland, Matts; HARDARSON, Thorir; HILLENSJO, Torbjörn; WESTIN, Cecilia; WESTLANDER, Göran; WOOD, Margareta & WENNERHOLM, Ulla-Britt (2010). "Obstetric Outcomes after Transfer of Vitrified Blastocysts", *Human Reproduction*, 25, pp. 1699–707

WIRLEITNER, Barbara; VANDERZWALMEN, Pierre; BACH, Magnus; BARAMSAI, Batsuren; NEYER, Anton; SCHWERDA, Delf; SCHUFF, Maximilian; SPITZER, Dietmar; STECHER, Astrid; ZINTZ, Martin, et al. (2013). "The Time Aspect in Storing Vitrified Blastocysts: Its Impact on Survival Rate, Implantation Potential and Babies Born", *Human Reproduction*, 28, pp. 2950–2957

WOLFF, Michael von; GERMEYER, Ariane; NAWROTH, Frank (2015). "Fertility Preservation for Non-Medical Reasons", *Deutsches Ärzteblatt International*, 112, pp. 27–32

Prueba de adn y ocultación de paternidad como supuesto generador de responsabilidad civil en el ámbito familiar: desarrollo de la cuestión en el derecho español

JAVIER BARCELÓ DOMÉNECH*

SUMARIO: I. La extensión de la responsabilidad civil a las relaciones familiares. II. El supuesto concreto de ocultación de paternidad. 1. Los orígenes: las SSTS de 22 de julio y 30 de julio de 1999. 2. La consolidación del criterio que limita la responsabilidad al caso de dolo: SAP Valencia de 2 de noviembre de 2004 y otras posteriores. 3. Una visión distinta: SSAP Barcelona de 16 de enero de 2007 y Cádiz de 3 de abril de 2008.

I. LA EXTENSIÓN DE LA RESPONSABILIDAD CIVIL A LAS RELACIONES FAMILIARES.

Las pruebas de ADN han facilitado extraordinariamente la determinación veraz de la paternidad biológica. Su bajo coste, unido a la exactitud y a una eficaz publicidad mediática, ha hecho que sea relativamente frecuente el examen de ADN ante la mínima duda sobre la paternidad

---

* Profesor Titular de Derecho civil. Universidad de Alicante

DIREITO DA SAÚDE

de los hijos. Esto tiene, lógicamente, importantes consecuencias, en el ámbito de la filiación, pero ha empezado también a tenerlas en el campo de la responsabilidad civil.

En los últimos tiempos ha ido adquiriendo creciente interés en el Derecho español la aplicación de las normas de responsabilidad civil en el ámbito familiar. Entre 1999 y 2015, poco más de quince años, se han dictado más de una treintena de sentencias, publicado varias monografías y un buen número de artículos en revistas científicas, lo cual parece indicar que las reclamaciones entre familiares constituyen uno de los aspectos más novedosos del Derecho de daños de nuestra época[1].

Sin embargo, la figura de la responsabilidad civil no es enteramente desconocida en el ámbito familiar (piénsese en la responsabilidad civil derivada del delito, que en el Derecho español se regula dentro del Código penal); en realidad, lo que es nuevo en el panorama jurídico es la aplicación del art. 1.902 C.c. («El que por acción u omisión causa daño a otro, interviniendo culpa o negligencia, está obligado a reparar el daño causado») a ciertos comportamientos dañosos entre cónyuges, ex cónyuges, convivientes de hecho y familiares, que son los que han dado pie a decisiones de los Tribunales y posteriores comentarios doctrinales[2]. Se trata de una «materia incipiente», que son las palabras que

---

[1] Este tipo de planteamientos se encuentra también en otros ordenamientos. Así, en Italia, se afirma: «A la luz de la evolución jurisprudencial y doctrinal del último decenio, no se considera ya una novedad la posibilidad de resarcir el daño derivado de la violación de los deberes familiares. No obstante, como es sabido, el Derecho de Familia ha representado durante mucho tiempo un sector del Derecho privado en el cual no han operado las reglas de la responsabilidad civil». Son palabras de MIGHELA, C.: «Il risarcimento del danno derivante dal c.d. illecito endofamiliare», *Resp. civ. prev.*, 2010, núm. 1, pág. 44. Sobre esta evolución, *vid.* también CAMPANILE, P.: «La responsabilitá endo-familiare», en AAVV: *Famiglia e persone*, vol. II, Torino, 2008, págs. 329 y ss., y CAMILLERI, E.: «Illeciti endofamiliari e sistema della responsabilità civile nella prospettiva dell'*european tort law*», en *Europa e diritto privato*, Milano, 1/2010, págs. 145 y ss.

[2] Es la doctrina la que se anticipa a los Tribunales en la idea de aplicar a las relaciones familiares la responsabilidad civil. Así, hace más de treinta años, LETE DEL RÍO, J.M.: en *Matrimonio y Divorcio. Comentarios al nuevo Título IV del Libro Primero del Código Civil (art. 68 C.c.)*, coord. LACRUZ BERDEJO, J.L., Madrid, 1982, pág. 396, hace un planteamiento de la cuestión que hoy suscribirían sin dudar los defensores de la expansión del Derecho de daños al ámbito familiar: «El legislador no ha tomado la iniciativa de apreciar responsabilidades en los supuestos de separación y divorcio, pero tampoco ha excluido expresamente éstas. Y frente a esa no exclusión, tenemos el texto del viejo art. 56, confirmado con el número 68 por el nuevo legislador, y caracterizando a la convivencia, la fidelidad y el socorro como

PRUEBA DE ADN Y OCULTACIÓN DE PATERNIDAD COMO SUPUESTO GENERADOR ...

utiliza la STS de 30 de junio de 2009[3], y aunque subsisten dudas y vacilaciones sobre la viabilidad de ciertas demandas, lo cierto es que se ha abierto camino en diversos ámbitos la tesis que se pronuncia a favor de la admisibilidad de los planteamientos resarcitorios en el Derecho de Familia.

La ocultación al otro cónyuge de la verdadera filiación de los hijos, la interferencia en las relaciones paterno-filiales y el contagio (o riesgo de contagio) de enfermedades, son algunos de los casos –ciertamente dramáticos– en los que la responsabilidad civil ha hecho ya su incursión[4].

---

verdaderas *obligaciones*. El hecho de que no sean directamente coercibles no les priva de su juridicidad, sino que, al contrario, hace tanto más urgente arbitrar los medios precisos para mantenerlas en pie en esta condición suya plenamente jurídica. Medios que habrán de consistir en la sanción del incumplimiento: se trata de deberes concretos impuestos por una norma, que no podrían tener consideración o trato inferior a los impuestos mediante un contrato, obligaciones legales sin carácter patrimonial, pero cuya infracción produce a veces consecuencias económicas y en todo caso un daño moral resarcible, y a ellas habremos de aplicar las reglas generales sobre el incumplimiento de las obligaciones – las de la llamada "culpa contractual", pero que no sólo se aplican al incumplimiento de las obligaciones contractuales –, y en último término las reglas relativas al ilícito civil. Sin que valga alegar la presencia de unas limitadas sanciones específicas para castigar la infidelidad o el abandono (desheredación, causa de separación), o bien la idea general del legislador de prescindir de la declaración de culpabilidades en tema de divorcio o la eficacia de éstas en la separación, motivo que no es suficiente para suprimir la vigencia de las normas sobre daños y resarcimiento».
La misma posición se fue defendiendo en las sucesivas ediciones del manual «Elementos de Derecho Civil» del profesor LACRUZ *et alii*, señalando que no cabe excluir una acción por daños morales y patrimoniales. *Vid.* LACRUZ BERDEJO, J.L. / SANCHO REBULLIDA, F. / LUNA SERRANO, A. / DELGADO ECHEVERRÍA, J. / RIVERO HERNÁNDEZ, F. / RAMS ALBESA, J.: *Elementos de Derecho Civil, IV, Familia*, Madrid, 2008, pág. 69.

[3] *RJ* 2009/5490. Se dice, en concreto, que «la reclamación de indemnizaciones entre progenitores por daños ocasionados entre ellos es una materia incipiente en el derecho español, lo que obliga a entender que el presente caso queda incluido en la excepción que prevé el mencionado artículo 394 LECiv y por ello no procede la imposición de las costas a ninguna de las partes ni en la 1ª instancia ni en la apelación».

[4] Por ahora, las reclamaciones entre familiares, con base en el art. 1.902 C.c., se han limitado a las relaciones entre cónyuges o convivientes de hecho. Sin embargo, no parece aventurado pronosticar que pronto empiecen a aplicarse en las relaciones entre padres e hijos. Una lectura atenta de la STS de 30 de junio de 2009 (*RJ* 2009/5490), que condena a la progenitora que se traslada al extranjero e impide al otro progenitor el ejercicio de la guarda y custodia que tenía reconocido por resolución judicial, permite llegar a la conclusión que para el Tribunal Supremo es perfectamente viable también una demanda del hijo contra la madre por estos mismos hechos: «El daño –dice el Supremo– existe en este caso y no

DIREITO DA SAÚDE

Es a través del desarrollo judicial y doctrinal de estos temas particulares (y muy diferentes unos de otros) cómo se plantea hoy en nuestro Derecho la compleja dialéctica entre los dos sectores del ordenamiento civil: la extensión de los remedios indemnizatorios propios de la responsabilidad civil al Derecho de Familia. El límite ya no lo pone el Derecho penal (delitos y faltas, y la responsabilidad civil derivada de los mismos), y la familia –cuya concepción también está sometida a cambios profundos[5]–

consiste únicamente en la imposibilidad de ejercicio de la patria potestad y del derecho de guarda y custodia, porque en este caso sólo podría ser reclamado por el menor afectado por el alejamiento impuesto por el progenitor que impide las relaciones con el otro, sino que consiste en la imposibilidad de un progenitor de tener relaciones con el hijo por impedirlo quien se encuentra de hecho a cargo del menor». Tampoco admite duda, a nuestro juicio, el daño que se causa a los hijos cuya filiación no ha sido determinada de manera veraz, atribuyéndola falsamente al marido de la madre. Los casos que se han juzgado lo han sido por demandas interpuestas por el marido que descubre no ser el padre, pero nada impide que también puedan demandar los hijos.

Otro terreno propicio para las demandas es, sin duda, la violación del derecho al honor. Así, en la SAP Girona de 18 de marzo de 2004 (*AC* 2004/709) se condena al demandado a indemnizar el daño moral ocasionado por la lesión del derecho al honor y a la intimidad personal y familiar de la demandante, como consecuencia de la publicación de un libro en el que se narran detalles relativos a la vida conyugal del autor del libro que afectan a su ex esposa. Hay otros casos en los que la demanda se desestima, como sucede en la SAP Sevilla de 9 de noviembre de 2009 (*JUR* 2010/140902), pero su simple lectura nos advierte que la demanda hubiese prosperado en otras circunstancias: ante los facultativos del hospital, la demandada imputó al demandante abusos sexuales sobre la hija menor de ambos; el padre ejercitó una acción civil en defensa de su honor, y la Sala plantea el conflicto entre el derecho al honor y el derecho-deber de proteger al menor frente a la menor frente a posibles ataques sexuales del otro progenitor, concluyendo que no hay una prueba determinante que haga escorar la balanza a favor del honor, ya que no se demostró que la madre actuó a sabiendas de la falsedad de la imputación; entiende, sin embargo, la Audiencia que hay algún indicio de la falsedad, y por ello revoca la imposición de costas que se hizo en primera instancia, dejando sin efecto ese pronunciamiento.

[5] Del sometimiento de los individuos a reglas férreas de una institución fuertemente jerarquizada y patriarcal se ha pasado ahora a una institución caracterizada por un destacado individualismo, que sirve de marco tanto a la relación conyugal como a la paterno-filial. Sobre este planteamiento, *vid.* BIANCHINI, D.: «Appunti e spunti in tema di responsabilità ed illecito endofamiliare», *DFP*, 2010, 2, págs. 965 y 966. También pueden traerse a colación las palabras de CASSANO, G.: *Rapporti familiari, responsabilità civile e danno esistenziale*, Padova, 2006, pág. 58: «... se ha puesto el acento sobre la personalidad y autonomía del individuo que es componente de la familia: el familiar, antes que ser tal, es una persona, y por ello es portador de posiciones jurídicas tuteladas, de derechos y deberes, y no sufre limitaciones en sus prerrogativas fundamentales ni siquiera frente a otros componentes de la familia».

no puede amparar determinados comportamientos dañosos, y la juris-prudencia ha entendido que sí cabe presentar, al amparo del art. 1.902 C.c., una demanda reclamando indemnización por daños sufridos en determinadas situaciones[6]. La tendencia a favorecer la reparación es clara, y en ella se inscriben reformas recientes de otros ordenamientos, como la del Derecho portugués, que en 2008 da nueva redacción al art. 1.792 C.c. («el cónyuge lesionado tiene el derecho a pedir la reparación de los daños causados por el otro cónyuge, en los términos generales de la responsabilidad civil y en los tribunales comunes», dice el primer apartado del precepto), lo que supone la entrada definitiva de las nor-mas comunes de la responsabilidad civil para resarcir el daño causado por el divorcio.

El problema se sitúa, por tanto, en otra perspectiva. Se trata de de-terminar qué casos dan lugar a responsabilidad civil[7] y, además, si los daños causados en el ámbito del Derecho de Familia se someten, a falta

---

[6] Como dice DE VERDA Y BEAMONTE, J.R.: «Responsabilidad civil y divorcio en el Derecho español: resarcimiento del daño moral derivado del incumplimiento de los deberes conyugales», *La Ley*, 2007-II, pág. 1658, parece inevitable la intervención de los Tribunales «a medida que la familia evoluciona y que el modelo patriarcal se sustituye por otro, basado en el principio de igualdad de los cónyuges y en el de titularidad y ejercicio conjunto de la patria potestad... para asegurar la efectividad de dicho principio, así como el respeto a los derechos fundamentales e intereses legítimos de los miembros de la familia...».

[7] El reto doctrinal y jurisprudencial de los próximos años es diferenciar los casos en que cabe la reparación y cuál es la base teórica sobre la que se asienta. Por poner un ejemplo que nos sea aclaratorio, el desamor o la falta de afecto, que pueden estar en el origen de una crisis conyugal y que sin duda producen «daños» (enfado, desánimo, frustración, infelicidad, dolor, inestabilidad emocional, etc.), no deberían dar lugar a una demanda de responsabilidad civil. Es, en cualquier caso, una tarea muy compleja el ingreso de la responsabilidad civil en el delicado ámbito de las relaciones personales entre cónyuges y familiares, lo cual tampoco constituye ninguna novedad, porque el Derecho de Familia tiene la peculiaridad de ir a caballo entre lo público y lo privado, entre la moral y el Derecho, entre los sentimientos y la conversión de relaciones sociales en jurídicas. Añádase a ello que se utilicen este tipo de demandas para lograr, dentro del marco de una estrategia procesal, situaciones de ventaja en otros pleitos matrimoniales, o bien para conseguir mejores resultados en acuerdos que los cónyuges están negociando.
En lo mismo incide LÓPEZ DE LA CRUZ, L.: «El resarcimiento del daño moral ocasionado por el incumplimiento de los deberes conyugales», *InDret* 4/2010 (www.indret.com), pág. 16: «... puede deducirse que la clave del problema está en determinar qué comportamientos originan daños resarcibles y cuáles otros, aun constituyendo violaciones de deberes entre cónyuges, no deberían dar derecho a una indemnización». La autora (pág. 34) enumera como supuestos: a) lesión del principio de igualdad; b) lesión de cualquier otro derecho fundamental consagrado

DIREITO DA SAÚDE

de normas específicas, a las reglas comunes de responsabilidad en su integridad o, en cambio, hay razones que aconsejan atenuar o modificar la aplicación de estas reglas[8]. El Derecho español no contiene normas

y tutelado constitucionalmente, como pueden ser la dignidad de la persona, la libertad, el honor, la propia intimidad o la propia imagen; c) lesión del principio de solidaridad.

La doctrina italiana ha sido también clara a este respecto. La atipicidad de la cláusula general de responsabilidad, contenida en el art. 2.043 C.c., tiene como consecuencia que compete al Juez proceder a valorar, caso por caso, los intereses jurídicamente relevantes, en tanto en cuanto sólo la lesión de un interés semejante puede dar lugar a un «daño injusto». También se señala que debe excluirse toda suerte de automatismo entre violación del deber conyugal y responsabilidad civil, siendo el verdadero problema el determinar cuándo la violación de los deberes que nacen del matrimonio puede dar lugar, además de a los remedios previstos por el Derecho de Familia, a un daño injusto, que justifique el resarcimiento del daño extracontractual. *Vid.* estas observaciones en CARINGELLA, F.: «I rapporti tra coniugi e la responsabilità civile», en FACCI, G.: *I nuovi danni nella famiglia che cambia*, Wolters Kluwer Italia, 2009, pág. 6; próximo a este planteamiento, *vid.* también SPOTO, G.: «Dalla responsabilità civile alle misure coercitive indirette per adempiere gli obblighi familiari», *DFP*, 2010, núm. 2, espec. págs. 910 y 911.

En la doctrina francesa, PONS, S.: *La réception par le droit de la famille de l'article 1382 du Code Civil*, Aix-en-Provence, 2007, págs. 343 y ss., llama la atención sobre la realidad actual en la que los jueces se enfrentan, cada vez más, a demandas de reparación que dan lugar a confusión. A su juicio, hay que evitar los casos en los que el perjuicio está causado por vicisitudes de la vida, donde se asiste a un desarrollo de una ideología de la reparación en materia familiar, puesto que el perjuicio, jurídicamente, no tiene apoyo legal. Concluye que no toda reivindicación familiar se puede traducir en términos de responsabilidad civil.

[8] En Francia, al hilo de la sentencia de la *Cour de Paris* de 27 de junio de 1963 –posteriormente casada por la *Cour de Cassation* en sentencia de 9 de noviembre de 1965 –, que no permitía una acción de responsabilidad civil al margen de la demanda de divorcio o separación, RODIÈRE, R.: «Responsabilité civile», en *Jurisprudence en matière de Droit Civil, RTDC*, 1966, pág. 289, formula una pregunta que encierra una profunda reflexión: «¿Por qué las relaciones entre esposos se deben sustraer a la gran regla moral que inspira el art. 1.382 del Código civil?». En Italia, la doctrina precisa que el vínculo entre responsabilidad civil y violación de los deberes conyugales ha sido facilitado por la constatación de la escasa eficacia de los remedios, previstos en el Derecho de Familia, para reparar las consecuencias lesivas causadas por un comportamiento particularmente grave y reprobable del consorte; así, en concreto, CARINGELLA, F.: «I rapporti tra coniugi e la responsabilità civile», en FACCI, G.: *I nuovi danni nella famiglia che cambia*, Wolters Kluwer Italia, 2009, pág. 13. Esta misma idea está presente en la jurisprudencia y así en la sentencia del Tribunal de Casación de 10 de mayo de 2005 (*Giur.it.*, Aprile 2006, págs. 691 y ss.) se lee: «Es, de hecho, fácil observar que la separación y el divorcio constituyen instrumentos previstos por el ordenamiento para poner remedio a situaciones de imposibilidad de continuación de la convivencia o de disolución definitiva del vínculo; que la circunstancia de que el comportamiento de un cónyuge constituya causa de separación o del divorcio no excluye que pueda reunir los requisitos de un ilícito civil...»; *vid.*

particulares en materia de responsabilidad por daños entre familiares, y tampoco hay normas que excluyan expresamente el resarcimiento de este tipo de daños. Llegamos, pues, a la conclusión de que, no siendo completo y cerrado el ordenamiento jurídico familiar[9], nada impide la aplicación de las reglas generales de la responsabilidad civil. La especialidad de ciertas consecuencias jurídicas (estrictamente familiares y de orden sucesorio) no debe ser obstáculo para indemnizar los daños causados[10]. Hoy no parece que pueda sostenerse la necesidad de norma expresa[11]; otra cosa es que, sobre la base de las características propias de la familia y del ordenamiento que la regula, se plantee delimitar y concretar, en una compleja tarea, los casos en los cuales ciertas conductas

---

también en la misma revista los comentarios a esta sentencia de FRACCON, A.: «Nuovi approdi della responsabilità civile. Anche la Cassazione oltrepassa la soglia dei rapporti tra coniugi», págs. 694 y ss.; y CARBONE, E.: «Réquiem per un'immunità: violazione dei doveri coniugali e responsabilità civile», págs. 700 y ss. Ambos inciden en la compatibilidad del Derecho de Familia y la responsabilidad civil.

[9] No es válido el argumento de la aplicación exclusiva y excluyente de las normas de Derecho de Familia para la resolución de los daños entre los miembros de la misma. Los supuestos en los que el Código proporciona un remedio específico no evitan la aplicación de las normas generales. Lo dice con claridad RODRÍGUEZ GUITIÁN, A.M.: *Responsabilidad civil en el Derecho de Familia: especial referencia al ámbito de las relaciones paterno-filiales*, Pamplona, 2009, pág. 123: «Con la negativa a resarcir un daño mediante los argumentos antes esgrimidos lo único que se consigue es que una persona que sufre un daño, y en nuestro caso un daño por lesión de uno de sus derechos fundamentales, no disponga de la protección suficiente y que el dañante –por mucho que sea familiar del dañado– quede inmune».

[10] Como dice VARGAS ARAVENA, D.: *Daños civiles en el matrimonio*, Madrid, 2009, pág. 29, desde el punto de vista de la reglamentación sustantiva, el hecho de que el daño se produzca entre sujetos pertenecientes a una familia no es obstáculo para la común aplicación de la normativa de responsabilidad civil.

[11] De opinión distinta son MARTÍN CASALS, M. / RIBOT IGUALADA, J.: «Damages in Family matters in Spain: exploring uncharted new land or backsliding», en *The International Survey of Family Law*, Bristol, 2010, pág. 351. A su juicio, es más razonable entender que el silencio de la ley se debe a una decisión de política legislativa, coherente con los principios sobre los que descansa el actual Derecho de Familia y el recurso al Derecho de daños sería contradictorio con esta decisión. Opción que, además, consideran acorde con los principios del *Common Frame of Reference. Vid.* también, de manera más desarrollada y amplia, MARTÍN-CASALS, M. / RIBOT IGUALADA, J.: «Daños en Derecho de familia: un paso adelante, dos atrás», ADC, 2011, espec. págs. 527 y ss. Se expresa, finalmente, la misma tesis en MARTÍN-CASALS, M.: «La "modernización" del Derecho de la responsabilidad extracontractual», en *Cuestiones actuales en materia de Responsabilidad Civil*, XV Jornadas de la Asociación de Profesores de Derecho Civil, Servicio de Publicaciones de la Universidad de Murcia, 2011, págs. 35 y ss.

DIREITO DA SAÚDE

causan daños y originan indemnización conforme a las reglas comunes de la responsabilidad civil.

La responsabilidad civil ha conocido históricamente el *boom* de la responsabilidad médica y en estos momentos asistimos al de la responsabilidad de los profesionales de la justicia, muy especialmente abogados y jueces. Que el ámbito familiar sea campo abonado para un aumento cuantitativo de la litigiosidad –la proliferación de demandas, tantas veces invocada–, está todavía por ver.

II. EL SUPUESTO CONCRETO DE OCULTACIÓN DE PATERNIDAD.

1. Los orígenes: las SSTS de 22 de julio y 30 de julio de 1999.

En España, la posible aplicación del remedio de la responsabilidad civil se sitúa en primer plano de la actualidad jurídica en 1999, año en que el Tribunal Supremo dicta en el mes de julio dos famosas sentencias[12], cuya problemática viene a ser sustancialmente la misma: el marido, tras la ruptura del matrimonio y una vez que ha prosperado la impugnación de la filiación, interpone contra la ex esposa acción de reclamación de los daños patrimoniales y morales ocasionados al descubrir que los hijos que creía suyos son, en realidad, fruto de una infidelidad de la esposa durante la convivencia matrimonial.

Siendo los hechos semejantes, interesa, sin embargo, destacar que difiere el razonamiento empleado para negar la indemnización, como vamos a comprobar seguidamente. También la base jurídica de la demanda en el Código civil es distinta, pues en un caso se pretende aplicar el art. 1.902 (responsabilidad extracontractual) y en otro el 1.101 (responsabilidad contractual).

---

[12] Sobre el significado de estas dos sentencias en la expansión de la responsabilidad civil a los daños familiares, *vid.* ROCA TRÍAS, E.: «La responsabilidad civil en el Derecho de familia. Venturas y desventuras de cónyuges, padres e hijos en el mundo de la responsabilidad civil», en *Perfiles de la Responsabilidad Civil en el Nuevo Milenio*, coord. MORENO MARTÍNEZ, J.A., Madrid, 2000, págs. 559 y ss; DOMÍNGUEZ LUELMO, A.: «La supresión de las causas de separación y divorcio en la Ley 15/2005 y sus repercusiones en el Derecho civil», *Revista Jurídica de Castilla y León,* 2007, núm. 13, pág. 70; ROMERO COLOMA, A.M.: *Reclamaciones entre familiares en el marco de la responsabilidad civil,* Barcelona, 2009, págs. 195 y 196.

La primera de estas dos sentencias es la STS de 22 de julio de 1999[13]. Don Gustavo interpone demanda de juicio declarativo de menor cuantía contra Doña María Concepción, sobre reclamación de cantidad, en concreto 15.000.000 pesetas, más el interés bancario diferencial del 3% durante quince años, que asciende a 9.000.000 pesetas, lo que hace un total de 24.000.000 pesetas por alimentos abonados por el actor a la demandada a favor de Don Jorge Ignacio que resultó no ser hijo suyo. Reclama también el actor otra cantidad, 25.000.000 pesetas, por daño moral, por la actitud y comportamiento doloso de la demandada al ocultar la verdadera paternidad. El Juzgado de Primera Instancia desestima la pretensión de devolución de cantidades actualizadas de alimentos e intereses de la misma, y deja sin juzgar, al apreciar litisconsorcio pasivo necesario, la cuestión relativa a los daños morales. La Audiencia Provincial de Madrid revoca, entra a juzgar y desestima la demanda de Don Gustavo. Concretamente, en lo que se refiere al comportamiento doloso de Doña María Concepción, la Audiencia no lo considera acreditado al no estimar que con anterioridad a las pruebas de paternidad de 1990 (muchos años después de la ruptura matrimonial), aquélla tuviera conocimiento de que el padre de Don Jorge Ignacio no era el actor, argumento que hace suyo posteriormente el Tribunal Supremo. En efecto, no apreciando dolo en la conducta de la demandada, el Tribunal Supremo opta por negar la indemnización: «Ciertamente, los supuestos que comportan la aplicación del artículo 1902 del Texto Legal sustantivo, vienen a originar, como consecuencia de esa aplicación, una reparación por el daño causado, que puede hacerse extensiva al doble ámbito patrimonial y moral, pero ello no resulta aplicable al caso de autos, en el que, como ha quedado razonado, no era posible hacer aplicación del meritado precepto, debido a no haberse apreciado una conducta dolosa en el comportamiento atribuido a la señora C. y de aquí, que el perecimiento del primer motivo del recurso lleve implícito el correspondiente al segundo analizado».

Podemos, por tanto, concluir que la indemnización al ex marido no se concede por no ser dolosa la conducta de Doña María Concepción, que no conoce la verdadera paternidad del hijo hasta que éste no interpone una demanda de impugnación de filiación.

---

[13] *RAJ* 1999/5721.

DIREITO DA SAÚDE

Vistas ahora las cosas, con la perspectiva del tiempo transcurrido, se tiene la impresión de que tanto el Tribunal Supremo, como anteriormente la Audiencia –y también el Juez de Primera Instancia– eran contrarios a abrir la puerta a este tipo de reclamaciones. Pesa más la concepción tradicional que mantiene alejada la responsabilidad civil de estos ámbitos, y el enfoque jurídico del demandante –que califica como dolosa la conducta de la demandada– facilita extraordinariamente las cosas. Surgen, además, dudas importantes, que no se aclaran en ningún lugar del fallo: ¿por qué se limita la responsabilidad al dolo?, y al hilo de esta cuestión, ¿acaso no fue negligente la conducta de la ex esposa?[14], y si fue negligente, ¿en base a qué razones se excluye la aplicación del art. 1.902 C.c.?[15]

La segunda de las sentencias de 1999 es la STS de 30 de julio[16]. Curiosamente aquí, y a pesar de que el demandante hace también

[14] Como dice ROMERO COLOMA, A.M.: «Indemnizaciones entre cónyuges y su problemática jurídica», *RCDI*, 2009, pág. 2446, la esposa «desde el punto de vista estrictamente biológico, tendría, al menos, sus dudas, sus vacilaciones respecto a dicha paternidad, ya que había mantenido contacto carnal con otro hombre que no era su marido, y todo ello constante matrimonio, por lo que el hijo, forzosamente, tenía que ser del marido o del hombre con el que, al margen del matrimonio, tenía una relación sentimental. Estas dudas, estas vacilaciones, que hubieran sido propias de cualquier mujer en semejante situación, no fueron comunicadas en ningún momento a su marido, al objeto de que éste hubiera tomado las medidas oportunas y convenientes a efectos de averiguar si, efectivamente, el hijo era, o no, suyo. Hoy en día, con las pruebas biológicas de paternidad, la situación ha avanzado bastante y ya se puede conocer la paternidad».

[15] Se muestra crítica con el fallo ROCA TRÍAS, E.: *op.cit.*, pág. 561, «el argumento que sirve para construir el recurso de casación es la mala fe de la esposa, que no queda demostrada, rechazándose por ello la aplicación del art. 1902 C.c. Pero debe recordarse que el mencionado artículo no exige el dolo para la imposición de la obligación de indemnizar. Basta leer la muy abundante jurisprudencia sobre la culpa como título de imputación para comprobar que ni tan sólo ésta se considera un elemento esencial para imponer al causante del daño dicha obligación. El argumento del Tribunal Supremo excluyendo el resarcimiento por no concurrencia del dolo es ciertamente débil, a no ser que hubiera considerado que teniendo en cuenta el supuesto por el que se reclamaba la indemnización quedaba inserto en las relaciones familiares a las que no se aplica sin más el art. 1902 C.c.; si entonces hubiera requerido un plus, como el dolo, el argumento hubiera sido igualmente discutible, aunque tendría un mayor peso».

[16] *RAJ* 1999/5726.
El recurso de amparo contra esta sentencia fue inadmitido por Auto de 4 de junio del Tribunal Constitucional (*RTC* 2001\140).

una apelación al dolo de la ex esposa, la argumentación del Tribunal Supremo discurre por otra vía[17]: la única consecuencia de la infidelidad es la separación (es decir, los remedios propios del Derecho de Familia)[18] y la admisión de tal demanda conduciría a estimar que cualquier causa de alteración de la convivencia matrimonial obligaría a indemnizar (es decir, la temida proliferación de litigios). Si la STS de 22 de julio argumentaba la negativa con base en la inexistencia de conducta dolosa, la STS de 30 de julio acude a otras razones, como son la aplicación exclusiva y excluyente de las normas de Derecho de Familia, la multiplicación de demandas triviales y la alteración de la paz familiar, y ello aunque la conducta de la demandada bien pudiera calificarse como dolosa, al ser ella misma la que impugnó la paternidad, lo que demuestra el conocimiento y posterior ocultación de este hecho al marido. La impresión a la que antes hacíamos referencia, de una postura de nuestros Tribunales reacia a permitir el juego de la responsabilidad civil en este ámbito, se confirma punto por punto con esta segunda sentencia del Supremo. En Italia, BONA[19] ha descrito gráficamente las declaraciones de este tipo, diciendo que el Tribunal levanta un bello cartel del tipo «keep off the grass».

Los hechos eran los siguientes: Don Alberto promueve juicio declarativo de menor cuantía contra doña María de los Ángeles, sobre reclamación de 22.200.000 pesetas en concepto de daños morales y patrimoniales, nulidad del convenio regulador y nueva liquidación de la sociedad conyugal. La propia esposa demandó la impugnación de la paternidad, tras la separación, recayendo sentencia que declaró que Don Vicente era el padre de los dos hijos que habían figurado hasta entonces como hijos matrimoniales de Don Alberto. El Juez de Primera Instancia estima parcialmente la demanda y condena a Doña María Ángeles al pago de 10.000.000 pesetas en concepto de daños morales. La Audiencia Provincial de Madrid, en cambio, revoca y desestima íntegramente la demanda.

---

[17] Posición a la que se adhiere DÍEZ-PICAZO, L.: *El escándalo del daño moral*, Madrid, 2008, pág. 46.

[18] El Tribunal Supremo separa de manera clara determinados incumplimientos de los deberes conyugales, a los que considera como causas de separación, de la indemnización.

[19] BONA, M.: «Famigilia e responsabilità civile: la tutela risarcitoria nelle relazioni parentali», en CASSANO, G.: *Manuale del nuovo Diritto de Famiglia*, Piacenza, 2003, pág. 400.

DIREITO DA SAÚDE

El recurrente denuncia, como infringidos, los arts. 67 y 68 C.c., en relación con el art. 1.101 C.c. A diferencia del caso anterior, el de la STS de 22 de julio de 1999, aquí se pretende la aplicación del art. 1.101 C.c., considerando que se ha incumplido una obligación contractual, de forma dolosa además[20]. Frente a esta pretensión del recurrente, el Tribunal Supremo niega la indemnización con el siguiente argumento: «Indudablemente, el quebrantamiento de los deberes conyugales especificados en los artículos 67 y 68 del Código Civil, son merecedores de un inne-

[20] La argumentación del recurrente en casación fue la siguiente: «La Sala considera que si el legislador hubiere querido sancionar jurídicamente la infracción del deber de fidelidad conyugal, no sólo con la separación y el divorcio sino también con un específico resarcimiento del daño moral irrogado por la infidelidad, hubiese de alguna forma recogido tal posibilidad entre los efectos propios del divorcio o de la separación, para añadir que no sólo no lo ha hecho así sino que ha procurado en lo posible "descausalizar" tanto la separación como el divorcio–, –La infidelidad no se regula tan sólo como causa de separación en el artículo 82.1 del Código Civil, sino que también se regula en el artículo 68, estableciéndose que los cónyuges están obligados a vivir juntos, guardarse fidelidad y socorrerse mutuamente. Es decir, el legislador ha elevado a la categoría de derecho positivo, el criterio moral y social de la fidelidad y al que se refiere la Sentencia en el sentido de que la conducta de la demanda-apelante (sic) merece el reproche ético y social, y es además la infracción del deber establecido en nuestro Código Civil en su artículo 68–, –Doña Angeles ha incumplido sus deberes como cónyuge a que le obliga el artículo 68, siendo infiel su esposo. Y ésa es una obligación contractual, que tiene su origen en el contrato de matrimonio y que ella viene obligada a cumplir. Si no lo cumple, con independencia de otras consecuencias, está incursa en causa de separación porque así además lo ha querido el legislador en su artículo 82.1. Si sólo hubiera querido que la infidelidad fuera causa de separación, no lo habría incluido en el artículo 68, sino tan sólo en el artículo 82–, –El hecho de que el adulterio y amancebamiento hayan sido desprovistos de su tipificación penal no implica que la conducta tipificada en ellos, no produzca ya daños morales–, –El recurrente, no sólo ha vivido en engaño permanente, sino que el resultado final del propio engaño ha sido la pérdida de los hijos, ya que los que consideraba como tales no lo eran, así como un sufrimiento psíquico o espiritual de ver venirse abajo todos sus proyectos de futuro. La propia parte contraria lo sabe, pero no sólo le pareció poco el daño causado, sino que le dio publicidad en el diario "El País", circunstancia esta que incrementa el daño causado– , –El recurrente, ha estado contribuyendo a las cargas del matrimonio que impone el artículo 110 del Código Civil al padre, y el 39.3 de la Constitución, cuando realmente no lo era, cuando era un tercero el padre y gracias al engaño de la esposa, el verdadero padre se ha visto eximido del deber de alimentar a sus hijos, habiéndolo hecho mi representado porque creía que los hijos eran suyos. Es decir, ha habido dolo en la conducta de la esposa, y –Todos estos conceptos se reclaman como consecuencia de que ha habido un incumplimiento contractual, con dolo y mala fe por parte de la esposa, de sus obligaciones matrimoniales, y este incumplimiento tiene sus consecuencias legales, con independencia de que una de ellas sea la de estar incurso en causa de separación».

gable reproche ético-social, reproche que, tal vez, se acentúe más en aquellos supuestos que afecten al deber de mutua fidelidad, en los que, asimismo, es indudable que la única consecuencia jurídica que contempla nuestra legislación sustantiva es la de estimar su ruptura como una de las causas de separación matrimonial en su artículo 82 pero sin asignarle, en contra del infractor, efectos económicos, los que, de ningún modo es posible comprenderlos dentro del caso de pensión compensatoria que se regula en el artículo 97 e, igualmente, no cabe comprender su exigibilidad dentro del precepto genérico del artículo 1101, por más que se estimen como contractuales tales deberes en razón a la propia naturaleza del matrimonio, pues lo contrario llevaría a estimar que cualquier causa de alteración de la convivencia matrimonial, obligaría a indemnizar». Tras lo cual, se concluye que «el daño moral generado en uno de los cónyuges por la infidelidad del otro, no es susceptible de reparación económica alguna, lo cual, origina la imposibilidad de atribuir al Tribunal "a quo" haber infringido, en el aspecto estudiado, los artículos 67 y 68 del Código Civil, en relación en el 1101 del mismo...»[21].

---

[21] Los argumentos se repiten, años más tarde, en la SAP Segovia de 30 de septiembre de 2003 (*JUR* 2003/244422): «... a pesar de la proliferación de supuestos en que se considera indemnizable el daño moral por la jurisprudencia actual ... entre tales supuestos no se encuentran los daños causados por infidelidades, abandonos o ausencia de lealtad en las relaciones personales, amistosas o amorosas, pues tales supuestos entran en el terreno de lo extrajurídico, no debiendo proliferar categorías de daños morales indemnizables que encarnen intereses que no sean jurídicamente protegibles, y en los que el derecho no debe jugar papel alguno ni debe entrar a tomar partido. Si bien es cierto que los deberes de ayuda y socorro mutuos entre ambos cónyuges están proclamados en los arts. 67 y 68 y son comprensivos no sólo de lo que materialmente pueda entenderse como alimentación, sino de otros cuidados de orden ético y afectivo, se trata de deberes incoercibles que no llevan aparejada sanción económica alguna –con excepción del deber de alimentos, que este caso no fue incumplido–, sino, como decimos, son contemplados exclusivamente como causa de separación, divorcio y desheredación». En fechas más recientes, en la misma línea de pensamiento, *vid.* SAP León de 10 de noviembre de 2010 (*AC* 2010/2120) que, con referencia al particular caso enjuiciado, indica que «ni tan siquiera cabe apreciar la concurrencia de los requisitos necesarios para fundar responsabilidad en el demandado al presentarse los padecimientos psicológicos de la actora como los ordinarios que siguen a cualquier ruptura de pareja, siendo evidente la multiplicidad de factores que suelen concurrir en cualquier crisis matrimonial, de muy difícil aprehensión, por su heterogeneidad y larga prolongación en el tiempo, y que, además, en el presente caso, se ven incrementados por el deterioro físico de la actora que tiene su origen en las secuelas derivadas de los accidentes que sufrió en su

DIREITO DA SAÚDE

Veremos en el siguiente apartado que un apreciable número de sentencias de Audiencias han seguido la pauta marcada por la STS de 22 de julio de 1999, y ello aun cuando, en puridad, no exista doctrina jurisprudencial en el sentido del art. 1.6 C.c. Falta, a nuestro juicio, la reiteración que exige el precepto, pues la STS de 30 de julio de 1999 razona de un modo distinto[22], y no altera esta conclusión el que los hechos de una y otra sentencia tengan fuertes similitudes y se coincida en el resultado final, en ambos casos desfavorable a la concesión de la indemnización.

En fechas más recientes, se han vuelto a plantear ante el Tribunal Supremo dos casos similares a los anteriores, pero en ninguno de ellos se ha resuelto sobre el fondo del asunto, al considerarse prescrita la acción ejercitada por el demandante. Algunas afirmaciones (que destacamos en nota a pie de página) pueden interpretarse en una dirección favorecedora de la indemnización del daño en estos casos, pero su valor no deja de ser relativo habida cuenta de que no constituyen la *ratio decidendi* del fallo. No hay mención alguna al criterio de imputación, lo cual es perfectamente lógico, dado los términos en que se produce el debate.

La STS de 14 de julio de 2010[23] trata de un caso de infidelidad y falsa atribución de la paternidad, pero se limita a declarar –como también

adolescencia, por lo que resulta a todas luces excesivo pretender atribuirlos causalmente a una concreta conducta del demandado».

[22] Es significativa, a este respecto, la forma en que la SAP León de 2 de enero de 2007 (*JUR* 2007/59972) trae a colación las dos sentencias del Tribunal Supremo dictadas en 1999. Tras citar la de 30 de julio, en la que se dice que el daño moral generado por la infidelidad conyugal no es susceptible de reparación económica, más adelante hace referencia a la de 22 de julio con unas palabras que permiten establecer las diferencias de criterio: «Ahora bien, el mismo Tribunal Supremo, en Sentencia 22.07.1999, ante una reclamación de alimentos abonada por el actor a la demandada a favor de uno que resultó no ser hijo suyo, más otra cantidad por daño moral, por la ocultación por la demandada de la verdadera paternidad de aquél, pese a mantener la desestimación de aquélla, da a entender que hubiera accedido a ambas reclamaciones de haber sido susceptible de ser calificada de dolosa la actuación y conducta de la demandada en torno a la ocultación al actor de la identidad del padre del menor nacido dentro del matrimonio...».

Más clara es la SAP Cádiz de 3 de abril de 2008 (*JUR* 2008/234675), cuando, tras citar los dos fallos del Supremo de 1999, indica, al hilo de la de 22 de julio, que «nuestra posición será contraria a la del alto Tribunal, que por lo demás es discutible que haya sentado jurisprudencia al tratarse de resoluciones con fundamento al menos parcialmente diverso».

[23] *JUR* 2010/326836. Interesa, en particular, la siguiente afirmación: «Aunque la sentencia de 30 de junio de 2009 haya reconocido la posibilidad de daños por culpa extracontractual en el ámbito de las relaciones subsiguientes a una crisis matrimonial, considerando incluso que

244

hicieron el Juzgado y la Audiencia– prescrita la acción de responsabilidad interpuesta por el demandante, con lo cual no sabemos cuál hubiese sido la decisión sobre el fondo del asunto.

Un par de años después, la STS de 18 de junio de 2012[24] confirma la sentencia de Audiencia, que declaró prescrita la acción de responsabi-

en el caso entonces examinado el daño sólo se consolidó definitivamente varios años después de iniciarse la conducta de la demandada privando al demandante de su derecho a comunicar con el hijo menor de ambos y ejercer sobre él la guarda y custodia que se le había atribuido judicialmente, pues hasta que el hijo no alcanzó la mayoría de edad, extinguiéndose la patria potestad, su padre no supo que definitivamente se le había privado de tales derechos, sin embargo en el presente caso no se ha probado una persistencia de la conducta antijurídica de la demandada, como la de aquel otro caso en que se había trasladado con el hijo común menor a Estados Unidos no permitiendo la relación con el padre, sino una conducta cuya hipotética ilicitud habría cesado en cualquier caso con la separación conyugal, por más que algunos de los daños causados con tal conducta no se descubrieran hasta pasado un tiempo, cual sucedió con el constituido por lo que el actor-recurrente considera "pérdida de una hija"».
La sentencia ha sido comentada por Álvarez Olalla, P.: «Prescripción de la acción ejercitada por el marido contra su ex mujer por daños sufridos al determinarse judicialmente la filiación extramatrimonial de una hija, previamente inscrita como matrimonial. Comentario a la Sentencia del Tribunal Supremo de 14 de julio de 2010 (RJ 2010/5152)», *Revista Aranzadi Civil Doctrinal*, núm. 9-2011, págs. 25 y ss., señalando esta autora (pág. 32) que «es una lástima que ... el Tribunal Supremo, al apreciar prescripción de la acción, no haya entrado en el fondo del asunto pronunciándose al respecto de estos interrogantes que generan gran inseguridad jurídica como consecuencia de la disparidad de pronunciamientos jurisprudenciales». Otros comentarios al fallo pueden verse en Paniza Fullana, A.: «Filiación impugnada: prescripción y daños continuados [A propósito de la Sentencia del Tribunal Supremo de 14 de julio de 2010 (RJ 2010, 5152)]», *Revista Aranzadi Civil Doctrinal*, núm. 9-2011, págs. 45 y ss.; Rodríguez Guitián, A.M.: «La responsabilidad civil en las relaciones familiares», en *Tratado de Derecho de la familia*, vol. VI, dirs. Yzquierdo Tolsada, M. / Cuena Casas, M., Pamplona, 2011, págs. 676 y ss.; y Vivas Tesón, I.: «La responsabilidad aquiliana por daños endofamiliares. Comentario a la STS de 14 de julio de 2010 (RJ 2010, 5152)», *RdP*, 2011, núm. 26, págs. 335 y ss.
[24] JUR 2012/213465. Conviene detenerse en el siguiente razonamiento: «En resumen, lo que pretende el motivo es alterar de forma significativa los hechos de la sentencia para fijar a la conveniencia de quien recurre el día a partir del cual se determina el cómputo del año de prescripción previsto en la norma que se dice infringida. Pretende fijar como "dies a quo" para la reclamación del daño moral la fecha de la sentencia que resuelve la impugnación de paternidad, por considerar que a partir de ese momento se produjo la pérdida de las hijas, no responde a la realidad, conforme a los hechos probados. En el momento en que se dicta la sentencia su estado emocional no sufrió ninguna alteración o quebranto que fuera reseñado en el informe psicológico. El daño moral que se reclama no trae causa de la pérdida legal de las hijas conocida mediante la sentencia de 18 de julio de 2008, que resolvió el procedimiento de paternidad, sino del engaño sobre la forma de concebir a sus hijas y el hecho de que tras

DIREITO DA SAÚDE

lidad extracontractual, por la que se reclamaban daños físicos y morales causados por la pérdida de dos hijas criadas como tales y concebidas por los demandados ocultándole al actor la realidad de tal concepción y paternidad.

2. La consolidación del criterio que limita la responsabilidad al caso de dolo: SAP Valencia de 2 de noviembre de 2004 y otras posteriores.

Aunque quizás no fuera su intención, lo cierto es que la STS de 22 de julio de 1999 contiene en su razonamiento las claves que permiten abrir la puerta a la responsabilidad civil en casos de procreación de un hijo extramatrimonial con ocultamiento al cónyuge[25]. Como ya se ha visto, el Tribunal Supremo niega la indemnización basándose en la ausencia de dolo de la demandada, lo cual significa, con un sencillo argumento *a contrario*, admitir la imputación del daño si ha existido ocultación dolosa de paternidad[26]. Debe advertirse, sin embargo, que los casos a examinar encierran cuestiones diversas (la infidelidad, la falsa atribución de la paternidad, los alimentos), que no se distinguen y se separan adecuadamente en cuanto a sus consecuencias jurídicas, lo cual dificulta su compresión[27].

La SAP de Valencia de 2 de noviembre de 2004[28], sentencia que verdaderamente marca el inicio de la colonización del territorio por la responsabilidad civil[29], procede a condenar a la ex esposa –y también al

el divorcio, por decisión de la madre, se fueran a vivir con el padre biológico, situación que le sumió "en una depresión", por decisión de la madre, de la que fue atendido por el psicólogo clínico d.Isidoro, momento a partir del cual se concretó el daño moral padecido y reclamado».

[25] *Vid.*, en concreto, MARÍN GARCÍA DE LEONARDO, T.: «Remedios indemnizatorios en el ámbito de las relaciones conyugales», en *Daños en el Derecho de Familia*, coord. DE VERDA Y BEAMONTE, J.R., Pamplona, 2006, pág. 175.

[26] Lo explica con bastante claridad la SAP Cádiz de 3 de abril de 2008 (*JUR* 2008/234675): «... la única vía para inferir la responsabilidad ahora reclamada vendría de la mano de la aplicación del art. 1902 del Código Civil, siempre que, de acuerdo con la sentencia del Tribunal Supremo de 22/julio/99, interpretada a contrario, se aprecie dolo en la conducta de la demandada que no existiría de no haber habido conocimiento ni ocultación de la no paternidad del esposo».

[27] Así, en concreto, LÓPEZ DE LA CRUZ, L.: *op.cit.*, pág. 26.

[28] *AC* 2004/1994.

Los recursos extraordinario por infracción procesal y de casación, interpuestos por las partes, no fueron admitidos por Auto del TS de 10 de junio de 2008 (*JUR* 2008/222445).

[29] En la doctrina, LLAMAS POMBO, E.: «Responsabilidad, infidelidad y paternidad», *Práctica, Derecho de Daños,* 2005, núm.25, págs. 3 y ss., advierte que la sentencia supone abrir la caja de

verdadero padre– al apreciar dolo en la ocultación de la paternidad, fijando en 100.000 € la indemnización por daño moral. La demanda tenía su fundamento en el daño causado al demandante por la pérdida de tres hijos, queridos y criados como tales, y que fueron concebidos por los demandados durante los años de la convivencia matrimonial, ocultando la realidad de la concepción y paternidad al demandante. La Audiencia distingue varias facetas dentro de las relaciones existentes entre el demandante y los dos demandados: 1) La primera, la infidelidad conyugal, respecto de la cual comparte la doctrina de las sentencias del Tribunal Supremo de 22 y 30 de julio de 1999, en las que se especifica que el daño moral generado por uno de los cónyuges por la infidelidad del otro no es susceptible de reparación económica alguna, y que la única consecuencia jurídica que contempla nuestra legislación es la ruptura del vínculo conyugal[30]; 2) La segunda, la procreación de los tres hijos, respecto de la cual comparte el criterio del juzgador de instancia acerca de la negligencia de los demandados en sus relaciones íntimas, no estimando que actuaran de forma dolosa o intencional, para generar un daño al demandante, al engendrar los tres hijos; 3) La tercera, la conducta dolosa de los demandados en la ocultación de la paternidad, señalándose que «hemos de partir de la sentencia del Tribunal Supremo citada de 22 de julio de 1999 interpretada a sensu contrario, pues alude a que "no resulta aplicable al caso de autos, en el que, como ha quedado razonado, no era posible hacer aplicación del meritado precepto, debido a no haberse apreciado una conducta dolosa en el comportamiento atribuido a Doña María Concepción", lo que nos permite concluir que si sería aplicable el artículo 1902 del Código Civil, y procedería reparar el daño causado si se acreditara una actuación dolosa». Es, pues, evidente que la Audiencia Provincial de Valencia se basa en la STS de 22 de julio

Pandora de la responsabilidad civil y el mundo de los daños y su reparación al campo de las relaciones familiares, ya sean éstas conyugales, exconyugales, paternofiliales o de cualquier otra índole; y DE VERDA Y BEAMONTE, J.R.: *op.cit.*, pág. 1668, atribuye gran importancia a la sentencia, en cuanto pionera en nuestra jurisprudencia en el tema de responsabilidad civil por incumplimiento de los deberes conyugales.
Acertadamente la califica la SAP Cádiz de 3 de abril de 2008 (*JUR* 2008/234675) como «la resolución que de algún modo abrió la brecha en la doctrina del Tribunal Supremo antes referida».
[30] En realidad, este argumento sólo aparece en la STS de 30 de julio de 1999.

DIREITO DA SAÚDE

de 1999 para aplicar el art. 1.902 C.c. y reparar el daño[31]. Pero se da un paso más con respecto a la sentencia del Supremo, ya que se intenta justificar con argumentos el acogimiento del criterio de atribución basado en el dolo, al decir que «hemos de tomar en consideración, la aparición progresiva en la doctrina y la jurisprudencia de excepciones a la regla general de inmunidad en el ámbito de las relaciones familiares y conyugales (estudiado por doña E.R.), y que entre tales excepciones, pueden destacarse la exclusión de los daños dolosos. En esta corriente, podemos hacer referencia al Tribunal Supremo Alemán que ha reconocido excepcionalmente el derecho a ser indemnizado, por causación dolosa contra bonos mores, si el adulterio va acompañado de una intención cualificada de causar daño, como en el caso en que se haya engañado al marido sobre su paternidad, como cita Josep Ferrer Riba, en su estudio sobre Relaciones Familiares y Límites del Derecho de Daños, estimando que se trataría de un hecho generador de responsabilidad extracontractual y que obligaría a reparar el daño causado».

Para la Audiencia, «los demandados actuaron de forma negligente en la concepción de los hijos y dolosa en su ocultación al actor», y fue el posterior conocimiento de la verdad «el desencadenante de un daño al actor que debe ser resarcido», encuadrando la situación vivida por él en el concepto de daño moral[32].

---

[31] Como dice FARNÓS AMORÓS, E.: «El precio de ocultar la paternidad», *InDret* 2/2005 (www.indret.com), pág. 8, «lo realmente determinante para que la Audiencia otorgue una indemnización es el dolo de los demandados a la hora de ocultar, de forma continuada, la verdadera filiación de los tres menores».

[32] El argumento ha sido criticado por CARRASCO PERERA, A.: *Derecho de familia...*, *cit.*, pág. 526 y 527: «Pero la causa del daño indemnizable se considera ser no la propia infidelidad de la mujer, sino (a) la *negligencia* (sic) de ser infiel (esposa, ¡pero también el amante!) sin poner los medios para prevenir el embarazo, (b) el *dolo* (sic) de haber ocultado al marido la verdadera paternidad, que era conocida de los demandados. La cosa acaba siendo tan alambicada – como consecuencia de no querer llamar a las cosas por su nombre – que finalmente se afirma que el daño moral que sufre el marido es la pérdida de tres hijos que consideraba como suyos. Resulta entonces, y la propia sentencia lo reconoce en algún lugar, que la fuente del daño no es la conducta infiel, sino el descubrimiento de la verdad, "que ha sido el desencadenante del daño". En cuyo caso lo que se les reprocha no es el adulterio, sino la falta de discreción por no saber guardar las formas. O se acaba exigiendo un tipo de dolo perverso, y se pretende distinguir éste de un simple dolo más compasivo: como establecer la diferencia entre ser adúltero *para causar daño* al otro cónyuge, y ser simplemente adúltero, contemplando en silencio cómo se dan las circunstancias precisas para que al otro le resulte un daño; que

La misma problemática se plantea en la SAP de León de 2 de enero de 2007[33] y, de nuevo, es claro el apoyo en la STS de 22 de julio de 1999 para condenar a la ex esposa y al verdadero padre de la menor al pago de 30.000 € en concepto de daño moral, ya que ambos fueron demandados en el procedimiento. En concreto, tras marcar diferencias con respecto a posiciones jurisprudenciales y doctrinales contrarias a la reparación de este tipo de daños[34], se dice: «Ahora bien, el mismo Tribunal Supremo, en Sentencia 22.07.1999, y ante una reclamación de alimentos abonada por el actor a la demandada a favor de uno que resultó no ser hijo suyo, más otra cantidad por daño moral, por la ocultación por la demandada

---

parece ser la distinción que actualmente acepta como decisiva el Tribunal Federal alemán en su jurisprudencia reciente». *Vid.* también, sobre el mismo tema, CARRASCO PERERA, A.: «El precio de la infidelidad», *Westlaw, BIB* 2005/806, pág. 1.

[33] *JUR* 2007/59972.

[34] «Entrando ya en el estudio de las dos reclamaciones efectuadas en esta segunda instancia y principiando por la del daño moral sufrido por la pérdida por el actor recurrente del vínculo biológico que en la apariencia le unía a la que había tenido por su hija, en una primera aproximación al tema, el daño moral generado por la infidelidad conyugal no es susceptible de reparación económica, pues, como razona el Tribunal Supremo en su Sentencia 30-07-1999, "Indudablemente, el quebrantamiento de los deberes conyugales especificados en los artículos 67 y 68 del Código Civil, son merecedores de un innegable reproche ético-social, reproche que, tal vez, se acentúe más en aquellos supuestos que afecten al deber de mutua fidelidad, en los que, asimismo, es indudable que la única consecuencia jurídica que contempla nuestra legislación substantiva es la de estimar su ruptura como una de las causas de separación matrimonial en su artículo 82 pero sin asignarle, en contra del infractor, efectos económicos, los que, en ningún caso es posible comprenderles dentro del caso de pensión compensatoria que se regula en el artículo 97, e, igualmente, no cabe comprender su exigibilidad dentro del precepto genérico del artículo 1.101, por más que se estimen como contractuales tales deberes en razón a la propia naturaleza del matrimonio, pues lo contrario llevaría a estimar que cualquier causa de alteración de la convivencia matrimonial, obligaría a indemnizar.

En la misma línea se sitúa la doctrina: "Si la infracción del deber de fidelidad genera la obligación de reparar los daños causados, los costes del matrimonio (y los de las relaciones sexuales extramatrimoniales con persona casada) se encarecerían notablemente. De otro lado, la propuesta no parece viable ni de lege data ni de lege ferenda: desde el primer punto de vista, el incumplimiento del deber de fidelidad sólo da lugar a una causa de separación, y corresponderá a la sentencia de separación establecer los efectos patrimoniales de la crisis; desde el segundo, implicaría reconocer valor económico a un nuevo derecho, el derecho a ser amado en exclusiva; admitiría una indemnización por daños morales en un contrato y, finalmente, acumularía a las consecuencias patrimoniales de la separación, nulidad o divorcio, la indemnización por daños y perjuicios" (Salvador Coderch/Ruiz García)»

DIREITO DA SAÚDE

de la verdadera paternidad de aquél, pese a mantener la desestimación de aquélla, da a entender que hubiera accedido a ambas reclamaciones de haber sido susceptible de ser calificada de dolosa la actuación y conducta de la demandada en torno a la ocultación al actor de la identidad del padre del menor nacido dentro del matrimonio...». Y, posteriormente, llega la Audiencia a la conclusión de que «lo verdaderamente determinante para que surja el derecho a una indemnización es el dolo del o de los demandados a la hora de ocultar, de forma continuada, la verdadera filiación del menor». La responsabilidad *ex* art. 1.902 C.c. surge, de acuerdo con esta interpretación de la jurisprudencia, si hay dolo, lo que concurre en el caso enjuiciado, tanto en la ex esposa[35] como en el verdadero padre de la niña[36]. «Constatado el dolo –dice el Tribunal–, no es difícil imaginar un considerable daño moral en D. Pedro Francisco

---

[35] «... la conclusión a la que llega este Tribunal de apelación es justo la contraria a la que llegó la juzgadora "a quo", al menos respecto de Dña. Elisa. En efecto, preguntada en el acto del juicio por el Letrado de su marido desde cuándo tuvo conocimiento de que Amanda era hija de D. Pedro Francisco, no dudó en manifestar que desde el momento mismo en que supo que estaba embarazada y si bien es cierto que atribuyó dicho conocimiento, que hizo extensivo a su marido, al hecho de que éste le había manifestado que sufría esterilidad como consecuencia del tratamiento médico que recibió para atajar la enfermedad de Hodgkin que le fue diagnosticada en 1993, cuando tenía 31 años de edad, sobre dicha secuela del tratamiento (quimioterapia y radioterapia) no existe la más mínima prueba en los autos, negándola incluso el Sr. Pedro Francisco, que negó los términos de la conversación en su día mantenida con su esposa, pues, según dijo, de lo único que a él le informaron los médicos es que el tratamiento producía una disminución en el número de espermatozoides, pero no esterilidad. Significativo es también que escogiera como padrino de su hija Amanda a D. Oscar, con el que mantenía relaciones sexuales y francamente evidenciador de su torticera conducta que iniciara el procedimiento de impugnación-reconocimiento de filiación justo después de verse privada en el procedimiento matrimonial de la custodia de sus tres hijos y tras pretender de su marido una pensión alimenticia para los tres».

[36] «Menos evidente aparece la malicia en la ocultación en D. Oscar, pues cuando fue interrogado en el juicio manifestó que hasta que no se hizo las pruebas biológicas no estuvo convencido de que la niña fuera suya, pues Elisa vivía con su marido. Sin embargo, esta pretendida falta de seguridad con la que trata de justificar su silente conducta viene contradicha por el dato apuntado de que aceptó ser el padrino de pila de Amanda y con lo afirmado en la demanda que su representación planteó reclamando la declaración de que la niña era hija no matrimonial suya. Así, a lo largo de la misma se dice: "D. Oscar, a quien la niña de forma cariñosa llama padrino, desde que nace la niña ha tratado a la menor como a una hija suya aunque legalmente figurara inscrita a nombre del esposo de Dña. Elisa. Y así en el entorno de familiares y amigos es público y notorio que la niña es hija de D. Oscar. En el momento procesal oportuno acreditaremos testificalmente como D. Oscar se ha relacionado

y que no se puede decir que sea atribuible a la desaparición del vínculo biológico, pues éste nunca existió, y sí a la pérdida de convivencia, de la relación y de lazos afectivos en general con una hija que aquél creía suya. Y relacionados causalmente dolo y daño moral, surge la obligación reparadora establecida en el artículo 1.902 del Código Civil, regulador de la responsabilidad civil extracontractual».

La SAP Valencia de 2 de noviembre de 2004 sirve de base para otra sentencia condenatoria de la misma Audiencia, la SAP Valencia de 5 de septiembre de 2007[37]. Nuevamente se constata una conducta dolosa de la madre demandada al haber ocultado la verdadera paternidad del menor, otorgando al actor, en concepto de daños morales, 12.000 €. Aplicando el criterio de la sentencia de 2004 al caso, se entiende que «efectivamente también en él hubo negligencia en la procreación de tal hijo por la demandada y dolo al ocultar al actor y entonces esposo su no paternidad del mismo lo que conocía, según los citados testimonios y, sobre todo, al permitir con ese conocimiento y, aún de tener meras dudas y siendo que se le manifestaron por aquel, que le inscribiera como propio en el Registro, que se le fijaran alimentos en la separación durante su tramitación en primera y segunda instancia y pese a la denuncia de ello por el mismo, y que instara un proceso de impugnación de la paternidad, que sólo admitió inexistente tras las pertinentes pruebas biológicas».

La SAP León de 30 de enero de 2009[38] viene a seguir las mismas pautas de la SAP León de 2 de enero de 2007, repitiendo así el argumento de que «lo verdaderamente determinante para que surja el derecho a una indemnización es el dolo de la demandada a la hora de ocultar, de forma continuada, la verdadera filiación de la menor». La condena impuesta por el Juez de Primera Instancia es de 30.000 € en concepto de daño moral, confirmando tal pronunciamiento la Audiencia sobre la base de la conducta dolosa de la demandada[39].

---

con la menor Amanda la que ha tratado como si fuera hija suya... D. Oscar ha tratado a la niña con el afecto y cariño con el que ha tratado a cualquiera de sus otros hijos...».
[37] *JUR* 2007/340366.
Existe un comentario a esta sentencia en ROMERO COLOMA, A.M.: «Problemática jurídica de las indemnizaciones entre cónyuges (y excónyuges)», *La Ley*, 2008-4, págs. 1877 y ss.
[38] *JUR* 2009/192431.
[39] «... la actuación dolosa de la demandada ha quedado puesta de manifiesto no sólo por la ocultación de la auténtica paternidad al Sr. Raúl – con quien por aquellas fechas estaba

DIREITO DA SAÚDE

La SAP Santa Cruz de Tenerife de 16 de octubre de 2009[40] confirma la sentencia de instancia, condenatoria de la ex esposa y del padre biológico, que ocultaron la paternidad al actor. No hay una referencia

legalmente casada – sino también por las manifestaciones explícitas de aquélla y vertidas en la demanda que interpuso para la impugnación de la filiación matrimonial y reclamación de filiación paterna extramatrimonial de su hija Alba, demanda que promovió frente a D. Daniel – el padre biológico de la menor – y frente al propio D. Raúl – el ahora demandante – y en la cual se vierten alegaciones que no pueden pasar desapercibidas. Se invocan en esa demanda argumentos tales como los deseos por parte de Dª Nieves de ser madre, y que no podía ver cumplidos con su esposo, sin que ningún apoyo encontrara en éste, por lo que entabló poco a poco trato con D. Daniel, comenzando a verse con asiduidad y transformando sus encuentros en una auténtica unión extramatrimonial estable, pese a no disponer de domicilio común, siendo una y otro partícipes tanto de sus mutuas inquietudes como de sus problemas, generando entre ambos una profunda relación de amor (hecho segundo). Y continúa afirmando en el mismo hecho segundo que es precisamente el día 4 del mes siguiente (se refiere a enero de 1997) cuando Dª Nieves ve, como consecuencia de tales relaciones, colmados sus deseos maternales, al quedar encinta de D.Daniel, sabedor por lo demás de los anhelos de su pareja por ser mamá, la cual, advertido su embarazo, y con objeto de encubrir su idilio, opta por mantener esporádicos encuentros sexuales con el esposo. Otra prueba de la ocultación de la verdadera paternidad a D. Raúl es que Dª Nieves, como afirma en el hecho tercero de la referida demanda, guardó silencio sobre tal extremo, conociendo tan sólo dicha paternidad el padre biológico, su hermano Carlos, una amiga llamada Marisol, y los amigos de aquél.

Desde luego, todas estas manifestaciones, vertidas por escrito, son prueba palpable del dolo de la ahora apelante, que urdió toda la estrategia referida con la finalidad de obtener su ansiada maternidad fuera del matrimonio, ya que con su esposo lo veía inviable, y sin tener en cuenta ni los sentimientos de su esposo ni el daño irreparable que su conducta produciría con seguridad a todas las personas afectadas por su comportamiento, y no conforme con ello, mantuvo en secreto tal circunstancia, haciendo creer a su esposo que la hija era suya, lo que genero en éste el lógico sentimiento de cariño que normalmente se tiene hacia una hija que él consideraba de su sangre.

En el acto del juicio Dª Nieves, en un intento por desvirtuar los graves acontecimientos relatados en la demanda del proceso anterior, declaró que en alguna ocasión le dijo a su marido que la niña no era hija suya, si bien reconoce que tales episodios tuvieron lugar cuando la menor ya contaba un año de edad.

A modo de conclusión de lo expuesto, sirva el acertado argumento empleado en su sentencia por el Juez de instancia, cuando considera que el dolo existe en cuanto si la demandada no quería seguir manteniendo una relación sentimental con su marido y que constase formalmente su paternidad, bien pudo haber ejercitado las acciones de separación o divorcio y filiación desde el primer momento de la concepción de su hija, y no esperar tres años para hacerlo, ya que con su conducta se creó una situación de convivencia durante ese periodo de tiempo que indudablemente generó unos vínculos afectivos muy importantes».

[40] *JUR* 2010/79320.

expresa al dolo y a la STS de 22 de julio de 1999, lo cual dificulta saber si sigue la línea mayoritaria que estamos analizando en este apartado. En cualquier caso, sí parece claro que la actuación del padre biológico fue intencionada, tal y como se deduce del siguiente pasaje: «... la cuestión no puede simplificarse en la existencia o inexistencia de relación entre actor y codemandado, cuando la conducta de éste, fue la de, a sabiendas de su más que probable paternidad, mantener una total inactividad al respecto permitiendo que se le atribuyera la misma al actor, para, cuando lo estimó conveniente, destruir el vínculo creado entre padre e hijo con los evidentes perjuicios que de ello necesariamente se derivan para quien se creía padre del hijo de su mujer y al que, como tal, trataba. En relación a las circunstancias personales de la codemandada, "el temor o miedo", a la reacción de su marido, ciertamente no está acreditado como tan intenso e insuficiente que no le permitiera actuar desde un principio como lo hizo con posterioridad, ejerciendo su derecho a separarse y a que se reconociera la verdadera paternidad de su hijo».

En la SAP Murcia de 18 de noviembre de 2009[41] la discusión gira, nuevamente, en torno a la existencia de dolo en la ocultación de la paternidad, que los demandados niegan en base a la supuesta esterilidad del actor y la inexistencia de relaciones íntimas, entendiendo la Audiencia que tales alegatos no han sido probados, mientras que, por el contrario, la demandada ha reconocido en la prueba de interrogatorio que en ningún momento puso de manifiesto clara y abiertamente al demandante la paternidad del demandado, permitiendo ambos demandados que se inscribiera en el Registro Civil como hijo del demandante, y que pasara a formar parte de la familia, con todas las obligaciones a ello inherentes. Para el Tribunal, «aquel actuar consciente y, en definitiva, doloso de los demandados, ha generado en el demandado un daño moral que debe ser resarcido» y que es cuantificado en 15.000 €.

Hemos limitado la relación de sentencias a las que son condenatorias. Dejamos, por razones de espacio, fuera otra relación, ciertamente no menos larga, de sentencias absolutorias por no constar el dolo en la ocultación de la paternidad[42].

---

[41] *AC* 2010/60.

[42] Entre las más recientes, puede verse la SAP León de 23 de noviembre de 2012 (*Id Cendoj*: 24089370022012100414). Se señala, en concreto, que «no constando el dolo, conforme a la doctrina jurisprudencial y científica expuesta, no es posible indemnizar por daño moral...».

DIREITO DA SAÚDE

3. Una visión distinta: las SSAP Barcelona de 16 de enero de 2007 y Cádiz de 3 de abril de 2008.

Merece especial atención la SAP Barcelona de 16 de enero de 2007[43], que otorga 15.000 € por daño moral al marido que descubre no ser el padre de la menor a la que había considerado hija suya durante cuatro años.

La importancia de esta sentencia es la desmarcarse de la exigencia de dolo[44], cosa que no habían hecho las sentencias de las Audiencias que seguían el criterio de la STS de 22 de julio de 1999[45]. En todas ellas, como vimos, el dolo determinaba si se concedía o no la indemnización. No sigue tal razonamiento la sentencia que nos ocupa, y aun cuando no exista dolo se condena a la ex esposa a indemnizar el daño moral, calificando su conducta como culpable o negligente.

El Juez de Primera Instancia denegó la indemnización por daño moral reclamada, por entender que la conducta de la demandada no podía ser calificada como dolosa, tras citar la doctrina emanada de las SSTS de 30 de julio de 1999 y 22 de julio de 1999. Para la Audiencia, «excluida por el Tribunal Supremo la responsabilidad contractual en este ámbito y exigiendo que para que concurra la responsabilidad extracontractual, la concurrencia de una conducta dolosa, procede analizar y determinar, a la luz del precepto legal, artículo 1.902 del Código Civil, los hechos que han quedado probados, en relación con la concepción de la menor, para determinar si la conducta de la demandada puede calificarse de culpable o negligente, en orden a reconocer al actor una indemnización por el daño sufrido. La conducta o comportamiento de la demandada debe valorarse, teniendo en cuenta el contexto social en el que vivimos

---

[43] *JUR* 2007/323682.
Un amplio comentario a esta sentencia puede verse en FARNÓS AMORÓS, E.: «Indemnización del daño moral derivado de ocultar la paternidad», *InDret* 4/2007 (www.indret.com).
[44] Al respecto, PÉREZ MAYOR, A.: «Revolución en el Derecho de familia: indemnización por daño moral», *AJA*, núm. 766, 2009, pág. 14.
Para MARÍN GARCÍA DE LEONARDO, T.: «¿Es indemnizable la infidelidad?», *RDF*, 2010, núm. 47, pág. 46, la sentencia supone «un cambio de criterio respecto a la exigencia de una conducta dolosa o gravemente culposa en el ámbito de la responsabilidad civil en las relaciones familiares».
[45] Así lo ha señalado la SAP Cádiz de 3 de abril de 2008 (*JUR* 2008/234675), cuando dice que la SAP Barcelona de 16 de enero de 2007 se desmarca del requisito de dolo exigido por el Tribunal Supremo.
También lo advierte FARNÓS, E.: «Indemnización del daño moral...», *cit.*, pág. 6.

y en el que se han desarrollado los hechos, distinto del contexto social analizado en la sentencia del Tribunal Supremo que se invoca, pues los avances de la ciencia en materia de prueba biológica, se traducen en un fácil acceso por parte de los ciudadanos a este tipo de pruebas, así como en un conocimiento generalizado por parte de la sociedad del acceso a este tipo de pruebas y en consecuencia a la posibilidad de determinar con certeza la paternidad de una persona». Más adelante, en un extenso razonamiento, se constata la culpa o negligencia de la demandada, lo cual permite aplicar al caso, revocando el fallo de instancia, el art. 1.902 C.c.; dice, a este respecto, la Sala que «cabe sostener también, si durante la época de la concepción, mantuvo relaciones sexuales con Don Carlos María, podía haber sospechado o al menos podía haberse planteado la posibilidad de una paternidad distinta a la matrimonial, y haber adoptado las medidas tendentes a averiguar la realidad de la paternidad, mas teniendo en cuenta que en la actualidad, es fácil el acceso y la obtención de dichas pruebas con un resultado incuestionable (...) Hay otro factor que concurre en el caso de autos que conduce a exigir a la Sra. María Luisa una mayor diligencia para la averiguación de la paternidad de la niña, cual es, que durante los primeros años de matrimonio se había sometido a tratamiento ante las dificultades de quedar embarazada, sin haberlo conseguido. Si el embarazo se produjo tras diecisiete años de matrimonio, durante los cuales no quedó embarazada, pese a los tratamientos y durante la época de la concepción mantuvo relaciones sexuales con Don Carlos María, debió haberse planteado la posibilidad de que el padre de la niña no fuera su marido. La diligencia que debe exigirse a la demandada, en este supuesto, debe ponerse en relación, como se ha señalado con anterioridad, con el contexto social actual, que le permite, cuando menos haber podido excluir mediante una simple extracción de sangre, la paternidad de la persona con la que mantenía relaciones sexuales de forma paralela a las relaciones matrimoniales, persona con la que mantenía una relación personal. La culpa o negligencia a que se refiere el artículo 1.902 del Código Civil constituye un concepto más amplio que el dolo o intención maliciosa. Puede afirmarse que la Sra. María Luisa no tenía la certeza o no sabía que el padre de la menor no era su marido, pero pudo y debió sospechar que podía ser otro el padre de la menor, al haber mantenido relaciones sexuales con dos personas al tiempo de su concepción y debió adoptar las medidas tendentes a su

DIREITO DA SAÚDE

veraz determinación. La omisión en la adopción de dichas medidas debe calificarse como un comportamiento o conducta negligente a los efectos de lo dispuesto en el artículo 1.902 del Código Civil, por lo que de su actuación u omisión se deriva responsabilidad extracontractual. No resulta cuestionable la concurrencia del nexo causal entre la conducta negligente de la madre que no hizo en su día las comprobaciones pertinentes en cuanto a la paternidad y el resultado producido cual es la extinción de la relación paternofilial».

Para la Audiencia, por tanto, la aplicación del art. 1.902 C.c. no depende del hecho de que la demandada conociese que su marido no era el padre de la menor y lo ocultase –línea argumental de las SSTS de 22 de julio de 1999, y SSAP Valencia de 2 de noviembre de 2004, Barcelona de 22 de julio de 2005, Pontevedra de 13 de diciembre de 2006 y León de 2 de enero de 2007–; no es necesario tal conocimiento y ocultación posterior intencionada, sino que basta el hecho de no querer determinar la verdadera filiación cuando se mantienen relaciones sexuales, en el momento de la concepción, con el marido y con persona distinta, siendo hoy fácil el acceso a las pruebas de paternidad. Interesa destacar la referencia que hace la Audiencia al «contexto social en el que vivimos y en el que se han desarrollado los hechos, distinto del contexto social analizado en la sentencia del Tribunal Supremo que se invoca», lo cual significa para nosotros una clara predisposición a seguir un criterio distinto al de la exigencia del dolo, y condenar por culpa. Adviértase que la sentencia no adjetiva la culpa, pero incluso si el supuesto puede calificarse como culpa grave[46], lo que permitiría equiparar el caso al dolo – cuestión ésta que pasa desapercibida en la sentencia y sobre la que el

---

[46] Así, se dice: «Ha quedado probado –dice la Audiencia– que la demandada mantuvo una relación sentimental con el padre biológico de la menor, constante la convivencia matrimonial, y que durante la época de la concepción tuvo relaciones sexuales con ambos. La certeza de la verdadera filiación de la menor no se produjo hasta transcurridos unos meses después de marcharse el marido de la vivienda familiar, marcha que se produjo meses después de dictarse la sentencia de separación que homologaba el convenio regulador suscrito por ambos cónyuges, ya que el informe pericial biológico no se llevó a cabo hasta que se consumó la ruptura y se reanudó la relación entre la madre y su anterior compañero sentimental. La demandada ha mantenido, tanto en la contestación a la demanda, como en el interrogatorio, que tuvo la creencia que la menor Anna era hija de su marido y que nunca se planteó que fuera hija del Sr. Carlos María, hasta que reanudada la relación, después de la separación, éste tuvo sospechas de su paternidad por el parecido que tenía la niña con su propia familia».

Tribunal no se pronuncia– , hay que resaltar que la SAP Barcelona de 16 de enero de 2007 no sigue la tesis de la STS de 22 de julio de 1999: no tendría sentido que la Audiencia hiciese referencia al distinto «contexto social en el que vivimos»; la lógica indica que algo distinto se quiso decir en este fallo.

Más claro es el pronunciamiento de la SAP Cádiz de 3 de abril de 2008[47], que expresamente se desmarca de la exigencia de dolo o culpa grave, ya que el art. 1.902 C.c. nada establece al respecto, entendiendo que «cualquier hecho dañoso, antijurídico, imputable a una falta de diligencia de quien lo comete ya genera su responsabilidad». Y ello aunque califique la conducta de la demandada como «gravemente negligente».

De nuevo, la ocultación de la verdadera paternidad da origen a una demanda de responsabilidad civil. La Juez de Primera Instancia no entiende acreditado que la esposa tuviera pleno conocimiento de que su hija no lo fuera en realidad del que por entonces era su esposo, considerando que no concurre conducta dolosa; sigue, en este punto, la tesis de la STS de 22 de julio de 1999, conforme a la cual «la única vía para inferir la responsabilidad ahora reclamada vendría de la mano de la aplicación del art. 1902 del Código Civil, siempre que, de acuerdo con la sentencia del Tribunal Supremo de 22/julio/99, interpretada a contrario, se aprecie dolo en la conducta de la demandada que no existiría

---

El Tribunal alude a un factor que conduce a exigir a la demandada una mayor diligencia para la averiguación de la paternidad de la niña, cual es el haberse sometido a tratamiento durante los primeros años de matrimonio, ante las dificultades para quedar embarazada, sin haberlo conseguido, produciéndose el embarazo tras diecisiete años.

En la doctrina, FARNÓS AMORÓS, E.: «Indemnización del daño moral...», cit., pág. 8, estima que concurre culpa grave: «La conducta capaz de causar un daño moral susceptible de ser indemnizado debe ser calificarse de algo más que "el comportamiento o conducta negligente" a que alude la SAPB (FJ 2º). En ella concurre, al menos, culpa grave. El Tribunal Supremo alemán ha reconocido excepcionalmente el derecho a ser indemnizado cuando la infidelidad se ha acompañado de una intención cualificada de causar daño, así como cuando se ha engañado al marido sobre su no paternidad. Este engaño debe ir más allá de la mera reticencia (FERRER RIBA, 2003, p. 1858; 2001, p. 16). En el caso, es difícil calificar la conducta de la esposa de "mera reticencia", ya que ésta: i) durante los primeros años de matrimonio se sometió a tratamientos de fertilidad para tener un hijo con su marido; ii) fue consciente de la posibilidad que su marido no fuera el padre biológico de la menor durante cuatro años; iii) no actuó inmediatamente para que se realizaran las pruebas biológicas que hubiesen permitido determinar la paternidad antes de persistir en la ocultación».

[47] *JUR* 2008/234675.

DIREITO DA SAÚDE

de no haber habido conocimiento ni ocultación de la no paternidad del esposo». La Audiencia, en cambio, mantiene una posición contraria a la del Tribunal Supremo –en la que se basa, como hemos visto, la sentencia de primera instancia–, «que por lo demás es discutible que haya sentado jurisprudencia al tratarse de resoluciones con fundamento al menos parcialmente diverso. Creemos que estamos legitimados para ello por cuanto los cambios normativos fuerzan necesariamente una adaptación de la doctrina a la situación normativa actual. Y en este sentido, entendemos que ni resulta precisa la concurrencia de un dolo explícito en la conducta de la demandada y que su (sic) mero incumplimiento del deber de fidelidad cualificado por el embarazo de un tercero atribuido falsamente por vía de presunción a su marido, es hecho que por sí mismo genera su responsabilidad civil».

La sentencia acoge el criterio de la SAP Barcelona de 16 de enero de 2007[48] –que, como vimos, se desmarca de la exigencia del dolo– y dice que «la referida construcción se adecua mejor a la realidad de las cosas. Es cierto que en el ámbito del Derecho de Familia solo los incumplimientos en los que medie dolo o culpa grave generan de ordinario responsabilidad (se suele citar como ejemplos la responsabilidad de los padres en la gestión de los bienes de sus hijos menores del art. 168 del Código Civil o la del administrador de la sociedad de gananciales en los términos establecidos en el art. 1390 del Código), pero no lo es menos que el art. 1902 con carácter general nada establece al respecto: cualquier hecho dañoso, antijurídico, imputable a una falta de diligencia de

---

[48] Sobre esta sentencia, se dice lo siguiente: «Un paso más adelante es el que da la Audiencia Provincial de Barcelona (Sección 18ª) en su sentencia 16/enero/2007. Es así que, desmarcándose del requisito del dolo exigido por el Tribunal Supremo, la referida resolución califica de negligencia constitutiva de responsabilidad extracontractual la omisión de la adopción de medidas dirigidas a determinar la paternidad biológica, pues la demandada "pudo y debió sospechar que podía ser otro el padre de la menor". De modo contundente afirma que "la culpa o negligencia a que se refiere el art. 1902 del Código Civil constituye un concepto más amplio que el dolo o intención maliciosa. Puede afirmarse que [la demandada] no tenía la certeza o no sabía que el padre de la menor no era su marido, pero pudo y debió sospechar que podía ser otro el padre de la menor, al haber mantenido relaciones sexuales con dos personas al tiempo de su concepción y debió adoptar las medidas tendentes a su veraz determinación. La omisión en la adopción de dichas medidas debe calificarse como un comportamiento o conducta negligente a los efectos de lo dispuesto en el art. 1902 del Código Civil, por lo que de su actuación u omisión se deriva responsabilidad extracontractual»

quien lo comete ya genera su responsabilidad. Exigir en este ámbito una culpabilidad reforzada se antoja innecesario y además resulta, la mayoría de las veces imposible. Otra cosa es que el hecho generador de responsabilidad aparezca de alguna manera cualificado, esto es, que no se trate de incumplimientos de escasa trascendencia personal. Pero ello no implica que sea exigible un criterio subjetivo de atribución de responsabilidad reforzado por el dolo».

Tras descartar la exigencia de dolo, la Audiencia alude a la imposibilidad o tremenda dificultad de inferir esa conciencia subjetiva al no ser factible, en la práctica, la prueba. «Si analizamos –dice el Tribunal– un supuesto como el de autos en que la demandada mantenía relaciones sexuales simultáneas con su marido y con el que resultó luego padre de su hijo, tan difícil será acreditar que aquella sabía que era el padre de su hijo en gestación no era su marido como que si lo fuera. Incluso al momento del nacimiento si no es a través de las correspondientes pruebas genéticas, nada podía saber con seguridad. En otras palabras, no es necesaria la concurrencia de una conducta adicional al mero mantenimiento de relaciones simultáneas con ambos hipotéticos progenitores que advere una intención dolosa en orden a atribuir una paternidad irreal al marido, si al resultar embarazada sigue ocultando al marido su infidelidad».

La Audiencia califica la conducta de la demandada como «gravemente negligente», utilizando el siguiente argumento: «... en estos casos, ante la dificultad de probar que ha existido ocultación puede presumirse que la esposa que mantiene simultáneamente relaciones sexuales con otro hombre y queda embarazada sabe o puede saber que existe más de una paternidad posible. En consecuencia, debe hacer todo lo razonable para determinar la paternidad biológica desde el primer momento, evitando así, si es el caso, que se considere padre al marido por el juego de la presunción legal de paternidad matrimonial. Y esa conducta ya es en sí mismo gravemente negligente y legitima su responsabilidad».

Viene a concluir el Tribunal que «el incumplimiento del deber de fidelidad cualificado como es el caso de autos por la ocultación de la Sra. Marta a su esposo del mantenimiento de relaciones sexuales simultáneas con otro hombre sin procurar la averiguación de quien podía resultar ser el padre tras su embarazo, con la consiguiente atribución de la paternidad al Sr. Diego, justifica la presencia de un ilícito civil

DIREITO DA SAÚDE

susceptible de generar la responsabilidad de la demandada». Resultó, pues, condenada la esposa demandada, que tuvo que indemnizar al actor por diferentes conceptos (entre ellos, por el daño moral padecido).

Este distinto criterio, que siguen las SSAP Barcelona de 16 de enero de 2007 y Cádiz de 3 de abril de 2008[49], permite, sin duda, la viabilidad de demandas en las que no se pueda acreditar que el cónyuge infiel conocía la verdadera paternidad y ocultó tal circunstancia. El hecho relevante es no haber hecho todo lo razonable para determinar la paternidad desde el primer momento, sin necesidad de indagar si la conducta es dolosa o gravemente culposa.

Entendemos que esta posición es la correcta. El recorrido jurisprudencial y doctrinal realizado con anterioridad nos lleva a la conclusión de que la tesis –hoy por hoy mayoritaria– que limita la responsabilidad al dolo y culpa grave no ha sido argumentada de manera convincente. La cuestión a la que debemos dar respuesta es la de averiguar si el dolo o la culpa grave son los únicos criterios de imputación de la responsabilidad civil familiar o, por el contrario, la responsabilidad se extiende también a otros casos de conducta negligente. Para ello, ante la ausencia de normas específicas, debe acudirse a los arts. 1.902 y 1.104 C.c., que son, a nuestro juicio, aplicables a estos casos, y en estos preceptos no hallamos razón alguna para limitar la responsabilidad civil al dolo o culpa grave.

---

[49] Sigue también el mismo planteamiento la SAP Cádiz de 16 de mayo de 2014 (*Id Cendoj*: 11020370082014100243), si bien en este caso los hechos (que deberían constar de manera más clara en la sentencia) tienen marcadas diferencias con la SAP de Cádiz de 3 de abril de 2008. En particular, destacamos que la relación es extramatrimonial, y el actor reconoció al hijo por mantener en el momento del embarazo relación sentimental con la demandada.

ÍNDICE

A genética e as patentes
J. P. REMÉDIO MARQUES — 7

Genética e contrato de trabalho: nótula em torno do mandato
antidiscriminatório
JOÃO LEAL AMADO — 47

Die zivilrechtlichen Folgen der medizinisch unterstützten
Fortpflanzung – Eine Bestandsaufnahme nach Inkrafttreten
des Fortpflanzungsmedizinrechts-Änderungsgesetzes 2015 –
PROF. DR. ERWIN BERNAT, GRAZ — 61

Procriação medicamente assistida
ALBERTO BARROS — 107

Da obrigação de informar em diagnóstico pré-natal e diagnóstico
genético pré-implantação – as acções de *wrongful birth*"
e "*wrongful life*" e o instituto da responsabilidade civil
LUÍS DUARTE BAPTISTA MANSO — 129

Embriões criopreservados – que destino?
MARGARIDA SILVESTRE — 143

Deve abolir-se o anonimato do dador de gâmetas na Procriação
Medicamente Assistida?
RAFAEL VALE E REIS — 159

DIREITO DA SAÚDE

Vida: dano indemnizável? A Responsabilidade médica nas acções
por *Wrongful Birth* e *Wrongful Life*
VANESSA CARDOSO CORREIA   177

"Querido, congelei os óvulos" (Sobre o adiamento da reprodução
mediante a criopreservação de ovócitos)
VERA LÚCIA RAPOSO   207

Prueba de adn y ocultación de paternidad como supuesto generador
de responsabilidad civil en el ámbito familiar: desarrollo de la cuestión
en el derecho español
JAVIER BARCELÓ DOMÉNECH   231